Direito do Consumidor

O GEN | Grupo Editorial Nacional – maior plataforma editorial brasileira no segmento científico, técnico e profissional – publica conteúdos nas áreas de concursos, ciências jurídicas, humanas, exatas, da saúde e sociais aplicadas, além de prover serviços direcionados à educação continuada.

As editoras que integram o GEN, das mais respeitadas no mercado editorial, construíram catálogos inigualáveis, com obras decisivas para a formação acadêmica e o aperfeiçoamento de várias gerações de profissionais e estudantes, tendo se tornado sinônimo de qualidade e seriedade.

A missão do GEN e dos núcleos de conteúdo que o compõem é prover a melhor informação científica e distribuí-la de maneira flexível e conveniente, a preços justos, gerando benefícios e servindo a autores, docentes, livreiros, funcionários, colaboradores e acionistas.

Nosso comportamento ético incondicional e nossa responsabilidade social e ambiental são reforçados pela natureza educacional de nossa atividade e dão sustentabilidade ao crescimento contínuo e à rentabilidade do grupo.

José Augusto **Peres Filho**

COORDENAÇÃO
Renee do Ó **Souza**

Direito do Consumidor

2ª EDIÇÃO REVISTA, ATUALIZADA E REFORMULADA

- O autor deste livro e a editora empenharam seus melhores esforços para assegurar que as informações e os procedimentos apresentados no texto estejam em acordo com os padrões aceitos à época da publicação, e todos os dados foram atualizados pelo autor até a data de fechamento do livro. Entretanto, tendo em conta a evolução das ciências, as atualizações legislativas, as mudanças regulamentares governamentais e o constante fluxo de novas informações sobre os temas que constam do livro, recomendamos enfaticamente que os leitores consultem sempre outras fontes fidedignas, de modo a se certificarem de que as informações contidas no texto estão corretas e de que não houve alterações nas recomendações ou na legislação regulamentadora.

- Fechamento desta edição: *03.05.2022*

- O autor e a editora se empenharam para citar adequadamente e dar o devido crédito a todos os detentores de direitos autorais de qualquer material utilizado neste livro, dispondo-se a possíveis acertos posteriores caso, inadvertida e involuntariamente, a identificação de algum deles tenha sido omitida.

- **Atendimento ao cliente: (11) 5080-0751 | faleconosco@grupogen.com.br**

- Direitos exclusivos para a língua portuguesa
  Copyright © 2022 by
  Editora Forense Ltda.
  Uma editora integrante do GEN | Grupo Editorial Nacional
  Travessa do Ouvidor, 11 – Térreo e 6º andar
  Rio de Janeiro – RJ – 20040-040
  www.grupogen.com.br

- Reservados todos os direitos. É proibida a duplicação ou reprodução deste volume, no todo ou em parte, em quaisquer formas ou por quaisquer meios (eletrônico, mecânico, gravação, fotocópia, distribuição pela Internet ou outros), sem permissão, por escrito, da Editora Forense Ltda.

- Esta obra passou a ser publicada pela Editora Método | Grupo GEN a partir da 2ª edição.

- Esta obra, anteriormente designada "Resumo de Direito do Consumidor", passou a ser intitulada "Direito do Consumidor" a partir da 2ª edição.

- Capa: Bruno Sales Zorzetto

- **CIP – BRASIL. CATALOGAÇÃO NA PUBLICAÇÃO.**
  SINDICATO NACIONAL DOS EDITORES DE LIVROS, RJ.

P51d
2. ed.

Peres Filho, José Augusto
Direito do consumidor / José Augusto Peres Filho; coordenação Renee do Ó Souza. – 2. ed., rev., ampl. e reform. – Rio de Janeiro: Método, 2022.
384 p.; 23 cm. (Método essencial)

Inclui bibliografia
ISBN 978-65-5964-558-9

1. Brasil. [Código de defesa do consumidor (1990)]. 2. Defesa do consumidor – Legislação – Brasil. 3. Serviço público – Brasil – Concursos. I. Souza, Renee do O. II. Título. III. Série.

22-77175 CDU: 34:366.542(81)

Meri Gleice Rodrigues de Souza – Bibliotecária – CRB-7/6439

Este livro é dedicado a todas as pessoas que acreditam no estudo sério, comprometido e persistente como um meio válido para a concretização dos sonhos e dos projetos de vida.

Se este é o seu caso, as páginas a seguir estão inteiramente dedicadas a você.

Agradecimentos

Um livro, por mais simples que seja, não brota do nada. Ele é fruto, sempre, de uma conjunção de fatores, e tais fatores têm, inevitavelmente, a atuação de uma série de pessoas sem as quais o autor jamais escreveria a obra ou, mesmo que a escrevesse, não a publicaria.

Com isso em mente, e após agradecer a Deus por haver-me propiciado a oportunidade de colocar um pouco do que pude aprender sob as bênçãos d'Ele, agradeço ao meu amigo e colega da Corregedoria Nacional do Ministério Público Renee do Ó Souza, organizador da coleção à qual pertence este volume, por haver-me convidado para integrar o grupo de especialistas que trabalharam na concretização deste projeto.

A todos os autores desta vai também meu agradecimento. O grupo que formamos e tocamos diariamente via aplicativo de mensagens foi, desde o primeiro dia, um incentivo para que eu produzisse o resultado que chegou às mãos dos nossos leitores. Registro, nesta linha, um agradecimento especial aos amigos Rafael Schwez Kurkowski e Pedro Abi-Eçab, colegas da Corregedoria Nacional do Ministério Público e coautores do volume de Direito Ambiental, que sempre estiveram próximos a mim, incentivando-me e discutindo diversos pontos que muito auxiliaram na finalização do trabalho.

Preciso registrar um agradecimento à minha filha Camila Maria, advogada que, mesmo estando de licença-maternidade após o nascimento de meu neto Gabriel, conseguiu tempo para me auxiliar na pesquisa e na organização da jurisprudência que enriquece este trabalho.

Por fim, mas não menos importantes, vão os agradecimentos à minha esposa, Cláudia, e ao meu filho caçula, José Augusto Neto, por terem compreendido a necessidade que tive de recolher-me para a redação deste livro e por me auxiliarem a conviver melhor comigo, com eles e com minhas tarefas durante o período de isolamento social em virtude da pandemia de Covid-19. Amo vocês.

Apresentação

O livro que chegou até você é fruto de uma longa caminhada.

Já são mais de 31 anos como Promotor de Justiça, sendo que 25 deles atuando na defesa do consumidor. Junto a esse tempo de Ministério Público precisamos considerar também 26 anos como professor de Direito do Consumidor.

A experiência amealhada durante esta trajetória profissional vai aqui resumida.

Como não poderia deixar de ser, um livro como este tem por base uma série de escolhas. O que é essencial? O que precisa constar por ser imprescindível? O que é importante o suficiente para caber nos estreitos limites propostos por este tipo de trabalho? Em razão disso, durante o tempo de preparação e redação do livro precisamos constantemente fazer essas reflexões, de modo que o que for realmente importante não fique de fora e que não coloquemos informações menos interessantes no lugar de algo que seria relevante para aqueles que se preparam para uma prova, seja de que nível ou para qual cargo for.

Espero ter cumprido adequadamente a missão que me foi proposta, e que você tire o máximo proveito do resultado que lhe chegou às mãos.

Bons estudos e boa leitura.

José Augusto Peres Filho

Nota à 2ª edição

Esta edição chega às suas mãos em razão da atualização necessariamente imposta pela chegada da Lei do Superendividamento (Lei nº 14.181/2021), que acrescentou diversos dispositivos sobre o tema, ao Código de Defesa do Consumidor.

Além dos acréscimos decorrentes da nova legislação, no tempo transcorrido desde a edição anterior, tivemos a publicação de vários cadernos de Jurisprudência em Teses sobre Direito do Consumidor, pelo Superior Tribunal de Justiça, cujas referências enriqueceram ainda mais a nossa obra.

Espero sinceramente que este livro leve até você tudo o que você precisa para obter sucesso nas suas provas de Direito do Consumidor e no exercício profissional, pois trouxemos nele o essencial, que vai muito além do "basicão".

Bons estudos e boa leitura.

José Augusto Peres Filho

Sumário

Capítulo 1

Introdução ao Direito do Consumidor 1
1.1 Breve histórico do Direito do Consumidor 1
1.2 Base constitucional do Direito do Consumidor 2
   1.2.1 Direito do Consumidor como elemento do Direito Constitucional econômico 3
   1.2.2 Ordem econômica e defesa do consumidor na Constituição de 1988 3
   1.2.3 Relação da defesa do consumidor com os fundamentos constitucionais 4
1.3 Características do Código de Defesa do Consumidor 6
   1.3.1 Lei principiológica 7
   1.3.2 Microssistema jurídico 7
   1.3.3 Norma de ordem pública e interesse social 8
1.4 Fontes diversas do Direito do Consumidor (art. 7°) 11
   1.4.1 Diálogo das fontes 12

Capítulo 2

Relação jurídica de consumo 13
2.1 Conceituação de relação jurídica de consumo 13
2.2 Partes na relação de consumo 14
   2.2.1 Consumidor 14
      2.2.1.1 Destinatário final 15
      2.2.1.2 Teoria Maximalista 16
      2.2.1.3 Teoria Finalista 17
      2.2.1.4 Teoria Finalista Aprofundada 18
      2.2.1.5 Consumidor por equiparação 20
      2.2.1.6 Pessoa jurídica de direito público como consumidora 23
   2.2.2 Fornecedor 24
      2.2.2.1 Tipos de fornecedores 27

2.3 Objeto da relação de consumo 29
2.3.1 Produtos 29
2.3.2 Serviços 31
2.3.2.1 Serviços públicos como objetos da relação de consumo 37

Capítulo 3

Política Nacional de Relações de Consumo 41

3.1 Objetivos da Política Nacional de Relações de Consumo.. 41
3.1.1 Atendimento das necessidades dos consumidores 42
3.1.2 Respeito à dignidade, saúde e segurança dos consumidores 43
3.1.3 Proteção dos interesses econômicos dos consumidores.... 43
3.1.4 Transparência e harmonia das relações de consumo ... 44
3.2 Princípios norteadores do Código de Defesa do Consumidor 44
3.2.1 Princípio da transparência 44
3.2.2 Princípio da vulnerabilidade 45
3.2.3 Princípio da intervenção estatal (protecionismo, imperativo de ordem pública e interesse social) 49
3.2.4 Princípio da harmonia 50
3.2.5 Princípio da boa-fé objetiva 51
3.2.6 Princípio do equilíbrio das relações de consumo 52
3.2.7 Princípio da educação e da informação 53
3.2.8 Princípio da qualidade, da segurança e da solução de conflitos por meios alternativos 54
3.2.9 Princípio da proibição e repressão de abusos 55
3.2.10 Princípio da racionalização e melhoria dos serviços públicos 56
3.2.11 Princípio do estudo constante das modificações do mercado de consumo 57
3.3 Instrumentos para a execução da Política Nacional das Relações de Consumo 57
3.3.1 Manutenção de assistência jurídica, integral e gratuita para o consumidor carente 58
3.3.2 Instituição de Promotorias de Justiça de Defesa do Consumidor, no âmbito do Ministério Público 58
3.3.3 Criação de delegacias de polícia especializadas no atendimento de consumidores vítimas de infrações penais de consumo 58

Sumário xv

3.3.4 Criação de juizados especiais de pequenas causas e varas especializadas para a solução de litígios de consumo......... 59
3.3.5 Concessão de estímulos à criação e desenvolvimento das associações de defesa do consumidor................ 60
3.3.6 Instituição de mecanismos de prevenção e tratamento extrajudicial e judicial do superendividamento e de proteção do consumidor pessoa natural........ 60
3.3.7 Instituição de núcleos de conciliação e mediação de conflitos oriundos de superendividamento................ 61
3.3.8 Rol meramente exemplificativo................ 61

Capítulo 4

Direitos básicos do consumidor............ 63

4.1 Considerações gerais sobre os direitos básicos do consumidor....... 63
4.2 Direito à proteção da vida, saúde e segurança........... 64
4.2.1 Recall................ 66
4.3 Direito à educação e divulgação sobre o consumo adequado dos produtos e serviços, asseguradas a liberdade de escolha e a igualdade nas contratações........ 68
4.4 Direito à informação................ 69
4.5 Direito à proteção contra práticas comerciais abusivas..... 71
4.6 Direito à modificação ou revisão de cláusulas contratuais abusivas........ 72
4.7 Direito à efetiva prevenção e reparação de danos........... 73
4.8 Direito do acesso à ordem jurídica................ 74
4.9 Direito à facilitação da defesa dos direitos do consumidor.... 76
4.10 Direito à prestação adequada e eficaz dos serviços públicos... 79
4.11 Direito ao crédito responsável, à educação financeira e ao tratamento do superendividamento............ 80
4.12 Direito à preservação do mínimo existencial............ 81

Capítulo 5

Responsabilidade do fornecedor no Código de Defesa do Consumidor 83

5.1 Proteção à vida, à saúde e à segurança do consumidor..... 83
5.1.1 Produtos e serviços que acarretam riscos normais e previsíveis................ 84

5.1.2 Produtos e serviços que acarretam elevado grau de nocividade ou periculosidade 85
5.1.3 Recall 86
5.1.4 Informação por parte de órgãos públicos 87
5.2 Responsabilidade pelo fato do produto 87
5.2.1 Conceito de fato do produto ou do serviço 87
5.2.2 Pressupostos para responsabilização objetiva do fornecedor pelo fato do produto 88
5.2.3 Defeito do produto 88
5.2.4 Tipos de defeitos dos produtos 90
5.2.5 Responsáveis pelos defeitos dos produtos 90
5.2.6 Causas excludentes da responsabilidade do fornecedor de produto 92
5.2.7 Caso fortuito e força maior 96
5.2.7.1 Fortuito interno 96
5.2.8 Conformidade do produto com normas imperativas ... 97
5.3 Responsabilidade pelo fato do serviço 98
5.3.1 Pressupostos para responsabilização objetiva do fornecedor pelo fato do serviço 99
5.3.2 Defeito do serviço 100
5.3.3 Causas excludentes da responsabilidade do fornecedor de serviço 101
5.3.4 Caso fortuito e força maior na prestação de serviço ... 104
5.3.5 Responsabilidade do profissional liberal 108
5.4 Responsabilidade pelo vício do produto e do serviço 109
5.4.1 Conceito 109
5.4.2 Tipos de vícios previstos no CDC 109
5.4.2.1 Vício de qualidade dos produtos (art. 18, *caput*, e § 6º, I e II) 110
5.4.2.2 Vício de quantidade dos produtos (art. 19) ... 110
5.4.2.3 Vício de qualidade dos serviços (art. 20, *caput*, e § 2º) 110
5.4.2.4 Vício de quantidade de serviços (arts. 18, *caput*, e 20, *caput*) 111
5.4.3 Responsabilidade pelos vícios 112
5.4.4 Casos de vícios de qualidade de produtos não sanados 113
5.4.5 Produtos impróprios para o consumo 117
5.5 Casos de vícios de quantidade de produtos não sanados ... 118
5.5.1 Casos de vícios do serviço não sanados 119
5.5.2 Serviços impróprios para o consumo 121

Sumário xvii

5.5.3 Causas de exclusão da obrigação de indenizar no caso de vício do produto ou do serviço 121
5.6 Reparo de produtos 121
5.7 Relação de consumo no serviço público 122
    5.7.1 Serviço adequado 123
    5.7.2 Serviço eficiente 124
    5.7.3 Serviço seguro 124
    5.7.4 Serviço essencial 125
    5.7.5 Serviço contínuo 126
    5.7.6 Corte no fornecimento de serviço público essencial ... 127
5.8 Ignorância do fornecedor quanto aos vícios 128
5.9 Garantia do produto ou do serviço 128
5.10 Obrigação de indenizar 132
    5.10.1 Responsabilidade solidária 133

Capítulo 6

Decadência e prescrição 135

6.1 Decadência 135
    6.1.1 Prazos decadenciais 136
    6.1.2 Vício aparente e de fácil constatação 136
    6.1.3 Início da contagem do prazo 137
    6.1.4 Vício oculto 138
    6.1.5 Situações que obstam a decadência 139
        6.1.5.1 Reclamação perante o fornecedor 140
        6.1.5.2 Instauração de inquérito civil 141
        6.1.5.3 Dispositivo vetado 144
6.2 Prescrição 145
    6.2.1 Início da contagem do prazo prescricional no CDC 145
    6.2.2 Especificidade da regra do art. 27 do CDC 147

Capítulo 7

Desconsideração da personalidade jurídica 151

7.1 Hipóteses de desconsideração da personalidade jurídica ... 152
7.2 Responsabilidade dos grupos de sociedades 153
7.3 Teorias da desconsideração da personalidade jurídica quanto aos pressupostos da incidência 154

xviii Direito do Consumidor

7.4 Desconsideração no Código Civil de 2002 155
7.5 Conceito de desvio de finalidade 156
7.6 Conceito de confusão patrimonial 157
7.7 Desconsideração da personalidade jurídica no processo .. 158
7.8 Desconsideração inversa da personalidade jurídica 160

Capítulo 8

Práticas comerciais 161
8.1 Considerações introdutórias 161
8.2 Oferta 162
  8.2.1 Informação e publicidade 162
  8.2.2 Princípio da vinculação da oferta 163
  8.2.3 Integração da oferta ao contrato 164
  8.2.4 Erro na oferta 165
  8.2.5 *Puffing* 165
  8.2.6 Qualidade das informações na oferta e apresentação de produtos ou serviços 166
  8.2.7 Oferta de componentes e peças de reposição 167
  8.2.8 Informações necessárias em casos de oferta ou venda por telefone ou reembolso postal 169
  8.2.9 Responsabilidade solidária por atos dos prepostos 170
  8.2.10 Não cumprimento da oferta 170
8.3 Publicidade no Código de Defesa do Consumidor 172
  8.3.1 Publicidade *versus* propaganda 172
  8.3.2 Princípios norteadores da publicidade, de acordo com o CDC 173
    8.3.2.1 Princípio da boa-fé 173
    8.3.2.2 Princípio da transparência 175
    8.3.2.3 Princípio da identificação da publicidade 175
    8.3.2.4 Princípio da vinculação da oferta 176
    8.3.2.5 Princípio da isonomia 176
  8.3.3 Publicidade enganosa 177
  8.3.4 Publicidade abusiva 179
8.4 Práticas abusivas 180
8.5 Orçamento para realização de serviços 193
8.6 Controle ou tabelamento de preços 194
8.7 Cobrança de dívidas 195

8.8 Bancos de dados e cadastros de consumidores 199
   8.8.1 Características dos dados e prazo de armazenamento de dados negativos 200
   8.8.2 Comunicação ao consumidor 201
   8.8.3 Correção das informações 203
   8.8.4 Caráter público 203
   8.8.5 Vedação de repasse de informações após prescrição da dívida 204
   8.8.6 Disponibilização das informações 204
   8.8.7 Cadastro positivo 205
   8.8.8 Conceito de cadastro positivo 205
   8.8.9 Finalidade do cadastro positivo 205
   8.8.10 Inscrição no cadastro positivo 206
8.9 Cadastro de reclamações fundamentadas 206

Capítulo 9

Proteção contratual 209

9.1 Noções gerais sobre o disciplinamento dos contratos no Código de Defesa do Consumidor 209
   9.1.1 Nova concepção dos contratos e o CDC 210
9.2 Princípios dos contratos no Código de Defesa do Consumidor 211
   9.2.1 Equilíbrio contratual 211
   9.2.2 Confiança e transparência 212
   9.2.3 Interpretação mais favorável 212
   9.2.4 Vinculação à oferta 213
   9.2.5 Conservação do contrato 213
9.3 A formação do contrato de consumo 213
   9.3.1 Interpretação mais favorável ao consumidor 214
   9.3.2 Vinculação a declarações de vontade constantes em escritos, recibos e pré-contratos 214
9.4 Direito de arrependimento 215
9.5 Garantia contratual 216
9.6 Cláusulas contratuais abusivas 218
   9.6.1 Princípio da preservação do contrato 236
   9.6.2 Direito de representação 237
9.7 Outorga de crédito 238

9.7.1 Requisitos prévios sobre informações 238
9.7.2 Limitação da multa de mora 239
9.7.3 Liquidação antecipada, com redução de valores 240
9.7.4 Cláusulas de perdimento ou decaimento 240
9.7.5 Consórcios de produtos duráveis 241
9.8 Contratos de adesão 242
9.8.1 Aspectos formais dos contratos de adesão 244
9.8.2 Revisão contratual por onerosidade excessiva superveniente 245

Capítulo 10

Prevenção e tratamento do superendividamento 249

10.1 Conceito de superendividamento 249
10.2 Superendividamento doloso 250
10.3 Informações essenciais no fornecimento de crédito e na venda a prazo 252
10.4 Proibições na oferta 253
10.5 Deveres do fornecedor na oferta de crédito 254
10.6 Contratos conexos 255
10.7 Práticas abusivas vedadas na concessão de crédito 258

Capítulo 11

Proteção administrativa das relações de consumo 261

11.1 Sanções administrativas 264
11.2 A pena de multa 266
11.3 Penalidades para casos de vícios de quantidade ou de qualidade 267
11.4 Casos de reincidência 268
11.5 Contrapropaganda 269

Capítulo 12

Infrações penais 271

12.1 As relações de consumo como bem jurídico penal 271
  12.1.1 Especificação da matéria 271
  12.1.2 Harmonização com as normas penais já existentes 272

Sumário xxi

12.1.3 Motivos para um tratamento penal específico..............272
12.2 Sujeito ativo dos crimes contra as relações de consumo...273
12.3 Sujeito passivo dos crimes contra as relações de consumo...274
12.4 Relação entre o Código Penal e a proteção ao consumidor...275
12.5 Infrações penais de consumo: crimes de resultado ou crimes de perigo?..275
12.6 Responsabilidade penal da pessoa jurídica.......................276
12.7 Crimes contra as relações de consumo em espécie...........276
   12.7.1 Omissão de informação a consumidores......................276
      12.7.1.1 Bem jurídico tutelado....................................277
      12.7.1.2 Sujeito ativo..277
      12.7.1.3 Sujeito passivo...277
      12.7.1.4 Elemento objetivo do tipo.............................278
      12.7.1.5 Elemento subjetivo do tipo...........................281
   12.7.2 Omissão de comunicação da nocividade de produtos.....281
      12.7.2.1 Bem jurídico tutelado....................................282
      12.7.2.2 Sujeito ativo..282
      12.7.2.3 Sujeito passivo...283
      12.7.2.4 Elemento objetivo do tipo.............................283
      12.7.2.5 Elemento subjetivo do tipo...........................284
   12.7.3 Execução de serviço de alto grau de periculosidade....284
      12.7.3.1 Bem jurídico tutelado....................................284
      12.7.3.2 Sujeito ativo..285
      12.7.3.3 Sujeito passivo...285
      12.7.3.4 Elemento objetivo do tipo.............................286
      12.7.3.5 Elemento subjetivo do tipo...........................287
   12.7.4 Oferta não publicitária enganosa.....................................288
      12.7.4.1 Bem jurídico tutelado....................................288
      12.7.4.2 Sujeito ativo..289
      12.7.4.3 Sujeito passivo...290
      12.7.4.4 Elemento objetivo do tipo.............................291
      12.7.4.5 Elemento subjetivo do tipo...........................292
   12.7.5 Publicidade enganosa ou abusiva................................292
      12.7.5.1 Bem jurídico tutelado....................................292
      12.7.5.2 Sujeito ativo..293
      12.7.5.3 Sujeito passivo...294
      12.7.5.4 Elemento objetivo do tipo.............................294
      12.7.5.5 Elemento subjetivo do tipo...........................295

12.7.6 Indução a comportamento prejudicial ou perigoso 296
 12.7.6.1 Bem jurídico tutelado 296
 12.7.6.2 Sujeito ativo 297
 12.7.6.3 Sujeito passivo 297
 12.7.6.4 Elemento objetivo do tipo 298
 12.7.6.5 Elemento subjetivo do tipo 298
12.7.7 Publicidade sem base fática, técnica ou científica 298
 12.7.7.1 Bem jurídico tutelado 298
 12.7.7.2 Sujeito ativo 299
 12.7.7.3 Sujeito passivo 299
 12.7.7.4 Elemento objetivo do tipo 299
 12.7.7.5 Elemento subjetivo do tipo 300
12.7.8 Troca de peças usadas sem autorização 300
 12.7.8.1 Bem jurídico tutelado 300
 12.7.8.2 Sujeito ativo 300
 12.7.8.3 Sujeito passivo 301
 12.7.8.4 Elemento objetivo do tipo 301
 12.7.8.5 Elemento subjetivo do tipo 302
12.7.9 Cobrança abusiva de dívidas 302
 12.7.9.1 Bem jurídico tutelado 302
 12.7.9.2 Sujeito ativo 302
 12.7.9.3 Sujeito passivo 303
 12.7.9.4 Elemento objetivo do tipo 303
 12.7.9.5 Elemento subjetivo do tipo 305
12.7.10 Impedimento de acesso a cadastros e banco de dados 305
 12.7.10.1 Bem jurídico tutelado 305
 12.7.10.2 Sujeito ativo 306
 12.7.10.3 Sujeito passivo 307
 12.7.10.4 Elemento objetivo do tipo 307
 12.7.10.5 Elemento subjetivo do tipo 307
12.7.11 Omissão de correção de informações em bancos de dados e cadastros 308
 12.7.11.1 Bem jurídico tutelado 308
 12.7.11.2 Sujeito ativo 308
 12.7.11.3 Sujeito passivo 309
 12.7.11.4 Elemento objetivo do tipo 309
 12.7.11.5 Elemento subjetivo do tipo 309

12.7.12 Omissão de entrega do termo de garantia 310
12.7.12.1 Bem jurídico tutelado 310
12.7.12.2 Sujeito ativo 311
12.7.12.3 Sujeito passivo 311
12.7.12.4 Elemento objetivo do tipo 311
12.7.12.5 Elemento subjetivo do tipo 312
12.8 Individualização da pena 312
12.9 Circunstâncias agravantes 313
12.10 Valor da pena pecuniária 314
12.11 Penas cumuladas ou alternadas 315
12.12 Fiança 315
12.13 Assistência e ação penal subsidiária 316

Capítulo 13

Defesa do consumidor em juízo 317

13.1 Interesses ou direitos difusos, coletivos e individuais homogêneos 318
13.1.1 Interesses ou direitos difusos 319
13.1.2 Interesses ou direitos coletivos em sentido estrito 320
13.1.3 Interesses ou direitos individuais homogêneos 320
13.2 Legitimidade ativa para a propositura de ações coletivas..321
13.3 Legitimidade passiva 326
13.4 Ações coletivas para a defesa de interesses dos consumidores 326
13.4.1 A ação civil pública 327
13.4.1.1 Base constitucional 327
13.4.1.2 Competência 328
13.4.1.3 Tutela cautelar 329
13.4.1.4 Litisconsórcio e assistência 330
13.4.1.5 Recursos 331
13.4.1.6 Obrigatoriedade da execução 331
13.4.1.7 Sanções de natureza processual 332
13.4.1.8 Fundo para a reconstituição dos bens lesados 333
13.5 Ações para cumprimento de obrigação de fazer ou não fazer 333
13.5.1 Tutela específica e conversão em perdas e danos 333
13.5.2 Tutela liminar 334
13.5.3 Astreinte 335
13.5.4 Medidas garantidoras do resultado da decisão judicial 335

13.5.5 Honorários de advogados, custas e despesas processuais 336
13.5.6 Impossibilidade de denunciação da lide 337
13.6 Ações coletivas para a defesa de interesses individuais homogêneos 338
    13.6.1 Legitimidade ativa 338
    13.6.2 Competência 338
    13.6.3 Edital e intervenção de interessados 339
    13.6.4 Liquidação e execução 339
13.7 Ações de responsabilidade do fornecedor de produtos e serviços 342
13.8 Coisa julgada 344
    13.8.1 Coisa julgada em ação para a defesa de interesses difusos 344
    13.8.2 Coisa julgada em ação para a defesa de interesses coletivos em sentido estrito 344
    13.8.3 Coisa julgada em ação para a defesa de interesses individuais homogêneos 345
    13.8.4 Coisa julgada em ações individuais quando propostas ações coletivas 346

Capítulo 14

Da conciliação no superendividamento 347

14.1 Processo de repactuação de dívidas 347
14.2 Dívidas excluídas do processo de repactuação 348
14.3 Não comparecimento do credor 348
14.4 Plano de pagamento 348
14.5 Processo de superendividamento 349
14.6 Processo de repactuação de dívidas perante órgãos do SNDC 351

Capítulo 15

Sistema Nacional de Defesa do Consumidor e convenção coletiva de consumo 353

15.1 Órgãos do Sistema Nacional de Defesa do Consumidor ... 353
15.2 Convenção coletiva de consumo 355

Referências 357

1

Introdução ao Direito do Consumidor

1.1 Breve histórico do Direito do Consumidor

Há milhares de anos existem leis que defendem os interesses dos consumidores, direta ou indiretamente.

No Código de Hammurabi havia previsão de obrigação do arquiteto ou empreiteiro refazer a obra que caísse e, se houvesse vítimas mortas, eles pagariam com a própria vida. Pena idêntica era aplicada aos médicos que provocassem a morte de um paciente usando o "bisturi de bronze".

No século XIII a.c., na Índia, o Código de Manu previa multa, punição pessoal e ressarcimento para os que alterassem gêneros ou entregassem coisas de qualidade inferior.

No Direito Romano havia, dentre outras, as ações redibitórias e a *quanti minoris*.

Na Idade Média havia aplicação de banho escaldante para quem vendesse manteiga com pedra para aumentar o peso ou leite com água.

A Revolução Industrial aumentou muito as relações de consumo. Cresceram também os problemas originados dessas relações.

Foi nesse momento que houve a necessidade de se tratar dos interesses dos consumidores de forma coletiva, como um problema de toda a sociedade e não apenas da pessoa que sofreu esse ou aquele prejuízo ou dano oriundo da aquisição de um produto ou serviço.

Muitos anos se passaram, no entanto, desde que se chegou a essa constatação, até que se formasse um ordenamento jurídico eficaz. Os instrumentos legais existentes desencorajavam as reivindicações dos consumidores, por não contrabalançarem a hipossuficiência de que era portador, em comparação com o poderio dos fornecedores.

Em 1891, nos Estados Unidos, foi criada a Consumer's League, que depois veio a se tornar a Consumer's Union, com a finalidade de defender os consumidores perante os empresários. Atualmente, a Consumer's Union adquire diversos produtos lançados nos EUA, os analisa e expede laudo sobre sua adequação às normas de saúde, segurança etc.

No Brasil o associativismo pró-consumidor vem crescendo e tem como um dos principais atores o Instituto Brasileiro de Defesa do Consumidor (IDEC).

Com relação à legislação, o amadurecimento do consumerismo (o estudo do Direito do Consumidor) trouxe grandes avanços para o país.

1.2 Base constitucional do Direito do Consumidor

Até o advento da Constituição Federal de 1988, nós tínhamos algumas leis que tratavam da matéria (a mais importante era a Lei nº 1.521/1951), mas de forma pouco sistemática e eficaz. Foi a atual Carta Magna que deu trato constitucional à defesa do consumidor.

1.2.1 Direito do Consumidor como elemento do Direito Constitucional econômico

Não se pode dissociar o Direito do Consumidor do Direito Constitucional. Isto porque o legislador constituinte, em diversos pontos do texto constitucional, mencionou a defesa do consumidor (art. 5º, III; art. 24, V; art. 170, V, e art. 48 do Ato das Disposições Constitucionais Transitórias – ADCT).

1.2.2 Ordem econômica e defesa do consumidor na Constituição de 1988

É no inciso V do art. 170 que a Constituição eleva a defesa do consumidor a princípio da ordem econômica, assegurando toda a dimensão que esse direito emergente vem conquistando nos últimos anos.

Por ordem econômica entendemos o conjunto de princípios que compõem o processo econômico e condicionam a atividade econômica como um todo às finalidades políticas estabelecidas pelo Estado.

Como dito, a defesa do consumidor compõe o rol dos princípios da ordem econômica, ao lado da soberania nacional; da propriedade privada; da função social da propriedade; da livre concorrência; da defesa do meio ambiente, inclusive mediante tratamento diferenciado conforme o impacto ambiental dos produtos e serviços e de seus processos de elaboração e prestação; da redução das desigualdades regionais e sociais; da busca do pleno emprego; e do tratamento favorecido para as empresas de pequeno porte constituídas sob as leis brasileiras e que tenham sua sede e administração no país (art. 170, incisos I a IX, da CF/1988).

O fato de o legislador constituinte haver colocado a defesa do consumidor dentre esses princípios dá mostras de que sem um consumidor protegido não se pode falar em desenvolvimento, em prosperidade econômica do país. A economia precisa dos consumidores para crescer. E estes precisam da proteção estatal para poderem usar de forma justa e equilibrada os seus recursos econômicos, que muitas vezes são bastante reduzidos.

1.2.3 Relação da defesa do consumidor com os fundamentos constitucionais

A defesa do consumidor guarda estreita relação com os fundamentos constitucionais da igualdade, da cidadania, da dignidade da pessoa humana, e da livre iniciativa, expressos no Preâmbulo e nos incisos II, III e IV do art. 1º da CF/1988, respectivamente.

A defesa do consumidor se relaciona com o fundamento da igualdade porque a proteção jurídica do consumidor busca reduzir a desigualdade existente entre fornecedores e consumidores, em razão da inegável vulnerabilidade destes perante aqueles. Assim, havendo uma parte na relação de consumo mais vulnerável, é devida e necessária a sua defesa e proteção. Por outro lado, cabe ao Estado promover a igualdade do acesso pelos consumidores a serviços essenciais, como água, esgoto, eletricidade e telefonia.

A cidadania tem relação com a defesa do consumidor, posto que a luta que o cidadão, na condição de adquirente ou contratante de produtos ou serviços, empreende para ter os seus direitos respeitados e assegurados pelo Estado e pelos fornecedores é uma manifestação de cidadania indubitável, que engrandece não apenas aquele que promove o respeito a seus próprios direitos, mas também a toda a gama de consumidores. Em sentido contrário, violar direitos do consumidor é violar direitos do cidadão, merecendo repulsa e correção por parte dos poderes estatais.

Consumidor respeitado na sua condição é consumidor respeitado como pessoa humana. Existem práticas abusivas contra consumidores que ofendem frontalmente a dignidade humana, como negar o acesso a ambientes de consumo à pessoa por ela possuir alguma deficiência ou condição de saúde que a limite cognitivamente. Isto sem falarmos de atitudes de fornecedores que agem movidos por racismo ou qualquer outro preconceito, seja ele sexual, religioso ou mesmo econômico.

Dessa forma, não foi por mera coincidência que o legislador constituinte posicionou a defesa do consumidor dentre os direitos fundamentais.

No inciso XXXII do art. 5º da CF/1988, temos que "o Estado promoverá, na forma da lei, a defesa do consumidor".

Com isso, podemos afirmar que o Direito do Consumidor é um direito subjetivo público, que se contrapõe à força impositiva do Estado, uma vez que a este cabe defendê-lo, não podendo, por si ou por outrem, permitir a violação aos direitos legalmente assegurados aos consumidores.

Por tudo isso é lícito concluirmos que o Direito do Consumidor é um direito fundamental positivo.

Observe-se que o citado inciso XXXII do art. 5º dispõe que a promoção da defesa do consumidor se dará "na forma da lei".

Mas que lei seria essa?

Como naquele momento inexistia uma legislação protetiva do consumidor, o próprio constituinte tratou da criação da mesma, impondo ao Congresso Nacional, no art. 48 do Ato das Disposições Constitucionais Transitórias, a elaboração do código de defesa do consumidor, "dentro de cento e vinte dias da promulgação da Constituição".

Embora não tenha sido cumprido esse prazo de 120 dias, quase dois anos após a promulgação da CF/1988, veio à luz a Lei n° 8.078, de 11 de setembro de 1990, ou o Código de Defesa do Consumidor, que entrou em vigor 180 dias após sua publicação, que ocorreu em 12.09.1990.

1.3 Características do Código de Defesa do Consumidor

A recém-nascida lei foi tida como moderna para a época, revolucionou alguns setores do mercado de consumo (como o bancário e o da publicidade), além de haver tratado de questões até então pouco consideradas por nossos legisladores.

Alguns pontos importantes trazidos pelo Código de Defesa do Consumidor e sobre os quais trataremos mais adiante foram:

- conceito amplo de fornecedor;
- a enunciação dos direitos básicos dos consumidores;
- proteção contra desvios de quantidade e qualidade;
- responsabilidade civil objetiva do fornecedor, como regra;
- desconsideração da personalidade jurídica;
- um sistema sancionatório administrativo e penal;
- controle das práticas abusivas;
- coibição de publicidade enganosa ou abusiva;
- facilitação do acesso à justiça com a possibilidade de responsabilização de fornecedores, inclusive com a defesa dos interesses de dezenas ou centenas de consumidores em uma mesma ação.

1.3.1 Lei principiológica

O Código de Defesa do Consumidor é uma lei principiológica, posto que, por força do mandamento constitucional expresso no inciso XXXII do art. 5º da CF/1988, cabe a ela regular a forma como o Estado "promoverá a defesa do consumidor".

Sendo impossível uma lei prever todas as hipóteses concretas que demandarão uma intervenção estatal na defesa dos consumidores lesados ou ameaçados por fornecedores, coube ao Código ditar alguns princípios basilares que não podem ser violados em uma relação de consumo.

Dessa forma, mesmo faltando norma expressa, analisando-se cada caso concreto com base nos princípios de defesa do consumidor estabelecidos pela lei de regência das relações de consumo, pode-se chegar à conclusão sobre eventual ilegalidade ou incompatibilidade, seja do fato, seja de norma posterior ou mesmo anterior à entrada em vigor da Lei nº 8.078/1990.

1.3.2 Microssistema jurídico

Afirmamos que o Código de Defesa do Consumidor constitui um microssistema jurídico em razão da Lei nº 8.078/1990 trazer normas de Direito Civil (em sentido amplo) quando trata da responsabilidade civil do fornecedor (arts. 12 e seguintes) e dos contratos (arts. 46 a 54), por exemplo; normas de Direito Administrativo ao dispor sobre as sanções administrativas, no Capítulo VII; normas de Direito Penal ao tratar no Título II das infrações penais; e normas de Direito Processual Civil, ao dispor sobre a defesa do consumidor em juízo, no Título III.

Desse modo, temos em uma única lei diversos ramos do Direito contemplados, com disposições que se conjugam sistematicamente com a finalidade de proteger e defender o consumidor.

Além disso, o Código de Defesa do Consumidor possui princípios próprios (embora não exclusivos), como o da vulnerabilidade, o da preservação dos contratos, o do equilíbrio e o da boa-fé objetiva.

A interdisciplinariedade e a multidisciplinariedade do Direito do Consumidor residem no fato de a Lei n° 8.078/1990 tratar de vários ramos do Direito e com eles se relacionar.

1.3.3 Norma de ordem pública e interesse social

Uma das características do Código de Defesa do Consumidor, que é também um dos seus princípios norteadores, é que ele é uma norma de ordem pública e interesse social (art. 1° do CDC).

Mas o que isto significa?

Significa que, em razão da importância que o Estado brasileiro, por meio de sua Constituição Federal, dá à defesa do consumidor, a vontade dos particulares não pode afastar a vontade (o interesse) estatal na proteção dos consumidores.

Em outras palavras, os pactos privados, os contratos, as práticas comerciais não podem infringir o que dispõe o Código de Defesa do Consumidor, uma vez que este representa uma vontade maior, a vontade soberana do povo brasileiro, expressa pela e na Constituição, havendo, portanto, um interesse da sociedade brasileira em que os dispositivos contemplados na legislação protetiva prevaleçam sobre interesses privados.

Caso alguma manifestação de vontade, seja ela expressa em prática comercial ou cláusula contratual, venha a configurar lesão a direito do consumidor, ela deverá ser anulada, repelida pelos órgãos administrativos de defesa do consumidor, ou pelo Poder Judiciário, não cabendo a aplicação do axioma jurídico do *pacta sunt servanda*, pois, em se tratando de norma de ordem pública e interesse social, não se pode afirmar que o contrato faz lei entre as partes, quando esse contrato viola a legislação que dispõe sobre a defesa do consumidor.

Jurisprudência - STJ

Súmula nº 381: Nos contratos bancários, é vedado ao julgador conhecer, de ofício, da abusividade das cláusulas.

A Súmula nº 381, do Superior Tribunal de Justiça (STJ), pode conter uma aparente discrepância com o princípio da ordem pública e do interesse social.

Fala-se em aparente discrepância tendo em vista que seria imperiosa a aplicação do referido princípio a contratos bancários que contivessem cláusulas abusivas, devendo o julgador declarar-lhes a nulidade, ainda que de ofício, por frontal violação ao Código de Defesa do Consumidor, enquanto norma de ordem pública.

Ocorre, no entanto, que o STJ, para afastar a aplicação do mencionado princípio, sustentou seu entendimento em dois argumentos básicos.

No primeiro deles, lançou mão do art. 128 do CPC de 1973 (norma processual vigente à época da edição da Súmula nº 381), que tinha a seguinte redação: "Art. 128. O juiz decidirá a lide nos limites em que foi proposta, sendo-lhe defeso conhecer de questões, não suscitadas, a cujo respeito a lei exige a iniciativa da parte".

Comparando-se o citado art. 128 do CPC de 1973 com o CPC de 2015, vamos encontrar regramento equivalente em seu art. 141: "Art. 141. O juiz decidirá o mérito nos limites propostos pelas partes, sendo-lhe vedado conhecer de questões não suscitadas a cujo respeito a lei exige iniciativa da parte".

Dessa forma, permanece o mesmo entendimento, sob a luz do novo CPC, pelo qual não pode o magistrado analisar e declarar nulas, por abusividade, cláusulas em contratos bancários se as mesmas não foram objeto de questionamento por alguma das partes que compareceu a juízo.

O segundo argumento levado em conta pelo STJ para editar a súmula é mais específico quanto à não aplicabilidade do princípio da ordem pública.

Para o Tribunal, possíveis abusividades de cláusulas constantes de contratos bancários não encerram matéria de ordem pública, e sim matéria meramente patrimonial.

Foram muitas as críticas a esse posicionamento do STJ, que fragiliza o princípio em estudo. Tais críticas não negam o caráter patrimonial dos contratos bancários, mas sustentam que esse caráter não pode prevalecer sobre o interesse público que deve reger tais pactos, uma vez que a vulnerabilidade dos consumidores em face das instituições financeiras de um modo geral e bancárias especificamente, é extrema, gerando graves ônus para a parte mais débil da relação – os consumidores.

Além disso, a Súmula nº 381 do STJ torna letra morta o art. 51 do CDC, que assim dispõe: "Art. 51. São nulas de pleno direito, entre outras, as cláusulas contratuais relativas ao fornecimento de produtos e serviços que: (...)".

Assim, ainda que não expressamente contemplada no rol exemplificativo do art. 51, se a cláusula for abusiva, por contrariar normas ou princípios que norteiam o Código de Defesa do Consumidor, a mesma é nula de pleno direito, sendo desnecessária uma provocação expressa da parte ao Judiciário, pois este poderia, sim, uma vez proposta ação questionando alguma cláusula contratual, declarar a nulidade de outra que por algum motivo estivesse em desacordo com a lei protetiva do consumidor.

Tais colocações foram apresentadas aqui tão somente para fazer constar os fundamentos do STJ ao editar a súmula em comento e para frisar que a mesma não encontrou terreno pacífico, devendo, no entanto, prevalecer sua aplicação.

1.4 Fontes diversas do Direito do Consumidor (art. 7º)

O *caput* do art. 7º do Código de Defesa do Consumidor estabelece as linhas mestras sobre a diversidade de fontes do Direito do Consumidor, estando ele assim redigido:

> Art. 7º Os direitos previstos neste código não excluem outros decorrentes de tratados ou convenções internacionais de que o Brasil seja signatário, da legislação interna ordinária, de regulamentos expedidos pelas autoridades administrativas competentes, bem como dos que derivem dos princípios gerais do direito, analogia, costumes e equidade.

Por força do mandamento constitucional expresso no inciso XXXII do art. 5º da CF/1988, o Código de Defesa do Consumidor é a fonte por excelência do Direito do Consumidor no país.

No entanto, o Direito do Consumidor pode "beber" de outras fontes para cumprir o seu desiderato de proteção e defesa do consumidor.

Para tanto, o código deixou expressas as seguintes:

- tratados ou convenções internacionais subscritos pelo Brasil;
- leis ordinárias;

- regulamentos expedidos por autoridades administrativas competentes;
- princípios gerais do Direito;
- analogia;
- costumes;
- equidade.

Dois breves comentários sobre esse rol trazido pelo *caput* do art. 7º do CDC.

Quando se fala em regulamentos expedidos por autoridades competentes temos, sobretudo, as portarias e resoluções da Secretaria Nacional do Consumidor – SENACON (que é órgão do Ministério da Justiça), dos PROCONs estaduais e municipais, bem como das agências reguladoras.

1.4.1 Diálogo das fontes

No tocante à aplicabilidade das leis ordinárias às relações de consumo, é preciso mencionarmos a chamada Teoria do Diálogo das Fontes.

Segundo a citada teoria, cunhada pelo professor alemão Erick Jayme e internalizada em nosso país pela professora Claudia Lima Marques, o emprego de uma lei diversa do Código de Defesa do Consumidor a uma relação de consumo só pode se dar nos casos em que a outra lei trouxer disposições mais benéficas ao consumidor do que a lei fundamental de regência das relações de consumo, ou seja, a Lei nº 8.078/1990.

Um diálogo que se estabelece com certa frequência é entre o Código de Defesa do Consumidor e o Código Civil de 2002, uma vez que, nos 12 anos que separam as duas leis, esta última pode trazer dispositivos não previstos na lei consumerista, ou previstos de forma mais tímida do que na lei civil geral, devendo invocar-se esta sempre que ela se mostrar mais favorável às pretensões ou aos interesses dos consumidores.

2

Relação jurídica de consumo

2.1 Conceituação de relação jurídica de consumo

O nosso ponto de partida é a regra que estabelece que o Código de Defesa do Consumidor só pode ser aplicado às relações jurídicas de consumo, de modo que outras relações de natureza civil, puramente comercial ou trabalhista, por exemplo, deverão ater-se aos seus regramentos próprios, como o Código Civil, o Código Comercial, a Consolidação das Leis do Trabalho ou outras normas aplicáveis, mas não o CDC.

As chamadas "relações jurídicas de consumo" são, portanto, os vínculos legalmente estabelecidos entre fornecedores e consumidores, cujo objeto é a oferta ou aquisição de produtos ou serviços pelos consumidores no mercado de consumo.

Assim, para que tenhamos uma relação jurídica de consumo é preciso a presença de três elementos: o fornecedor, o consumidor e o objeto da relação (que pode ser um produto ou um serviço).

Além desses componentes, que são subjetivos (consumidor e fornecedor) e objetivos (produto ou serviço), necessitaremos de um quarto elemento, ligado ao fim, à finalidade da relação jurídica que foi estabelecida, que compreende justamente o uso que o consumidor faz, ou pretende fazer, do objeto da relação de consumo (destinação final).

2.2 Partes na relação de consumo

Vejamos, pois, quem são os dois sujeitos de uma relação de consumo, tendo sempre em mente que, na falta de um desses sujeitos, não teremos uma relação de consumo e, portanto, não poderemos utilizar o Código de Defesa do Consumidor como norma principal na busca de uma solução legal para o litígio.

2.2.1 Consumidor

O Código de Defesa do Consumidor, ao longo de todo o seu texto, traz uma série de conceitos, fazendo uso da chamada interpretação legislativa, por meio da qual o próprio legislador busca aclarar termos utilizados por ele nos textos legais produzidos.

Essa prática, criticada por alguns, que preferem a liberdade de interpretação a ser feita pelos aplicadores das leis, sem qualquer "engessamento" por parte do legislador, se mostrou extremamente importante para a aplicabilidade e eficácia da lei protetiva consumerista.

O primeiro dos conceitos que a Lei nº 8.078/1990 apresenta é o de consumidor que, nos termos do art. 2º, "é toda pessoa física ou jurídica que adquire ou utiliza produto ou serviço como destinatário final".

Temos, portanto, o primeiro elemento do conceito de consumidor, que é o sujeito, podendo ser este uma pessoa física ou uma pessoa jurídica.

Quanto à pessoa física como sujeito da relação de consumo não há, nem houve, qualquer discrepância, debate ou discussão, uma vez que era e é indubitável a condição de vulnerabilidade da pessoa física frente ao fornecedor, quando estes realizam negócios no mercado de consumo.

A mesma harmonia não ocorreu, no entanto, com a inclusão da possibilidade de a pessoa jurídica ser considerada consumidora.

Por entenderem que carece à pessoa jurídica a vulnerabilidade inerente a todo consumidor, a ensejar a proteção especial do estado ao mesmo, alguns críticos se posicionaram contrários ao texto desse art. 2º do CDC.

Uns aceitavam, no máximo, que as pessoas jurídicas sem fins lucrativos galgassem a condição de consumidores, já que não almejavam qualquer ganho de capital ao estabelecer uma relação no mercado.

Essa rejeição absoluta à pessoa jurídica como consumidora não encontrou eco na maior parte da doutrina nem no Poder Judiciário. Porém, é preciso frisar, não é toda situação de aquisição de produto ou utilização de serviço que será capaz de caracterizar a pessoa jurídica como consumidora, uma vez que sempre será também analisada a sua condição de "destinatária final" do produto ou do serviço.

2.2.1.1 Destinatário final

Estando pacificado que tanto a pessoa física quanto a pessoa jurídica podem ser consumidoras, a controvérsia passou a residir na condição de destinatário final do produto ou do serviço por parte do sujeito, posto que era necessária a presença do elemento finalístico.

Para fazer a análise da caracterização ou não do consumidor como destinatário final surgiram algumas teorias, sendo as principais a Maximalista, a Finalista e a Finalista Aprofundada.

Jurisprudência – STJ

Jurisprudência em Teses – Edição n° 162. Direito do Consumidor VI.

Tese 12) O Código de Defesa do Consumidor não se aplica à relação jurídica instaurada entre postos de combustível e distribuidores, pois aqueles não se enquadram no conceito de consumidor final, estabelecido no art. 2° da referida lei.

2.2.1.2 Teoria Maximalista

Os defensores da Teoria Maximalista não buscam saber se quem adquiriu o produto ou contratou o serviço almejou com isso obter algum lucro, ainda que indireto.

Para os adeptos desta teoria, se o produto ou serviço foi retirado do mercado de consumo, mesmo que tenha sido adquirido para compor parte do patrimônio ou do acervo de uma empresa, que com seu uso terá melhores condições de competir no mercado e obter maior lucratividade, essa empresa deverá ser considerada consumidora, para fins de aplicação do Código de Defesa do Consumidor.

Aqui, o que interessa é unicamente se houve ou não a retirada do bem ou serviço da cadeia produtiva, ou seja, se ele não foi utilizado diretamente para revenda ou como peça, componente ou elemento de um novo produto.

Não importa para esta teoria se a destinação dada ao objeto da relação mercadológica teve ou não o papel de atender pretensões profissionais, como no caso do maquinário usado na fabricação, do táxi usado pelo taxista, do relógio de ponto que será usado pelos empregados da fábrica.

Por alargar muito o conceito de consumidor, pela forma como amplia a incidência do termo "destinatário final", a Teoria

Maximalista recebeu muitas críticas e deu margem ao surgimento de uma teoria que antagoniza com ela, que é a Teoria Finalista.

2.2.1.3 Teoria Finalista

Tendo surgido para fazer um contraponto à Teoria Maximalista, a Teoria Finalista, também conhecida como Teoria Subjetiva, afunila o que se deve entender por destinatário final, passando a conhecer como tal apenas as pessoas, sejam elas físicas ou jurídicas, que adquirem ou utilizam produtos ou serviços dando-lhes "o último fim", ou seja, retirando-os definitivamente do mercado por meio do consumo.

Assim, examinemos os exemplos anteriormente considerados quando falamos da Teoria Maximalista.

Tanto o maquinário utilizado na produção quanto o táxi usado pelo taxista, ou o relógio de ponto que será disponibilizado para os empregados da fábrica, embora retirados da "cadeia produtiva" e não sendo usados para revenda, servirão, sim, para fazer com que as pessoas que adquiriram tais produtos gerem ou continuem a gerar riqueza, ainda que de forma indireta, posto que não auferirão lucro revendendo a máquina, o táxi ou o relógio de ponto, mas tais elementos são essenciais para o exercício das atividades dessas pessoas no mercado de consumo.

Aqui entra o conceito de "destinatário fático econômico", ou seja, a pessoa que, de fato, dará o último fim econômico para o produto ou serviço, aquele que "dará o último uso", sem empregar o objeto da relação para produzir riqueza, quer de forma direta, quer de forma indireta.

Caso o produto ou serviço vá servir para, de alguma maneira, produzir resultados econômicos no mercado de consumo, para quem os adquiriu ou contratou, essa pessoa não poderá ser considerada consumidora, posto que não adquiriu ou utilizou o produto ou o serviço como "destinatário final".

2.2.1.4 Teoria Finalista Aprofundada

Considerando que a Teoria Maximalista estende demasiadamente o conceito de consumidor, enquanto a Teoria Finalista torna o mesmo conceito restrito em excesso, surgiu uma teoria intermediária, que é a Teoria Finalista Aprofundada, também conhecida como Teoria Maximalista Mitigada, Teoria Finalista Mitigada, Atenuada ou Temperada.

Na jurisprudência do STJ, o termo mais empregado é Teoria Finalista Aprofundada, por isso ficamos com ele.

Diz-se que a virtude está no meio, que todo excesso seria prejudicial.

Talvez tenha sido essa a ideia dos que cunharam a presente teoria, que se posiciona de forma intermediária entre as "facilidades de enquadramento" da Teoria Maximalista e as "excessivas restrições" da Teoria Finalista "pura".

Para se colocar como uma alternativa entre ambas, a Teoria Finalista Aprofundada sai do campo da simples análise da retirada do produto ou serviço do mercado de consumo, ao dar-lhe o último fim econômico (destinatário final propriamente dito) e se aprofunda na relação econômica que se formou, perquirindo se o adquirente ou contratante do produto ou serviço possui, no caso concreto, um grau de vulnerabilidade que enseje ou justifique uma proteção especial por parte do Estado.

Sendo o caso, ou seja, estando o "pretenso consumidor" em situação de vulnerabilidade perante o fornecedor, aquele receberá, sim, o tratamento como consumidor que, se não o é, por faltar-lhe um dos requisitos para a integralidade do aspecto finalístico do conceito legal, em termos práticos, ele necessita de proteção estatal para fazer face a possíveis eventos adversos surgidos na relação estabelecida ou por se estabelecer com o fornecedor.

Voltando para os nossos exemplos anteriores, teremos, pela Teoria Finalista Aprofundada, o taxista que comprou o táxi, como consumidor, uma vez que o mesmo está claramente em posição de vulnerabilidade diante da montadora que fabricou o veículo ou da concessionária que o vendeu e deveria dar manutenção adequada.

A mesma situação ocorre com a fábrica que adquire o relógio de ponto que apresentou problema, desde que estejamos falando de uma micro, pequena ou média indústria. A grande indústria ficaria fora do conceito, uma vez que sua vulnerabilidade é bastante mitigada diante do fabricante do relógio de ponto, pois ela pode facilmente adquirir outro, enquanto litiga com o fornecedor inicial.

Raciocínio equivalente corresponde à análise da caracterização ou não como consumidor, da indústria que adquire um maquinário para uso direto na produção. A depender do tamanho dessa indústria (e de sua consequente vulnerabilidade), poderá ela ser considerada ou não consumidora para fins de aplicação do Código de Defesa do Consumidor, conforme a Teoria Finalista Aprofundada.

Esta teoria é, atualmente, a que congrega mais adeptos no país, quer seja entre doutrinadores, quer entre julgadores.

Não se pode sustentar que ela seja uma "teoria perfeita", posto que há ainda uma certa carga de subjetividade no momento da avaliação ou análise da possível vulnerabilidade da pessoa (física ou jurídica), mas sem dúvida coloca-se como uma alternativa mais viável e "justa" do que as duas teorias anteriormente apontadas.

> **Jurisprudência – STJ**
>
> **Jurisprudência em Teses – Edição n° 39.** Direito do Consumidor I.
>
> Tese 1) O Superior Tribunal de Justiça admite a mitigação da teoria finalista para autorizar a incidência do Código de Defesa do Consumidor (CDC) nas hipóteses em que a parte (pessoa física ou jurídica), apesar de não ser destinatária final do produto ou serviço, apresenta-se em situação de vulnerabilidade.

2.2.1.5 Consumidor por equiparação

Ao considerar a pessoa física ou jurídica como consumidor, o Código de Defesa do Consumidor vai além do conceito que ele mesmo estabelece no *caput* do seu art. 2°. Em três outras ocasiões o CDC deixa expressas situações que, embora não se enquadrando no conceito mencionado, tornam a pessoa, ou pessoas, merecedoras do tratamento diferenciado previsto na lei consumerista.

a) Coletividade de pessoas

A primeira dessas situações vem exposta no parágrafo único do citado art. 2°, que reza:

> Art. 2º (...)
>
> Parágrafo único. Equipara-se a consumidor a coletividade de pessoas, ainda que indetermináveis, que haja intervindo nas relações de consumo.

Neste ponto temos um reforço à defesa coletiva dos consumidores. Embora a Lei n° 7.347, de 24 de julho de 1985 (Lei da Ação Civil Pública), já contivesse a possibilidade da defesa coletiva do consumidor por meio de ação civil pública (art. 1°, II, da citada lei), e do próprio Código de Defesa do Consumidor estabelecer no título específico sobre a defesa do consumidor em juízo, a defesa coletiva do consumidor, o legislador achou conveniente explicitar ainda no conceito de consumidor que a coletividade de consumidores se equipara aos consumidores propriamente ditos, desde que tenham intervindo nas relações de consumo.

A questão reside em como deve dar-se essa intervenção de modo a ensejar a equiparação do parágrafo único do art. 2º do CDC.

Entendemos que a intervenção não precisa ocorrer de forma direta, pois com a simples exposição da coletividade dos consumidores a qualquer prática ou contrato em desconformidade com as regras do Código de Defesa do Consumidor já teríamos a possibilidade de intervenção administrativa ou judicial para fazer cessar a ilegalidade.

Tal entendimento está em total consonância com outra modalidade de consumidor por equiparação (prevista no art. 29 do CDC), que veremos logo adiante.

b) Vítimas do evento – espectador ou *bystander*

O art. 17 do Código de Defesa do Consumidor dispõe que, para os efeitos da sua Seção II (Da Responsabilidade Pelo Fato do Produto e do Serviço), "equiparam-se aos consumidores todas as vítimas do evento".

Temos aí a aplicação da teoria do *bystander*, ou do espectador.

Embora não tendo adquirido ou utilizado o produto ou o serviço como destinatário final, a pessoa que foi atingida por um fato do produto ou do serviço (acidente de consumo) faz jus à invocação do Código de Defesa do Consumidor na busca de indenização, como se consumidora fosse, ou seja, como se cumprisse todos os requisitos do *caput* do art. 2º do CDC.

Nessa situação enquadram-se, inclusive, fornecedores que tenham sido vítimas de acidentes de consumo, uma vez que o Código estende a equiparação a "todas as vítimas do evento", sem distinção.

Observemos a situação na qual o dono de uma concessionária de automóveis está fazendo um teste de direção com um veículo na companhia de um consumidor que pretende adquiri-lo, e este veículo perde a dirigibilidade por um defeito de fabricação, causando danos a ambos ocupantes (vendedor e consumidor).

No caso, nem o consumidor havia adquirido ainda o carro, nem o vendedor era o adquirente do veículo. Mesmo assim, pelo disposto no citado art. 17, ambos estão protegidos pelo CDC, visto que foram vítimas de um evento de consumo (produto defeituoso), enquadrando-se na categoria de "consumidores por equiparação" em virtude da aplicação da teoria do *bystander*.

Jurisprudência – STJ

Jurisprudência em Teses – Edição n° 39. Direito do Consumidor I.

Tese 10) Considera-se consumidor por equiparação (*bystander*), nos termos do art. 17 do CDC, o terceiro estranho à relação consumerista que experimenta prejuízos decorrentes do produto ou serviço vinculado à mencionada relação, bem como, a teor do art. 29, as pessoas determináveis ou não expostas às práticas previstas nos arts. 30 a 54 do referido código.

c) Pessoas expostas a abusividades

Esta terceira categoria de consumidores por equiparação está baseada no art. 29 do CDC, que afirma que para os fins do Capítulo V (Das Práticas Comerciais) e do Capítulo VI

(Da Proteção Contratual), "equiparam-se aos consumidores todas as pessoas determináveis ou não, expostas às práticas nele previstas".

Desse modo, não precisamos de uma vítima específica, determinada, que tenha sido ludibriada por uma publicidade enganosa, ou que tenha se ofendido com uma publicidade abusiva, ou ainda que tenha firmado um contrato contendo cláusulas abusivas, para lançarmos mão dos meios jurídicos necessários com a finalidade de fazer prevalecer o Código de Defesa do Consumidor.

Isto porque o simples fato de a publicidade, seja ela enganosa, seja abusiva, ser veiculada, já se presume que pessoas foram expostas a ela, ensejando que se lance mão do Código de Defesa do Consumidor para coibir a prática ilegal e buscar-se indenização, tanto no campo privado (quando temos identificada perfeitamente a vítima do evento) quanto no coletivo.

2.2.1.6 Pessoa jurídica de direito público como consumidora

Há uma controvérsia que envolve a pessoa jurídica de direito público.

Questiona-se a possibilidade de ela figurar como consumidora, uma vez que o ente público já possui uma série de vantagens ao contratar e não seria "justo" que ele gozasse de mais uma prerrogativa, ao relacionar-se comercialmente com terceiros.

No entanto, boa parte da doutrina aponta no sentido da possibilidade jurídica da configuração da qualidade de consumidor para a pessoa jurídica de direito público.

A conclusão reside, primeiramente, no fato de o CDC afirmar que se considera consumidor "toda pessoa física ou jurídica", sem excluir, portanto, a pessoa jurídica de direito público, condicionando a aplicação do dispositivo apenas à aquisição ou utilização do produto ou serviço como destinatário final.

Assim, caso a pessoa jurídica de direito público adquira ou utilize produto ou serviço como destinatária final, mantendo uma condição de vulnerabilidade com relação ao fornecedor, poderá, sim, invocar o Código de Defesa do Consumidor na defesa de seus interesses.

Observe-se que se trata de uma faculdade deferida à pessoa de direito público, não uma imposição, podendo ela optar sempre pela forma que lhe parecer mais conveniente para proteger os interesses públicos.

Jurisprudência – STJ

Jurisprudência em Teses – Edição n° 160. Direito do Consumidor IV.

Tese 8) O Código de Defesa do Consumidor (CDC), em regra, é inaplicável aos contratos administrativos, tendo em vista as prerrogativas já asseguradas pela lei à administração pública.

Tese 9) Em situações excepcionais, a administração pública pode ser considerada consumidora de serviços (art. 2° do CDC), por ser possível reconhecer sua vulnerabilidade, mesmo em relações contratuais regidas, preponderantemente, por normas de direito público, e por se aplicarem aos contratos administrativos, de forma supletiva, as normas de direito privado (art. 54 da Lei n° 8.666/1993).

2.2.2 Fornecedor

Se, por um lado da relação de consumo, temos o consumidor, pelo outro temos o fornecedor.

Aqui, mais uma vez, o legislador do CDC nos trouxe a conceituação ao afirmar, no *caput* do art. 3° do Código, que "fornecedor é toda pessoa física ou jurídica, pública ou privada, nacional ou estrangeira, bem como os entes despersonalizados, que desenvolvem atividade de produção, montagem, criação, construção, transformação, importação, exportação, distribuição ou comercialização de produtos ou prestação de serviços".

Com tal definição o Código de Defesa do Consumidor pretendeu abranger toda a gama de produção e comercialização ou prestação de serviços, no mercado de consumo.

Ainda assim, é preciso que tenhamos em mente que se trata de uma listagem, ou um rol, meramente exemplificativo, uma vez que, caso haja o desenvolvimento de alguma outra atividade no mercado de consumo, para entrega ou fabricação de produto ou prestação de serviço aí não contemplada, a mesma estará abrangida pelo CDC, desde que preenchidos alguns requisitos, como veremos logo mais.

Não basta que o "comerciante" em sentido amplo pratique ou exerça alguma das atividades mencionadas na cabeça do art. 3º do CDC para que o mesmo se enquadre, sempre, na condição de fornecedor.

Para tanto, é preciso que ele desenvolva a atividade em questão com "profissionalidade" e "habitualidade", ou seja, que ele faça da prática o exercício de uma profissão (ou ofício) e que essa prática seja habitual.

O fato de a prática ser habitual é fundamental, uma vez que não se pode confundir um ato isolado de comércio, que todo mundo pode, em tese, praticar, com uma atividade comercial.

Entra aqui a diferença entre "ato" e "atividade". Um ato é uma ação isolada, que não basta para caracterizar a prática como fornecimento de produto ou serviço. Para tanto, faz-se necessária a prática de uma atividade, entendida esta como uma sucessão repetida de atos executados de modo organizado e ordenado.

Assim, não basta que uma pessoa, seja ela física ou jurídica, pratique um ato de comércio para que seja caracterizada como fornecedora, a exemplo da mãe cujo filho já está crescido e ela resolve vender o carrinho de bebê que a criança usava em um *site* de vendas de produtos usados. Por não preencher os requisitos caracterizadores, essa mãe não se enquadra no conceito de fornecedora. É preciso que os atos de comércio sejam vários, repetidos, habituais. O que não ocorre com alguém que esporadicamente vende um produto que não mais lhe serve.

Considerada essa questão, não pode ser tratada como relação de consumo a relação contratual que se estabelece entre um inquilino e um locador.

Jurisprudência – STJ

Jurisprudência em Teses – Edição n° 74. Direito do Consumidor III.

Tese 13) O Código de Defesa do Consumidor não é aplicável aos contratos locatícios regidos pela Lei n° 8.245/1991.

No entanto, em se tratando da relação entre o inquilino ou o locador e a imobiliária por meio da qual o imóvel foi alugado, a mesma será, sim, uma relação de consumo.

Nessa seara, é importante ressaltar que a relação entre um condômino e o condomínio não constitui uma relação de consumo.

Jurisprudência – STJ

Jurisprudência em Teses – Edição n° 74. Direito do Consumidor III.

Tese 14) Não incide o Código de Defesa do Consumidor nas relações jurídicas estabelecidas entre condomínio e condôminos.

As entidades beneficentes também se caracterizam como fornecedoras, desde que exerçam alguma atividade remunerada no mercado de consumo, ainda que não seja uma atividade que busque o lucro, uma vez que o elemento lucro não é essencial para a formação do conceito de fornecedor ou para caracterizar a relação jurídica de consumo.

Desse modo, um hospital ou clínica beneficente que não visa lucro mas cobra por procedimentos diversos, seja diretamente dos pacientes ou de planos de saúde aos quais presta serviços, são considerados fornecedores para fins de incidência do Código de Defesa do Consumidor.

2.2.2.1 Tipos de fornecedores

Podemos falar de quatro tipos de fornecedores.

a) **Fornecedor real:** é o "fornecedor por excelência". É quem fabrica, produz, constrói, cria, monta, projeta um produto ou presta um serviço diretamente.

b) **Fornecedor aparente**: é o que "empresta" a sua marca ou o seu nome para ser utilizado no fornecimento de um produto ou serviço por um terceiro, pertencente ou não ao mesmo grupo empresarial. Nas transações comerciais pela internet é comum que empresas tradicionais do varejo físico atuem por meio de uma outra empresa, que ostenta o mesmo nome de fantasia ou nome similar. Para fins de aplicação do Código de Defesa do Consumidor, aparentemente ambas empresas são uma só, não sendo o consumidor obrigado a conhecer efetivamente a diferença entre elas ou o limite de atuação entre uma e outra. Até porque, muitas vezes, o consumidor pode comprar pela internet (*on-line*) e retirar o produto em uma loja física, sendo para ele praticamente impossível distinguir um fornecedor do outro.

c) **Fornecedor presumido**: conforme veremos mais adiante, cabe ao comerciante fornecer produtos com a identificação clara e precisa de quem é o seu fabricante, montador, construtor ou importador. Caso ele não o faça, e coloque no mercado de consumo um produto sem essa identificação adequada, ele, comerciante, assume a condição e os ônus como se fosse o fornecedor primário do produto, ou seja, como se fosse o seu fabricante, montador, construtor ou importador, por presunção. A mesma presunção ocorre caso um importador coloque no mercado de consumo nacional um produto estrangeiro sem identificar adequadamente qual a sua origem, assumindo todo o ônus do fabricante perante o mercado e o consumidor nacional. Vale salientar que ordinariamente os importadores já são considerados fornecedores reais, mesmo quando identificam precisamente os fornecedores originais dos produtos que eles importam.

d) **Fornecedor equiparado:** neste caso, nós não temos uma pessoa jurídica que entrega um produto ou presta um serviço diretamente ao consumidor, mas o faz para um terceiro, de modo a atingir, ainda que indiretamente, interesses dos consumidores. É o caso das empresas que mantêm ou administram bancos de dados de cadastros de consumidores. Embora estes não contratem as empresas, a estas cabe guardar os dados deles, negativar-lhes os nomes, dar baixa em cadastros negativos e proteger os dados contra invasões ou comercializações indevidas. Caso haja alguma falha nessa proteção, guarda e gestão dos dados, ainda que a empresa não tenha sido contratada pelo consumidor, ou seja, ainda que não seja ela um fornecedor real, a mesma é equiparada a um fornecedor, para fins de responsabilização com base no Código de Defesa do Consumidor. Embora não contratada pelo consumidor, a empresa de cadastro e gestão de bancos de dados tem obrigações para com ele.

> **Jurisprudência – STJ**
>
> **Súmula nº 359:** Cabe ao órgão mantenedor do cadastro de proteção ao crédito a notificação do devedor antes de proceder à inscrição.

2.3 Objeto da relação de consumo

Agora que já conhecemos os sujeitos da relação de consumo (consumidor e fornecedor), precisamos analisar o que conecta um ao outro, o seu objeto.

2.3.1 Produtos

Produto é conceituado no § 1º do art. 3º do Código de Defesa do Consumidor como sendo "qualquer bem, móvel ou imóvel, material ou imaterial".

Quanto à mobilidade, portanto, o CDC classifica os bens como móveis ou imóveis. Dessa forma, pode ser objeto de uma relação de consumo tanto a compra de um caderno quanto a de um apartamento ou a de uma casa.

Sobre os bens materiais, não há qualquer controvérsia, pois estes são os bens "corporificados", os que possuem forma física, facilmente tocáveis ou palpáveis.

Os bens imateriais, por sua vez, são aqueles que não se corporificam, que não são palpáveis, existem como uma abstração, embora se manifestem eventualmente através de sinais sonoros ou dados informáticos. É o caso das músicas que compramos pela internet, os *softwares* de computador ou os aplicativos para celulares. O que ouvimos ou vemos são a decodificação dos sinais, mas não podemos "pegar" na música ou "tocar" nos aplicativos, posto que eles são bens imateriais.

O Código de Defesa do Consumidor ainda divide os produtos de consumo em duráveis e não duráveis (art. 18 e art. 26, I e II).

Por produtos duráveis entendemos aqueles que não se extinguem com o primeiro uso. São a caneta, o computador, o caderno, a casa.

Produtos não duráveis, por outro lado, são os que se extinguem após o uso, tais como os alimentos de um modo geral.

Vale ressaltar que o que caracteriza um bem como durável ou não é sua extinção ou completa transformação, e não sua destinação ou uso.

Podemos ter o caso de um automóvel que no primeiro minuto após ser retirado da concessionária fica completamente destruído ao colidir com uma carreta. Esse carro não durou dois minutos nas mãos do consumidor, mas tal fato não o transforma de bem durável em não durável.

Seguindo a mesma linha de raciocínio, podemos usar copos, pratos e talheres descartáveis, dando-lhes um único uso e depois jogando-os fora. Mas isso tampouco caracteriza esses produtos descartáveis como não duráveis. Isso porque, se quisermos, poderemos usá-los por diversas vezes, sem que eles se destruam, pois sempre poderemos lavar copos, pratos e talheres descartáveis para reúso, embora eles possuam uma fragilidade inerente e esse reúso (não recomendado) descaracterize sua condição de descartáveis. Assim, produtos descartáveis são bens duráveis, para fins de incidência do CDC.

A aquisição de um produto por parte do consumidor pode ser tanto em caráter oneroso quanto gratuito.

A caracterização do produto como objeto de uma relação de consumo não está condicionada, portanto, ao pagamento dele por parte do consumidor, para o fornecedor.

Em razão disso, podemos afirmar que as "amostras grátis" de alimentos distribuídas em supermercados, de medicamentos distribuídas por médicos, laboratórios ou farmácias, de cosméticos etc., também são objetos de relações de consumo, devendo tais produtos ater-se a todos os preceitos estabelecidos pelo Código de Defesa do Consumidor, sobretudo quanto às regras relativas à segurança, não merecendo qualquer consideração, possível alegação de excludente de responsabilidade do fornecedor em razão de o produto haver sido entregue gratuitamente para o consumidor.

2.3.2 Serviços

Passemos ao outro objeto das relações de consumo: o serviço.

O Código de Defesa do Consumidor o conceitua no § 2º do art. 3º, dizendo que serviço "é qualquer atividade fornecida no mercado de consumo, mediante remuneração, inclusive as de natureza bancária, financeira, de crédito e securitária, salvo as decorrentes das relações de caráter trabalhista".

Quanto ao conceito de serviço, para fins de aplicação do CDC, precisamos, desde o princípio, afastar as relações trabalhistas, conforme consta na parte final do mencionado § 2º.

Desse modo, se alguém está insatisfeito com o trabalho que a cozinheira de sua casa ou a babá do seu filho, contratadas com base no regime celetista, estão prestando, jamais poderá reclamar perante um órgão de defesa do consumidor, na busca de uma melhora na qualidade do serviço ou fazendo qualquer outro pleito com base no Código de Defesa do Consumidor.

Mais uma vez vem à tona a questão da "atividade". Assim como mencionado anteriormente, não se pode confundir "ato" com "atividade". O primeiro, é uma ação isolada, sem continuidade, sem habitualidade. A segunda, contém a ideia de sucessão de atos, algo que se dá de forma contínua e habitual.

Um outro componente do conceito de serviço trazido pelo CDC é a expressão "mercado de consumo". Por mercado de consumo vamos entender a cadeia de relações estabelecidas entre fornecedores e consumidores, tendo como objeto produtos ou o desempenho de alguma atividade.

Vamos encontrar ainda no conceito legal de serviço a questão da remuneração. Ou seja, para que uma atividade se caracterize como serviço, para fins de aplicação do CDC, é preciso que a mesma seja praticada em caráter remunerado.

A questão reside na amplitude desse termo remuneração. Segundo a melhor doutrina e a jurisprudência predominante, essa remuneração pode ser direta ou indireta.

Com isso, nós temos a possibilidade de invocarmos o Código de Defesa do Consumidor no caso de furto de veículo deixado no estacionamento de uma loja ou de um *shopping center*, ainda que não haja cobrança direta pelo estacionamento em si.

Um outro exemplo é o da colocação gratuita dos pneus ou do escapamento adquiridos em determinada loja. O fato de não haver cobrança direta pelo serviço de instalação dos pneus ou do escapamento não implica desconfiguração da relação de consumo, posto que, ainda que não cobrado diretamente o serviço, o mesmo foi prestado como forma de atrair o consumidor para comprar os produtos na loja que se dispôs a instalá-los gratuitamente.

Por fim, o legislador resolveu contemplar expressamente no conceito de serviço as atividades de "natureza bancária, financeira, de crédito e securitária", isto porque havia desde os primeiros debates sobre o Código de Defesa do Consumidor uma forte resistência dessas empresas a figurarem no rol daquelas obrigadas a cumprir a referida legislação protetiva.

A controvérsia sobre a aplicação ou não do CDC a essas instituições, sobretudo às financeiras, arrastou-se por mais de uma década, até que em 2004 o STJ sumulou a questão (Súmula n° 297) e em 2006 o Supremo Tribunal Federal (STF) firmou posição pela constitucionalidade do disposto no Código quanto às instituições financeiras, por meio da Ação Direta de Inconstitucionalidade n° 2.591.

Jurisprudência – STJ

Súmula n° 297: O Código de Defesa do Consumidor é aplicável às instituições financeiras.

Jurisprudência em Teses – Edição n° 161. Direito do Consumidor V.

Tese 5) Não há relação de consumo entre a instituição financeira e a pessoa jurídica que busca financiamento bancário ou aplicação financeira para ampliar o capital giro ou fomentar atividade produtiva.

É preciso salientar que a jurisprudência pátria tem levado em consideração para a configuração ou não de um serviço como enquadrado no CDC a finalidade de lucro da empresa, desde que o consumidor faça parte dos beneficiários do empreendimento. Assim, o Superior Tribunal de Justiça já excluiu da incidência do Código as entidades fechadas de previdência complementar e os planos de saúde administrados sob o sistema de autogestão. No entanto, manteve a incidência do CDC sobre as relações contratuais estabelecidas entre as cooperativas habitacionais e os adquirentes das unidades.

> **Jurisprudência – STJ**
>
> **Súmula nº 563:** O Código de Defesa do Consumidor é aplicável às entidades abertas de previdência complementar, não incidindo nos contratos previdenciários celebrados com entidades fechadas.
>
> **Observação:** A Súmula nº 563 do STJ revogou a Súmula nº 321.

Vale recordar que entidades abertas de previdência complementar são aquelas que atuam como sociedade anônima e possuem fins lucrativos, podendo qualquer consumidor interessado aderir aos serviços prestados por elas. Essas instituições são fiscalizadas e autorizadas pela Superintendência de Seguros Privados (SUSEP), que é uma autarquia vinculada ao Ministério da Economia e que tem suas normas baixadas pelo Conselho Nacional de Seguros Privados (CNSP), ligado ao mesmo ministério.

As entidades de previdência fechadas, por sua vez, não possuem fins lucrativos e congregam os fundos de pensão de grupos específicos que possuem vínculos com os empregadores, que são denominados patrocinadores. Podem também ser vinculados a entidades associativas, que nesse caso são denominadas de instituidoras. Nestes casos, eventuais ganhos de capital das entidades, frutos de atuação no mercado (financeiro, imobiliário, de ações etc.), são sempre revertidos em benefício dos participantes.

Essas entidades patrocinadoras ou instituidoras são fiscalizadas pela Superintendência Nacional de Previdência Complementar (PREVIC), que é vinculada ao Ministério da Economia.

Jurisprudência – STJ

Súmula nº 602: O Código de Defesa do Consumidor é aplicável aos empreendimentos habitacionais promovidos pelas sociedades cooperativas.

Súmula nº 608: Aplica-se o Código de Defesa do Consumidor aos contratos de plano de saúde, salvo os administrados por entidades de autogestão.

Jurisprudência em Teses – Edição nº 161. Direito do Consumidor V.

Tese 6) As normas do Código de Defesa do Consumidor são aplicáveis às atividades de cooperativas que são equiparadas àquelas típicas de instituições financeiras.

A ressalva feita pelo STJ quanto aos planos de saúde restringe-se aos planos de autogestão, ou seja, aos que são geridos por uma diretoria escolhida pelos próprios usuários, e que não possuem fins lucrativos. Quanto aos demais planos de saúde, todos eles sofrem incidência do CDC.

Em que pese o cancelamento da Súmula nº 469 do STJ e sua substituição pela Súmula nº 608, a incidência do CDC sobre os planos de saúde não foi afastada, posto que na primeira parte da súmula houve uma repetição do texto cancelado, acrescentando-se apenas a ressalva quanto aos planos geridos pelo sistema de autogestão.

Segundo o Superior Tribunal de Justiça, a não incidência mencionada deve-se à inexistência de relação de consumo.

Jurisprudência – STJ

Jurisprudência em Teses – Edição nº 74. Direito do Consumidor III.

Tese 17) O Código de Defesa do Consumidor não se aplica ao contrato de plano de saúde administrado por entidade de autogestão, por inexistir relação de consumo.

Um outro serviço que, segundo o STJ, fica excluído da incidência do Código de Defesa do Consumidor é o serviço prestado pelo advogado.

Jurisprudência – STJ

Jurisprudência em Teses – Edição n° 39. Direito do Consumidor I.

Tese 8) Não se aplica o Código de Defesa do Consumidor à relação contratual entre advogados e clientes, a qual é regida pelo Estatuto da Advocacia e da OAB – Lei n° 8.906/1994.

Assim como ocorre com os produtos, os serviços também são divididos em duráveis e não duráveis, conforme estabelecido nos incisos I e II do art. 26 do CDC.

Por serviços não duráveis entendemos aqueles que se complementam imediatamente após sua prestação, sem que se manifestem ao longo do tempo ou sem que apresentem um resultado externalizado fisicamente. São exemplos desses serviços que se extinguem tão logo prestados, uma apresentação teatral, uma passagem de avião ou a hospedagem em um hotel.

Já os serviços duráveis se manifestam ao longo do tempo e em algumas situações apresentam um resultado além do próprio serviço. A pintura de um automóvel, a dedetização de uma casa ou a colocação de azulejos em uma cozinha são serviços que não se extinguem logo após sua prestação, possuindo diversos graus de durabilidade.

> **Jurisprudência – STJ**
>
> **Jurisprudência em Teses – Edição nº 160.** Direito do Consumidor IV.
>
> Tese 6) O serviço prestado por laboratórios na realização de exames médicos em geral, a exemplo do teste genético para fins de investigação de paternidade e do HIV, está sujeito às disposições do Código de Defesa do Consumidor.

2.3.2.1 Serviços públicos como objetos da relação de consumo

O Código de Defesa do Consumidor afirma que a pessoa jurídica de direito público pode ser fornecedora.

O poder público é um prestador de serviços para a população, por excelência.

A "racionalização e melhoria dos serviços públicos" é um dos princípios da Política Nacional das Relações de Consumo (art. 4º, inciso VII, do CDC), assim como a "adequada e eficaz prestação dos serviços públicos em geral" é um direito básico do consumidor, previsto no inciso X do art. 6º do Código.

No art. 22, que será analisado detidamente mais adiante, o legislador dispôs:

> Art. 22. Os órgãos públicos, por si ou suas empresas, concessionárias, permissionárias ou sob qualquer outra forma de empreendimento, são obrigados a fornecer serviços adequados, eficientes, seguros e, quanto aos essenciais, contínuos.

Porém, nem todos os serviços públicos estão sob a incidência da lei consumerista.

Jurisprudência – STJ

Jurisprudência em Teses – STJ. Edição nº 161. Direito do Consumidor V.

Tese 10) As regras do CDC não se aplicam aos contratos firmados no âmbito do Programa de Financiamento Estudantil (FIES), pois não se trata de serviço bancário, mas de programa governamental custeado pela União.

Tanto a doutrina quanto a jurisprudência amplamente dominantes afirmam que os serviços públicos que estão regidos pelo Código de Defesa do Consumidor são os serviços públicos *uti singuli*, afastando-se dessa incidência os serviços públicos *uti universi*.

Serviços públicos *uti singuli* são os que buscam satisfazer necessidades individuais e diretas dos membros da comunidade.

O uso que cada um faz desse serviço é mensurável e cobrado de acordo com o benefício que cada destinatário aufere do mesmo. Em decorrência disso, também são chamados de serviços individuais.

Exemplos dessa modalidade de serviço público são o fornecimento de energia elétrica, água encanada, transporte coletivo de passageiros etc.

Incluem-se na modalidade de serviços públicos *uti universi* aqueles prestados pela Administração sem levar em conta destinatário certo, posto que visam a atender à sociedade como um todo. Daí receberem a denominação de gerais.

Podem ser apresentados como *uti universi* os serviços diplomáticos, a pesquisa científica, a iluminação pública, posto que não são mensuráveis nem individualizáveis.

Jurisprudência – STJ

Jurisprudência em Teses – Edição n° 74. Direito do Consumidor III.

Tese 1) A relação entre concessionária de serviço público e o usuário final para o fornecimento de serviços públicos essenciais é consumerista, sendo cabível a aplicação do Código de Defesa do Consumidor (CDC).

3

Política Nacional de Relações de Consumo

A Política Nacional de Relações de Consumo consiste em uma série de iniciativas, planos, estratégias e ações visando à proteção do consumidor, a serem levados a cabo pelo poder público e pelos particulares integrantes de alguma forma, das relações de consumo.

3.1 Objetivos da Política Nacional de Relações de Consumo

A Política Nacional de Relações de Consumo vem prevista no Capítulo II do Código de Defesa do Consumidor em seu art. 4°, quando ele diz o seguinte:

> Art. 4° A Política Nacional das Relações de Consumo tem por objetivo o atendimento das necessidades dos consumidores, o respeito à sua dignidade, saúde e segurança, a proteção de seus interesses econômicos, a melhoria da sua qualidade de vida, bem como a transparência e harmonia das relações de consumo, atendidos os seguintes princípios: (...).

Antes de adentrarmos nos princípios das relações de consumo, nós veremos, um por um, esses objetivos traçados pelo legislador para a Política Nacional das Relações de Consumo.

É importante ressaltar que os objetivos da Política Nacional das Relações de Consumo, os princípios que regem as relações de consumo e os direitos básicos dos consumidores, estão entrelaçados de forma sistêmica, de modo que uns se relacionam com outros, são regulados (direta ou indiretamente) em vários dispositivos do Código de Defesa do Consumidor e precisam ser considerados conjuntamente quando da análise de qualquer questão envolvendo uma relação de consumo.

3.1.1 Atendimento das necessidades dos consumidores

Todo o Código de Defesa do Consumidor gira em torno da proteção da parte mais frágil das relações de consumo (o consumidor), diante daquele que está em posição de superioridade (por uma série de razões, de natureza técnica, econômica e psicológica), que é o fornecedor.

O mercado de consumo é passível de manipulações com o objetivo de aumento de vendas, de geração de escassez que aumente preços, de coalisão entre fornecedores para dominar determinado setor do comércio ou da indústria e muitas coisas mais.

Em razão disso, podem faltar produtos ou serviços para os consumidores ou aqueles podem se tornar desproporcionalmente caros. Por isso, a Política Nacional das Relações de Consumo necessita estar atenta ao fato de que precisam ser atendidas as carências do consumidor, sem que esse atendimento seja tolhido por medidas ilegais ou fraudulentas dos fornecedores.

3.1.2 Respeito à dignidade, saúde e segurança dos consumidores

Os objetivos de preservação da saúde e da segurança dos consumidores serão tratados detidamente mais à frente, quando falarmos sobre os direitos básicos dos consumidores.

Por enquanto, vamos nos ater ao objetivo do respeito à dignidade dos consumidores.

O art. 1º da Constituição Federal de 1988 apresenta como um dos fundamentos da República Federativa do Brasil a dignidade da pessoa humana.

O Código de Defesa do Consumidor, por sua vez, transpôs esse fundamento constitucional para os objetivos da Política Nacional das Relações de Consumo, como forma de dar concretude à vontade do legislador constituinte nesta área específica da vida do brasileiro.

Por esse motivo, precisamos ter em mente a dignidade da pessoa humana sempre que tivermos que analisar uma questão envolvendo relação de consumo, posto que, sem respeito a essa dignidade, poderemos estar diante de um abuso ou ilegalidade, caso não haja total respeito à dignidade da pessoa humana.

3.1.3 Proteção dos interesses econômicos dos consumidores

O objetivo da proteção dos interesses econômicos dos consumidores está profundamente ligado ao objetivo do atendimento às necessidades dos consumidores e pode ser considerado como um desdobramento do mesmo ao buscar proteger os consumidores de práticas comerciais desleais que fragilizem as finanças dos consumidores.

Neste particular, o poder público ou mais precisamente a União, possui um papel fundamental, uma vez que o Sistema

Financeiro brasileiro é um terreno extremamente fértil para a lesão dos interesses econômicos dos consumidores, cabendo ao Poder Executivo, diretamente ou por intermédio do Banco Central (órgão regulador do referido sistema), tomar medidas que mantenham sob controle os agentes que atuarem com a finalidade de violar os citados interesses.

3.1.4 Transparência e harmonia das relações de consumo

Os objetivos da transparência e harmonia das relações de consumo serão tratados mais adiante quando falarmos dos princípios norteadores do Código de Defesa do Consumidor.

3.2 Princípios norteadores do Código de Defesa do Consumidor

Os "princípios norteadores" servem como guias, como balizas, como bússolas que orientam a aplicação do Código de Defesa do Consumidor pelas partes envolvidas nas relações de consumo, assim como pelos Poderes Executivo, Legislativo e Judiciário.

Mesmo que inexista norma específica que aponte diretamente a resposta correta para solucionar determinada questão de consumo, poderemos chegar à solução mais justa e de acordo com a legislação consumerista, com o auxílio dos princípios norteadores do Código de Defesa do Consumidor.

3.2.1 Princípio da transparência

Um objeto transparente permite que se veja por meio dele, de modo que fica impossível ocultar algo que venha prejudicar o espectador.

Assim devem ser as relações de consumo: transparentes.

No caso, a transparência terá importância para que não se ocultem subterfúgios, armadilhas, "letras miúdas" nos contratos, que de alguma forma possam valer para prejudicar o consumidor.

O fornecedor, portanto, deve ser claro com o consumidor. Deve apresentar-lhe todas as condições da contratação de forma perceptível, compreensível, sem deixar nada que possa vir a ser usado contra o consumidor, escondido, encoberto sob um manto opaco, que não permita que se veja o que está por trás de suas intenções.

Caso falte transparência, seja na oferta, na publicidade, na proposta ou no contrato, haverá um vício na relação de consumo originada sem respeito à transparência que precisará ser sanado.

Jurisprudência – STJ

Jurisprudência em Teses – Edição nº 42. Direito do Consumidor II.

Tese 1) Na avaliação do risco de crédito, devem ser respeitados os limites estabelecidos pelo sistema de proteção do consumidor no sentido da tutela da privacidade e da máxima transparência nas relações negociais, conforme previsão do Código de Defesa do Consumidor (CDC) e da Lei nº 12.414/2011 (Tese julgada sob o rito do art. 543-C do CPC/1973 – Tema 710).

3.2.2 Princípio da vulnerabilidade

O princípio da vulnerabilidade pode ser considerado a própria causa de existir do Código de Defesa do Consumidor, posto que é em razão da vulnerabilidade do consumidor diante do fornecedor que aquele merece uma proteção especial por parte do Estado, como preconiza o inciso XXXII do art. 5º da Constituição Federal.

Vulnerabilidade é fragilidade, é fraqueza, é ausência de defesas suficientes para fazer face à determinada ameaça.

Quem é frágil, fraco, não pode se defender adequadamente e merece, pois, uma proteção especial.

No caso do consumidor, essa proteção veio com a Lei nº 8.078, de 1990.

O princípio da vulnerabilidade deverá nortear todo ato de aplicação, análise ou decisão quanto à incidência, em uma relação de consumo, de alguma norma, tenha sido ela especificamente elaborada para reger as relações de consumo ou não.

Devemos sempre partir do fato de que todo consumidor é vulnerável. Uns mais, outros menos, mas todos somos vulneráveis.

A vulnerabilidade possui várias manifestações.

- **Vulnerabilidade econômica:** ela pode ser de natureza econômica, atingindo a todos os consumidores, embora possamos observar consequências mais ou menos gravosas decorrentes desse tipo de vulnerabilidade, como no caso das pessoas que possuem menor poder aquisitivo e são expostas de maneira mais gravosa a determinadas práticas por parte dos fornecedores. Imaginemos nesse caso que uma prática abusiva que retira indevidamente cinquenta reais de um próspero advogado não tem a mesma repercussão quando esses cinquenta reais são retirados de um trabalhador que recebe salário mínimo.

Ambos, advogado próspero e trabalhador que recebe o mínimo foram vítimas do mesmo fato, do qual não puderam se defender ou o qual não pode ser evitado por eles. Daí a vulnerabilidade de ambos. Mas o segundo deles, por ter maior vulnerabilidade econômica, sofreu um dano maior.

■ **Vulnerabilidade técnica:** é impossível para um ser humano dominar todas as facetas da vida, inclusive aquelas ligadas ao mercado de bens e serviços. Por mais culto e bem informado que seja o consumidor, lhe faltarão sempre conhecimentos técnicos sobre uma enormidade de produtos ou serviços comercializados.

Mesmo dominando uma área específica, por não conhecer com profundidade um certo produto, o consumidor também poderá ser considerado vulnerável tecnicamente.

■ **Vulnerabilidade jurídica:** embora tratada em separado por alguns autores, podemos considerar a vulnerabilidade jurídica como uma manifestação da vulnerabilidade técnica, pois ela nada mais é do que o desconhecimento ou o conhecimento reduzido sobre direitos e obrigações (contratuais ou extracontratuais) por parte do consumidor na hora de estabelecer ou após haver estabelecido uma relação de consumo.

■ **Vulnerabilidade fática:** a pessoa que não teve maiores contatos com a tecnologia, que não sabe ler (ou é analfabeta funcional), que não tem maturidade emocional para se opor a apelos diretos ou indiretos dos fornecedores ou seus colaboradores possui essa vulnerabilidade fática.

Ela não se restringe a um aspecto técnico, não é deficiência econômica, não é falta de conhecimentos jurídicos. Ela se dá em uma esfera distinta de todas essas. Embora tenha implicações econômicas, técnicas e jurídicas, pode ser muito mais profunda do que todas elas.

■ **Hipervulnerabilidade:** à medida em que crescia a aplicação do Código de Defesa do Consumidor, foi possível perceber-se que alguns consumidores estavam em situação de **vulnerabilidade acentuada**, ou seja, o conceito de **simples vulnerabilidade** era insuficiente para caracterizar a real situação em que os mesmos se encontravam diante dos fornecedores.

Dessa constatação nasceu o conceito de hipervulnerabilidade, que se dá quando o consumidor, por questões fáticas, culturais ou naturais, está em situação de vulnerabilidade maior do que a maioria dos consumidores. É o caso da família recém-enlutada que é confrontada com um agente funerário. O luto recente, sobretudo de uma pessoa próxima e querida, muitas vezes faz com que se perca a percepção real de algumas condições de contratação. No mesmo caso, enquadram-se as pessoas doentes ou com familiares enfermos diante de um plano de saúde, hospital, clínica ou profissional; um idoso, quando está diante de um agente financeiro ou um gerente de banco que lhe oferecem "crédito fácil". E várias outras pessoas que, por suas condições em razão do momento, da idade ou do desenvolvimento e maturidade mentais, não possuem as mesmas defesas que a média dos consumidores.

Vulnerabilidade *versus* hipossuficiência: é importante que não confundamos vulnerabilidade com hipossuficiência.

Enquanto a vulnerabilidade é inerente a todos os consumidores, a hipossuficiência pode manifestar-se para alguns, enquanto inexiste para outros.

Consideremos o caso de uma doutora em nutrição. Ela tem conhecimentos suficientes para, em algumas situações, perceber que determinado alimento não está em condições adequadas para consumo humano. Nesse caso, podemos dizer que ela não é hipossuficiente tecnicamente.

No entanto, essa mesma doutora em nutrição, ao pedir uma lagosta em um restaurante, está em situação de vulnerabilidade igual à de qualquer outro consumidor, pois não sabe em que condições o crustáceo foi pescado, transportado, armazenado e manipulado até chegar ao prato dela. Daí podermos afirmar que, por maiores que sejam seus conhecimentos técnicos sobre alimentos, ela estará sempre em situação de vulnerabilidade na hora de pedir uma refeição em um restaurante.

Vulnerabilidade da pessoa jurídica: vimos anteriormente que a jurisprudência do STJ, ao analisar a condição de consumidor de uma pessoa jurídica, levará em conta o seu grau de vulnerabilidade.

Isso se dá porque, enquanto a vulnerabilidade do consumidor pessoa física é inerente a toda pessoa física (ou é absoluta), o mesmo não ocorre com as pessoas jurídicas que, por exemplo, ao fazerem parte de uma cadeia de fornecimento de determinado produto, não possuem vulnerabilidade técnica quanto ao mesmo. Em razão disso, exige-se das pessoas jurídicas que pretendem sua equiparação com os consumidores, que comprovem a situação de vulnerabilidade em que se encontram diante do caso específico.

3.2.3 Princípio da intervenção estatal (protecionismo, imperativo de ordem pública e interesse social)

O princípio da intervenção estatal, que se manifesta por meio do protecionismo, do imperativo de ordem pública e do interesse social, encontra suas bases na redação do inciso XXXII do art. 5º da Constituição de 1988, quando afirma que "o Estado promoverá a defesa do consumidor nos termos da lei".

Desse modo, cabe ao estado proteger o consumidor contra toda forma desleal de atuação no mercado de consumo por parte dos fornecedores, devendo dar às normas a interpretação mais adequada na busca da proteção da parte mais frágil da relação de consumo.

Esse protecionismo fica patente desde a ementa da Lei nº 8.078/1990 – "dispõe sobre a proteção do consumidor e dá outras providências" – e do seu art. 1º – "o presente código estabelece normas de proteção e defesa do consumidor (...)".

O imperativo de ordem pública e interesse social, que vem também no art. 1º do Código de Defesa do Consumidor, significa que as normas estabelecidas por essa lei devem prevalecer sobre os acordos privados, sobre interesses particulares, ainda que manifestados contratualmente, quando constatado que as cláusulas contratuais estão maculadas por ofensas à legislação protetiva do consumidor.

É a negação legal do antigo princípio romano que apontava que "o contrato faz lei entre as partes" (*pacta sunt servanda*).

3.2.4 Princípio da harmonia

Harmonia é concordância, simetria e paridade.

Ao colocar a harmonia entre os princípios norteadores do CDC, o legislador deu mostras de zelar pelo bom relacionamento entre fornecedores e consumidores.

Não é pelo fato de existir na relação de consumo uma parte mais forte e uma mais frágil, e pela lei buscar proteger a mais fraca, que elas deverão se digladiar, em um eterno "cabo de guerra", com a parte mais poderosa tentando a todo custo subjugar a parte vulnerável.

As relações de consumo devem surgir como fruto da harmonia de interesses (concordância), devem transcorrer de modo a beneficiar ambas as partes (simetria), que auferirão as vantagens previamente estabelecidas para elas (paridade).

Qualquer desarmonia na relação poderá ensejar a intervenção estatal na busca do restabelecimento da prevalência do princípio da harmonia.

Se é verdade que a defesa do consumidor é um dos princípios da ordem econômica, também compõe o rol desses princípios a livre concorrência.

Em razão disso, caberá a todos, dentro das relações de consumo, buscar a harmonia entre ambos os princípios, sem que um se sobreponha ao outro, inviabilizando o cumprimento da vontade constitucional da ordem econômica.

3.2.5 Princípio da boa-fé objetiva

Durante muito tempo bastava que alguém se guiasse pela boa-fé subjetiva para não sofrer qualquer punição em razão de um ato praticado.

No entanto, o Código de Defesa do Consumidor veio modificar esse panorama, exigindo a boa-fé objetiva como requisito inibidor de alguma sanção ou resultado desfavorável.

A diferença entre uma modalidade e outra de boa-fé está no elemento intrínseco ao sujeito que pratica o ato.

Na boa-fé subjetiva, para elidir-se a ilicitude do ato basta que o agente acredite que está praticando aquele ato dentro dos limites a que ele está autorizado ou não vedado pela lei.

Assim, eu não posso ser punido se pratiquei o ato não apenas sem querer ofender quem quer que fosse, como também pensei que estava agindo dentro dos limites que a lei me resguarda.

Por sua vez, na boa-fé objetiva não basta que o agente acredite que não está violando direitos de terceiros com sua prática, mas é necessário que, efetivamente, o agente não esteja ofendendo qualquer direito objetivamente resguardado da parte contrária.

Neste caso, pensar, acreditar, que não está ofendendo a lei é insuficiente para isentar de responsabilidade o autor do ato questionado. É preciso que de fato ele não esteja violando qualquer dispositivo normativo.

É importante registrar que a boa-fé objetiva é exigível tanto dos fornecedores quanto dos consumidores, em todas as fases da relação de consumo, seja previamente à existência de um contrato, seja na fase contratual, ou na fase pós-contratual.

Embora a doutrina consumerista não aborde com frequência as funções da boa-fé, estas se fizeram presentes no Código Civil de 2002 e por isso vale a pena mencioná-las aqui.

No seu art. 113 o Código Civil traz a **função interpretativa**, ao afirmar que "os negócios jurídicos devem ser interpretados conforme a boa-fé e os usos do lugar de sua celebração".

A **função limitativa** (ou de controle) está presente no art. 187 do CC/2002, que dispõe que "(...) comete ato ilícito o titular de um direito que, ao exercê-lo, excede manifestamente os limites impostos pelo seu fim econômico ou social, pela boa-fé ou pelos bons costumes".

Por fim, vamos encontrar a **função integradora** (ou criativa) no art. 422 daquele diploma, que prevê a obrigação de "guardar, assim na conclusão do contrato, como em sua execução, os princípios de probidade e boa-fé".

3.2.6 Princípio do equilíbrio das relações de consumo

A relação de consumo é, por sua essência, uma relação **desequilibrada**.

Com isso, queremos dizer que, na falta de regulamentação, naturalmente, uma das partes (o fornecedor) possui o poder de subjugar a vontade da outra (consumidor).

Para que esse desequilíbrio natural não prevaleça, a lei protetiva estabelece que as relações de consumo sejam reguladas de modo a neutralizar esse **poder** normalmente inerente ao fornecedor.

No entanto, como o objetivo da lei é o equilíbrio na relação, não podem ser tomadas medidas protetivas em excesso, de modo a criar um desequilíbrio às avessas, ou seja, em desfavor do fornecedor.

O meio-termo é o objetivo almejado pela lei. A igualdade e paridade de direitos e obrigações desde a fase da oferta, passando pela contratação, chegando à fase pós-contratual.

O prestígio ao princípio do equilíbrio nas relações de consumo está muito presente no Código de Defesa do Consumidor quando ele trata das práticas comerciais abusivas, dos contratos de adesão e das cláusulas contratuais abusivas, embora não se limite a tratar do tema nesses apartados.

3.2.7 Princípio da educação e da informação

O princípio da educação e da informação se apresenta de forma comum a fornecedores e consumidores, que precisam conhecer seus direitos e deveres, de modo a gerarem frequente melhoria do mercado de consumo.

Pela sua importância, a educação e a informação para o consumo, além de integrarem um dos princípios da Política Nacional das Relações de Consumo, são também direitos básicos dos consumidores, e como tais serão abordados mais adiante.

Com o advento da Lei nº 14.181, de 2021, a prevenção e o combate ao superendividamento foram inseridos no Código de Defesa do Consumidor, trazendo numerosos acréscimos à Lei nº 8.078/1990.

Trataremos de tais acréscimos à medida em que forem surgindo os temas que foram inseridos no CDC.

O primeiro deles foi a inserção do "fomento de ações direcionadas à educação financeira e ambiental dos consumidores" no rol dos princípios norteadores da Política Nacional das Relações de Consumo, dando um relevante destaque à educação que pode prevenir o superendividamento e a que auxilia na proteção ao meio ambiente (art. 4°, IX, do CDC).

A prevenção contra o superendividamento, aliás, vem expressa em um outro princípio da referida Política Nacional, também introduzido no CDC pela mencionada lei, que prevê expressamente a "prevenção e tratamento do superendividamento como forma de evitar a exclusão social do consumidor" (art. 4°, X, do CDC).

3.2.8 Princípio da qualidade, da segurança e da solução de conflitos por meios alternativos

A má qualidade de produtos e serviços, além de gerar prejuízos econômicos para os consumidores, pode ser fonte de insegurança, colocando em risco a vida e a saúde não só dos consumidores, como de terceiros. Daí a preocupação que a Política Nacional das Relações de Consumo deve ter para com o aspecto da qualidade no mercado de consumo.

A qualidade está ainda relacionada com os fatos e vícios dos produtos e dos serviços, e será objeto de tratamento quando estivermos abordando os referidos aspectos das relações de consumo.

Neste ponto, o que faz o CDC é incentivar, por parte dos fornecedores, a criação de meios eficientes de controle de qualidade e segurança de produtos e serviços, como forma de reduzir problemas nessas áreas ou de minimizar seus efeitos.

As relações de consumo, justamente por serem assimétricas em sua essência, com uma parte naturalmente mais poderosa do que a outra, é terreno fértil para controvérsias, disputas e litígios os mais diversos.

A Política Nacional das Relações de Consumo, desde a edição do Código de Defesa do Consumidor, estimula a utilização de mecanismos alternativos de solução de conflitos de consumo, como princípio.

Tais mecanismos podem se manifestar por meio da plataforma Consumidor.gov.br, que a Secretaria Nacional do Consumidor, do Ministério da Justiça (SENACON), mantém para intermediar a solução de problemas entre os consumidores e os fornecedores cadastrados, dando maior agilidade para resolver alguns conflitos frequentes.

Outra forma de solução alternativa são as conciliações nos PROCONs, sejam eles instalados nos Poderes Executivos ou Legislativos (estaduais ou municipais), ou ainda no Ministério Público. Isso sem falarmos na solução alternativa por excelência, que são os Juizados Cíveis Especiais, que têm como atuação fundamental a tentativa de conciliar conflitos e interesses.

3.2.9 Princípio da proibição e repressão de abusos

No inciso VI do art. 4°, o CDC dispõe sobre a política consistente na "coibição e repressão eficientes de todos os abusos praticados no mercado de consumo, inclusive a concorrência desleal e utilização indevida de inventos e criações industriais das marcas e nomes comerciais e signos distintivos, que possam causar prejuízos aos consumidores".

Embora essa política busque evitar prejuízos aos consumidores, ela também protege os fornecedores, posto que os abusos que menciona expressamente (concorrência desleal e violação de direitos autorais, propriedade intelectual e industrial), quando praticados, prejudicam os consumidores (quanto à qualidade e segurança dos produtos), mas trazem prejuízos para os fornecedores que atuam de forma legítima no mercado.

No que tange aos consumidores, a coibição e repressão dos abusos que o Código menciona estão diretamente ligadas à qualidade e segurança, posto que normalmente os produtos que violam propriedades industriais e comerciais, comumente chamados de produtos piratas, possuem qualidade inferior à dos produtos originais ou legítimos.

Essa qualidade mais baixa tanto pode resultar em menor durabilidade quanto em redução ou falta de segurança, seja pelo uso de tintas tóxicas, ou baterias que incendeiam ou explodem com facilidade, ou por quebrarem ou soltarem peças que podem causar lesões nos consumidores, sobretudo nas crianças, por exemplo.

3.2.10 Princípio da racionalização e melhoria dos serviços públicos

Como vimos quando estudamos o conceito de fornecedor, as pessoas jurídicas, ligadas direta ou indiretamente ao Poder Público também são fornecedoras.

Ao colocar a racionalização e melhoria dos serviços públicos dentre os princípios da Política Nacional das Relações de Consumo, o legislador sinalizou com a necessidade do Estado (em todos os níveis de funcionamento, seja municipal, estadual, distrital ou federal) desenvolver medidas para que a prestação e o acesso aos serviços públicos se dê de forma mais racionalizada e com melhor qualidade.

Assim, os serviços públicos deverão ser organizados e prestados de forma mais simples, lógica e descomplicada, sem deixar de atingir os objetivos almejados pelos seus usuários-consumidores.

3.2.11 Princípio do estudo constante das modificações do mercado de consumo

O mercado de consumo está em constante mudança. A forma de acesso dos consumidores aos meios de consumo mudou bastante desde a edição do CDC, em 1990, até hoje. E continuará a mudar. Sempre.

Essas mudanças podem afetar a segurança, as finanças ou a forma de prestação e entrega de produtos ou serviços. Por isso, o Poder Público precisa estar atento.

O advento das compras pela internet (*e-commerce*) tem revolucionado as relações de consumo, e o Estado vem regulando ainda timidamente a questão.

Outras mudanças dignas de nota são o superendividamento dos consumidores, os contratos eletrônicos de prestação de serviços, os contratos globais de compra e venda, que trazem uma complexidade ainda maior para o *e-commerce*, além de várias outras alterações nas relações de consumo.

Pelo princípio em análise, é preciso que essas alterações sejam estudadas constantemente, para evitar que elas signifiquem ou impliquem perdas consideráveis para os consumidores, que gerem desequilíbrios relevantes nas relações de consumo e que aumentem a vulnerabilidade da parte mais frágil da relação.

3.3 Instrumentos para a execução da Política Nacional das Relações de Consumo

Após afirmar quais são os princípios da Política Nacional das Relações de Consumo, o Código de Defesa do Consumidor estabeleceu um rol exemplificativo de instrumentos para executar essa política.

Passemos a analisar cada um desses instrumentos.

3.3.1 Manutenção de assistência jurídica, integral e gratuita para o consumidor carente

A defesa integral e gratuita, judicial e extrajudicial dos direitos dos **necessitados** é garantida pela Constituição Federal de 1988, por meio da Defensoria Pública (art. 134-A da CF/1988).

Desse modo, o instrumento em estudo está em perfeita consonância com o regramento constitucional, sendo no caso o **necessitado** o **consumidor carente**.

3.3.2 Instituição de Promotorias de Justiça de Defesa do Consumidor, no âmbito do Ministério Público

A primeira Promotoria de Justiça de Defesa do Consumidor foi criada no Ministério Público de São Paulo, no início da década de 1980, antes mesmo da edição do Código de Defesa do Consumidor, e teve como primeiro titular o promotor de justiça José Geraldo Brito Filomeno, que inclusive participou da comissão que elaborou o anteprojeto de lei que resultou no Código de Defesa do Consumidor.

Desde então os demais Estados da federação criaram em seus Ministérios Públicos as Promotorias de Justiça de Defesa do Consumidor que, inegavelmente, são excelentes instrumentos para promover a correta aplicação e cumprimento do Código e da Política Nacional das Relações de Consumo.

3.3.3 Criação de delegacias de polícia especializadas no atendimento de consumidores vítimas de infrações penais de consumo

Como veremos mais adiante, o Código de Defesa do Consumidor criou uma série de tipos penais que dizem respeito às relações de consumo.

Este instrumento de efetivação da Política Nacional das Relações de Consumo prevê que os Estados criem delegacias de polícia especializadas na repressão desse tipo de crime, de modo que as infrações penais de consumo não sejam menosprezadas ou tratadas com indiferença pela polícia judiciária, merecendo atenção, apuração e repressão adequadas por parte do poder público.

Ressalte-se que delegacia especializada não quer dizer necessariamente delegacia exclusiva, de modo que uma mesma delegacia pode ser especializada em crimes contra as relações de consumo e em outras modalidades de crimes, como defraudações ou crimes cibernéticos, por exemplo.

3.3.4 Criação de juizados especiais de pequenas causas e varas especializadas para a solução de litígios de consumo

Eis um instrumento trazido do Código de Defesa do Consumidor que carece de maior efetividade.

É que pelo grande volume de litígios de consumo que chega ao Poder Judiciário anualmente, fica difícil criar varas de juizados cíveis especiais (antigamente denominados de juizados de pequenas causas) exclusivos para a defesa do consumidor, já que números do Conselho Nacional de Justiça apontam que o tema Direito do Consumidor corresponde a mais de 80% de todas as ações movidas perante os juizados cíveis especiais.

Assim, de cada dez juizados cíveis, pelo menos oito deveriam dedicar-se exclusivamente à defesa do consumidor.

O mesmo ocorre nas varas cíveis não especializadas.

Por isso, não se logrou uma grande expansão específica desse instrumento de efetivação da Política Nacional das Relações de Consumo, embora o acesso dos consumidores ao Poder Judiciário não tenha sofrido restrições em razão desse fato.

3.3.5 Concessão de estímulos à criação ao desenvolvimento das associações de defesa do consumidor

Em outros países, a defesa do consumidor por meio de associações privadas é ainda mais forte do que no Brasil.

A criação, o crescimento e a sobrevivência de associações de toda espécie por estas terras é bastante difícil e não se pode afirmar que tenham crescido, em razão desse dispositivo do Código de Defesa do Consumidor, os estímulos para a criação e o desenvolvimento de associações de cunho consumerista.

As associações hoje existentes lutam a duras penas para permanecerem ativas, embora recebam alguns estímulos por meio da Secretaria Nacional do Consumidor (SENACON), do Ministério da Justiça.

No entanto, há ainda muito o que se fazer para a total efetivação desse instrumento, a começar pela conscientização dos consumidores do fato de que eles são responsáveis por fazerem com que os fornecedores respeitem seus direitos e que o exercício da cidadania perpassa pela atuação consciente na defesa dos consumidores, por meio de entidades associativas.

3.3.6 Instituição de mecanismos de prevenção e tratamento extrajudicial e judicial do superendividamento e de proteção do consumidor pessoa natural

Os mecanismos de prevenção e tratamento extrajudicial e judicial do superendividamento e de proteção do consumidor pessoa natural deverão tornar efetiva a prevenção e a proteção do consumidor superendividado.

Ressalte-se que, nos casos de superendividamento, o CDC contemplou apenas o consumidor pessoa natural (ou física), excluindo o consumidor pessoa jurídica dessa proteção especial.

3.3.7 Instituição de núcleos de conciliação e mediação de conflitos oriundos de superendividamento

Seguindo o espírito do CPC/2015, a Lei do Superendividamento contempla a necessidade da criação e instalação de "núcleos de conciliação e mediação de conflitos oriundos de superendividamento", de maneira que, através desses núcleos, seja possível tornar efetiva a proteção ao consumidor superendividado criada pelo legislador.

3.3.8 Rol meramente exemplificativo

Ao elencar, no art. 5º do CDC, os instrumentos para a execução da Política Nacional das Relações de Consumo, aqueles que elaboraram o Código deixaram bem claro que o poder público contará com tais instrumentos, **entre outros**, ou seja, o rol trazido é meramente exemplificativo, nada impedindo que outras formas de se efetivar aquela Política sejam criadas e empregadas em favor do cumprimento da vontade do legislador e em prol das relações de consumo.

4

Direitos básicos do consumidor

4.1 Considerações gerais sobre os direitos básicos do consumidor

Seguindo orientação da Organização das Nações Unidas (ONU) que, em 1985, baixou a Resolução n° 39.248, o Código de Defesa do Consumidor estabeleceu alguns direitos básicos do consumidor. Eles são garantias mínimas que o consumidor deve ter nas chamadas **relações de consumo**.

Esses direitos básicos são elencados no art. 6° do CDC. No entanto, alguns deles são "apresentados" no referido artigo e detalhados em outros dispositivos que se encontram ao longo do Código.

É relevante destacar que além do elenco do art. 6° mencionado, outras garantias são encontradas ao longo de todo o texto da lei protetiva consumerista.

Passemos a analisar cada um dos direitos básicos.

4.2 Direito à proteção da vida, saúde e segurança

Existe uma grande preocupação do Código com a vida, a saúde e a segurança dos consumidores em relação aos produtos e serviços que possam trazer riscos àqueles.

Ao tratar da proteção da vida, saúde e segurança do consumidor como direito básico, o legislador detalha que essa proteção se refere aos riscos provocados por práticas no fornecimento de produtos e serviços considerados perigosos ou nocivos.

Todo produto ou serviço possui uma periculosidade ou nocividade intrínsecos ou inerentes, embora possa variar o grau dessa periculosidade ou nocividade, posto que uma garrafa de água mineral tem infinitas vezes menos perigo do que uma garrafa de água sanitária, soda cáustica, gasolina ou veneno. Mesmo assim, a legislação se preocupa com os riscos da garrafa de água mineral, e impõe ao fabricante que coloque no vasilhame o prazo de validade daquela água, por exemplo.

Se determinado produto ou serviço não tinha algum risco ou malefício previamente conhecido, mas, após colocado o produto ou serviço no mercado de consumo (passou a ser vendido o produto ou prestado o serviço), o fornecedor tiver conhecimento de alguma periculosidade superveniente que apresentem, tem a obrigação de alertar de imediato as autoridades e os consumidores por meio de anúncios.

Caso o fornecedor não tome a iniciativa de fazer o citado alerta, poderá incorrer no crime previsto no art. 64 do CDC, como veremos oportunamente.

Posteriormente, nos arts. 8° ao 10, o CDC volta a este tema.

É importante ressaltar que, com a edição do Código de Defesa do Consumidor, não ficou proibida a comercialização de produtos ou serviços que por sua natureza acarretam riscos à saúde ou à segurança dos consumidores.

O que o Código disciplina, no *caput* do art. 8°, é que esses riscos não devem ser superiores aos que seriam "normais e previsíveis em decorrência de sua natureza e fruição", considerando o produto ou serviço especificamente. Mas, em todo caso, deverá sempre o consumidor ser alertado pelo fornecedor, que está obrigado "a dar as informações necessárias e adequadas a seu respeito".

No caso de produtos industrializados, as informações sobre os riscos à saúde ou segurança dos consumidores deverão ser apresentadas pelos fabricantes, "através de impressos apropriados que devam acompanhar o produto" (§ 1° do art. 8° do CDC).

O CDC estabelece que, para evitar risco de contaminação, "o fornecedor deverá higienizar os equipamentos e utensílios utilizados no fornecimento de produtos ou serviços, ou colocados à disposição do consumidor, e informar, de maneira ostensiva e adequada, quando for o caso" (§ 2° do art. 8° do CDC).

Ainda tratando da saúde e da segurança do consumidor, o Código determina que "o fornecedor de produtos e serviços potencialmente nocivos ou perigosos à saúde ou segurança deverá informar, de maneira ostensiva e adequada, a respeito da sua nocividade ou periculosidade, sem prejuízo da adoção de outras medidas cabíveis em cada caso concreto" (art. 9° do CDC).

No citado dispositivo, o legislador externou sua preocupação com aqueles produtos e serviços que trazem uma nocividade ou periculosidade inerentes e que, por isso, seus fornecedores devem ter um maior cuidado com a informação dada ao consumidor sobre tais características.

Assim, havendo maiores riscos ou perigos no uso, armazenamento ou ingestão de um produto ou na fruição de um serviço, o Código de Defesa do Consumidor prevê que todas as informações sejam prestadas pelos fornecedores nos rótulos dos produtos ou em documentação a ser entregue ao consumidor, esclarecendo sobre a nocividade ou periculosidade dos mesmos.

Nos casos de agrotóxicos, por exemplo, as informações devem ser prestadas de forma minuciosa e clara. Ou no caso de produtos alimentícios que contenham glúten (em razão das pessoas portadoras de intolerância a essa substância) ou fenilalanina (posto que os portadores de fenilcetonúria não podem ingerir produtos com tal substância). A mesma observação serve para serviços perigosos, como a dedetização ou desratização de uma residência.

Deixar de fazer a citada advertência poderá levar o fornecedor a incorrer nas penas do crime previsto no art. 63 do CDC, o que será melhor explicado mais à frente.

Conquanto o CDC não proíba a comercialização de produtos ou serviços que por sua natureza acarretam riscos à saúde ou à segurança dos consumidores, como demonstrado anteriormente, ele veda que o fornecedor coloque "no mercado de consumo produto ou serviço que sabe ou deveria saber apresentar alto grau de nocividade ou periculosidade à saúde ou segurança" (*caput* do art. 10 do CDC).

Assim, quando a nocividade ou periculosidade do produto ou serviço atingem um **alto grau**, o fornecedor não poderá colocá-los no mercado de consumo, pois os riscos superam os eventuais benefícios.

4.2.1 Recall

Embora não seja desejável, vemos com certa frequência produtos ou serviços serem colocados no mercado de consumo e após algum tempo serem descobertos fatores de risco ou perigo que eles apresentam, e que eram ignorados antes de sua comercialização.

Nestes casos, dispõe o CDC que o fornecedor "deverá comunicar o fato imediatamente às autoridades competentes e aos consumidores, mediante anúncios publicitários" (art. 10, § 1º, do CDC). Esses anúncios "serão veiculados na imprensa, rádio e televisão, às expensas do fornecedor do produto ou serviço" (art. 10, § 2º, do CDC).

O dever de informar aos consumidores sobre periculosidade da qual se tem conhecimento superveniente à sua colocação no mercado também deverá ser exercido pela "União, os Estados, o Distrito Federal e os Municípios", conforme disciplina o § 3º do art. 10 do CDC.

A prática de comunicar o consumidor acerca de um problema superveniente do produto ou serviço é conhecida como *recall* ou chamamento.

O *recall* pode ter duas consequências básicas. A primeira delas, que ocorre com mais frequência com produtos não duráveis (como medicamentos ou alimentos), é a retirada definitiva do produto ou serviço do mercado, com indenização dos prejuízos sofridos pelos consumidores. A segunda, mais comum com produtos duráveis (como automóveis ou aparelhos eletrônicos), consiste em chamar de volta o consumidor para a loja onde foi adquirido o produto, ou para uma oficina de assistência técnica onde será feito o reparo para eliminar o risco surgido no produto após sua colocação no mercado de consumo.

Quanto aos eventuais danos, patrimoniais ou extrapatrimoniais, sofridos pelo consumidor em decorrência do problema que ensejou o *recall*, serão todos cobertos pelo fornecedor, a não ser que tenha ocorrido culpa exclusiva do consumidor ou de terceiros, que é uma das hipóteses excludentes da responsabilidade do fornecedor, como veremos no momento oportuno, com vagar. Mas nesse caso o dano não seria decorrente da periculosidade superveniente, que gerou o *recall*.

O *recall* estabelece um período para que os consumidores façam o reparo do produto defeituoso, que pode chegar a 180 dias após o início do chamamento. Porém, em diversos casos, muitos consumidores não tomam conhecimento do chamamento ou não comparecem dentro do prazo estabelecido para a realização do reparo necessário para restabelecer a segurança do produto. Caso ocorra algum sinistro com o produto que venha causar dano ao consumidor que não atendeu ao chamamento, ou a terceiro, ainda assim o fornecedor será responsabilizado, posto que colocou no mercado um produto com alto risco ou periculosidade.

4.3 Direito à educação e divulgação sobre o consumo adequado dos produtos e serviços, asseguradas a liberdade de escolha e a igualdade nas contratações

O consumidor deve ter conhecimento da forma correta de manusear e consumir os produtos, ou como agir diante de certo serviço.

É o que se depreende do inciso II do art. 6º do CDC, quando elenca entre os direitos básicos dos consumidores:

> Art. 6º (...)
>
> II – a educação e divulgação sobre o consumo adequado dos produtos e serviços, asseguradas a liberdade de escolha e a igualdade nas contratações; (...).

Essa educação deve ser formal (na escola, como pode fazer uma professora ao falar do Código para seus alunos, em disciplinas como ciências, noções de higiene, matemática, ou ao dar uma palestra para estudantes) e informal (pelos próprios fornecedores dos produtos, quando orientam sobre a melhor maneira de aproveitar sobras de comida ou a economizar energia elétrica e água, ou pelos órgãos de defesa do consumidor, quando distribuem cartilhas, panfletos ou vídeos educativos).

Educar para o consumo significa prover o consumidor de conhecimentos que viabilizarão escolhas mais conscientes; social, ambiental e economicamente mais adequadas; instrumentalizarão o consumidor a conhecer melhor seus direitos e obrigações, bem como a saber onde e para quem recorrer no caso de violação de seus direitos.

4.4 Direito à informação

O Código de Defesa do Consumidor, no inciso III do art. 6º, colocou entre os direitos básicos do consumidor "a informação adequada e clara sobre os diferentes produtos e serviços, com especificação correta de quantidade, características, composição, qualidade, tributos incidentes e preço, bem como sobre os riscos que apresentem".

A informação correta e completa irá influenciar na escolha do produto ou do serviço, permitindo, por parte do consumidor, um aproveitamento ideal dos seus recursos financeiros empregados na aquisição do produto ou do serviço.

Por outro lado, permitirá que o consumidor não corra riscos desconhecidos ou desnecessários quando fizer uso do produto ou usufruir do serviço, pois terá sido adequadamente informado sobre como proceder.

Jurisprudência – STJ

Jurisprudência em Teses – Edição nº 161. Direito do Consumidor V.

Tese 9) As entidades bancárias são responsáveis pelos prejuízos resultantes de investimentos malsucedidos quando houver defeito na prestação do serviço de informação/conscientização dos riscos envolvidos na operação.

Em sua redação original, esse inciso não mencionava a informação sobre os tributos incidentes sobre o preço do produto ou serviço. A obrigatoriedade de ser fornecida essa informação pelo fornecedor foi acrescentada pela Lei n° 12.741, de 8 de dezembro de 2012.

Entende-se que uma informação é adequada quando ela contém todos os dados necessários sobre o produto ou serviço, de forma completa.

A informação é clara quando o consumidor é capaz de compreendê-la com facilidade, quando ela não contém expressões técnicas desconhecidas por aqueles que não têm alguma formação específica, ou não está redigida em caracteres de difícil leitura, seja pelo tipo ou pelo tamanho da fonte usada, ou ainda pelo pouco contraste entre as letras e o fundo do local onde estão dispostas tais informações.

Jurisprudência – STJ

Súmula n° 595: As instituições de ensino superior respondem objetivamente pelos danos suportados pelo aluno/consumidor pela realização de curso não reconhecido pelo Ministério da Educação, sobre o qual não lhe tenha sido dada prévia e adequada informação.

Jurisprudência em Teses – STJ. Edição n° 42. Direito do Consumidor II.

Tese 3) A instituição de ensino superior responde objetivamente pelos danos causados ao aluno em decorrência da falta de reconhecimento do curso pelo Ministério da Educação e Cultura (MEC).

Tese 4) A instituição de ensino superior responde objetivamente pelos danos causados ao aluno em decorrência da falta de reconhecimento do curso pelo MEC, quando violado o dever de informação ao consumidor.

Nas duas teses mencionadas, o STJ cuida da responsabilidade objetiva da instituição de ensino, pelos danos causados ao aluno/consumidor, que fez curso superior não reconhecido pelo MEC.

No entanto, na segunda das teses (Tese 4, da Edição nº 42), o Superior Tribunal de Justiça condiciona a responsabilização à violação do dever de informação ao consumidor, por parte da instituição de ensino.

A informação adequada sobre característica, qualidade e riscos que um serviço apresente ao consumidor, é direito básico deste. Sendo básico, não pode faltar e, faltando, deverá o fornecedor arcar com todos os danos daí decorrentes.

Este direito básico à informação é detalhado posteriormente pelo CDC quando trata da oferta, nos arts. 30 a 35 e que nós abordaremos na oportunidade devida.

4.5 Direito à proteção contra práticas comerciais abusivas

Neste aspecto, dispõe o inciso IV do art. 6º do CDC que é direito básico do consumidor "a proteção contra a publicidade enganosa e abusiva, métodos comerciais coercitivos ou desleais, bem como contra práticas e cláusulas abusivas ou impostas no fornecimento de produtos e serviços".

Em um só inciso, o Código arrola diversas modalidades de exercício de atos ligados ao comércio de produtos ou serviços, que vão desde a fase pré-contratual (publicidade enganosa e abusiva; métodos comerciais coercitivos ou desleais; práticas abusivas), passam pela fase contratual (práticas e cláusulas abusivas) e pós-contratual (voltamos aos métodos comerciais coercitivos ou desleais e às práticas abusivas).

Quer pela falta de conhecimentos específicos, quer pela dificuldade de compreensão, ausência de informações ou simplesmente por estar vulnerável pela ansiedade da compra, o consumidor está sujeito a sofrer com práticas comerciais ilegais que reduzem seus direitos ou chegam mesmo a excluí-los por completo, em total desrespeito por ele e pela legislação.

A proteção contra publicidade enganosa e abusiva (tratada com mais vagar nos arts. 36 a 38) evita que o consumidor seja ludibriado, comprando uma coisa pensando que está comprando outra que não tem as características ou o preço anunciado pelo fornecedor que, falsamente, gerou uma demanda para o seu produto ou serviço. A publicidade enganosa gera falsas expectativas no consumidor, faz com que ele realize um juízo de valor equivocado (viciado) sobre o produto ou serviço e com isso seja prejudicado na destinação de seus recursos e/ou na sua integridade física.

Por sua vez, a proteção contra a publicidade abusiva combate a publicidade discriminatória, a que incita a violência, a que desrespeita valores ambientais, entre outras que teremos a oportunidade de abordar posteriormente.

4.6 Direito à modificação ou revisão de cláusulas contratuais abusivas

O Código de Defesa do Consumidor, no inciso V do art. 6º, afirma ser direito básico do consumidor "a modificação das cláusulas contratuais que estabeleçam prestações desproporcionais ou sua revisão em razão de fatos supervenientes que as tornem excessivamente onerosas".

Como o consumidor é a parte mais frágil na relação de consumo, ele merece proteção contra os fornecedores que pretendam aproveitar-se dele, impondo-lhes cláusulas contratuais que violam direitos protegidos pela lei consumerista.

O direito básico em estudo prestigia o princípio da preservação dos contratos, com a correção das cláusulas abusivas ou lesivas neles encontradas (prestações desproporcionais), prevendo também a revisão contratual em virtude de ônus excessivo gerado por fato superveniente.

Em capítulo posterior e específico, veremos mais sobre contratos no CDC.

4.7 Direito à efetiva prevenção e reparação de danos

Esse direito básico está expresso no inciso VI do art. 6º do CDC.

O Código de Defesa do Consumidor se preocupou com as consequências que podem surgir dos defeitos ou problemas que tenham os produtos ou serviços, responsabilizando o fabricante, o produtor, o construtor ou prestador de serviços por eventuais prejuízos que sofram os consumidores.

Esses danos podem ser de pequena monta, como nos casos dos vícios dos produtos (um ventilador que deixa de funcionar por exemplo), como em grande escala, que são os decorrentes de fatos do produto ou do serviço (que podem inclusive levar à morte dos consumidores, como uma cerveja contaminada por substância química letal).

Amparando o consumidor, o código trata com detalhes desses aspectos, realizando verdadeira revolução no ordenamento jurídico.

O direito básico à efetiva prevenção e reparação de danos trouxe para as relações de consumo uma crescente preocupação por parte dos fornecedores, que precisaram tomar mais cuidado na hora de produzir, importar e comercializar bens de consumo ou prestar serviços.

A esse respeito, merece atenção o que diz o STJ sobre reparação de danos decorrentes de problemas oriundos de voos internacionais.

Jurisprudência – STJ

Jurisprudência em Teses – Edição nº 164. Direito do Consumidor VIII.

Tese 6) As indenizações por danos morais envolvendo transporte aéreo internacional de passageiros não estão submetidas à tarifação prevista nas normas e nos tratados internacionais, devendo-se observar, nesses casos, a efetiva reparação do consumidor preceituada pelo Código de Defesa do Consumidor (CDC).

Tese 7) As normas e os tratados internacionais limitadores da responsabilidade das transportadoras aéreas de passageiros prevalecem sobre o CDC nas hipóteses de indenização por danos materiais.

Toda essa questão de prevenção e reparação de danos será tratada pormenorizadamente em um capítulo próprio.

4.8 Direito do acesso à ordem jurídica

O direito ao acesso à ordem jurídica vem expresso no Código de Defesa do Consumidor no inciso VII do art. 6º, assim redigido:

> Art. 6º (...)
>
> VII – o acesso aos órgãos judiciários e administrativos com vistas à prevenção ou reparação de danos patrimo-

niais e morais, individuais, coletivos ou difusos, assegurada a proteção Jurídica, administrativa e técnica aos necessitados; (...).

Não bastaria o legislador estabelecer apenas como direito básico dos consumidores a efetiva prevenção e reparação de danos patrimoniais e morais, individuais, coletivos e difusos. Era necessário mencionar também, como direito básico, a possibilidade de o consumidor ter acesso aos órgãos públicos encarregados de assegurarem a prevenção ou reparação de danos mencionadas anteriormente.

Esse acesso aos órgãos judiciários, especificamente, pode se dar por meio dos juizados especiais cíveis e criminais, bem como por meio das varas especializadas em direito do consumidor ou, caso estas inexistam, perante outros órgãos do Poder Judiciário de primeiro grau.

Com relação aos órgãos administrativos colocados à disposição dos consumidores para a prevenção e reparação de danos por ele sofridos, podemos mencionar a Secretaria Nacional do Consumidor (SENACON – ligada ao Ministério da Justiça), os PROCONs estaduais e municipais, a vigilância sanitária (em todos os níveis – federal, estadual e municipal), os órgãos do Sistema Nacional de Metrologia (o INMETRO e seus correlatos nos estados), e também os órgãos do Ministério Público com atribuições para a defesa do consumidor.

Quanto à proteção jurídica, administrativa e técnica aos necessitados, mencionada como direito básico pelo legislador, esta se dá predominantemente por meio da Defensoria Pública, que vem crescendo em atuação na defesa dos interesses dos consumidores que fazem jus a sua proteção especial.

4.9 Direito à facilitação da defesa dos direitos do consumidor

Um direito básico trazido pelo Código que gerou muita controvérsia foi o que se encontra expresso no inciso VIII do art. 6°, transcrito a seguir:

> Art. 6° (...)
>
> VIII – a facilitação da defesa de seus direitos, inclusive com a inversão do ônus da prova, a seu favor, no processo civil, quando, a critério do juiz, for verossímil a alegação ou quando for ele hipossuficiente, segundo as regras ordinárias de experiências; (...).

O Código não se contentou em elencar e disciplinar os direitos do consumidor. O legislador entendeu que era preciso que a nova lei viabilizasse o acesso à justiça para que os direitos nele previstos e assegurados se tornassem efetivos.

Os dois direitos básicos antecedentes (incisos VI e VII) juntam-se a este e se completam. Um por estabelecer a prevenção e a reparação efetivas dos direitos dos consumidores, outro por viabilizar o acesso à justiça na busca da defesa dos direitos do consumidor, e este último por facilitar a defesa desses direitos.

A inversão do ônus da prova, que ocorrerá em favor do consumidor quando o juiz entender verossímeis suas alegações ou o julgar hipossuficiente conforme "as regras ordinárias de experiências" é considerada um marco na defesa do consumidor em juízo, por facilitar o fim do estado de desamparo em que se via o consumidor.

O consumidor, ao propor uma ação para reparação de dano contra um fornecedor (fosse este uma grande empresa ou um microempresário), para ter assegurado seu direito dependia de prova praticamente impossível de se obter dada a sua falta de informações sobre composição, fabricação ou comercialização dos produtos ou fornecimento dos serviços.

Jurisprudência – STJ

Jurisprudência em Teses – Edição nº 160. Direito do Consumidor IV.

Tese 1) Na ação consumerista, o Ministério Público faz jus à inversão do ônus da prova, independentemente daqueles que figurem como autores ou réus da demanda.

Com relação à inversão do ônus da prova no Código de Defesa do Consumidor, é preciso fazer constar que tal inversão é disciplinada de duas formas diferentes.

A primeira delas, que é válida para todas as situações, exceto para aquelas tratadas como a segunda forma de inversão do ônus da prova, se dá por meio de decisão judicial específica, quando o magistrado, analisando a verossimilhança do que foi alegado pelo consumidor ou, quando o considerar hipossuficiente, levando em consideração a experiência normal ou usual de qualquer consumidor, determina que o fornecedor promovido comprove a falta de embasamento fático do que foi alegado pelo consumidor.

A este tipo de inversão do ônus da prova se dá o nome de *ope judicis*, pois ocorre em virtude da vontade do julgador.

A segunda forma, ou modalidade, de inversão do ônus da prova prevista no Código de Defesa do Consumidor é denominada *ope legis*, porque ocorre em virtude do desejo expresso pelo legislador por meio da lei e não depende de decisão judicial reconhecendo ou não a incidência da inversão.

Estamos diante de casos de inversão do ônus da prova por vontade da lei, quando analisamos questões envolvendo fatos ou acidentes de consumo, posto que nestas situações o Código de Defesa do Consumidor restringe as hipóteses de alegações que poderão ser feitas pelo fornecedor para se eximir da obrigação de indenizar. Caso ele não comprove a existência de uma das três hipóteses excludentes de responsabilidade previstas no § 3º do art. 12 do CDC (no caso de fato do produto) ou no § 3º do art. 14 do CDC (quando se tratar de fato do serviço), ele não ficará desobrigado de reparar o dano causado ao consumidor. Nos deteremos mais sobre esta questão da inversão do ônus da prova *ope legis* quando tratarmos da responsabilidade pelo fato do produto e do serviço, mais adiante.

Uma outra hipótese de inversão do ônus da prova *ope legis* está prevista no art. 38 do CDC, que afirma que "o ônus da prova da veracidade e correção da informação ou comunicação publicitária cabe a quem as patrocina", ou seja, caberá ao fornecedor anunciante comprovar que o que diz sua mensagem publicitária é verídico e correto.

Voltando à inversão do ônus da prova por decisão do juiz (*ope judicis*), precisamos falar sobre o momento em que esta inversão poderá ocorrer.

De uma maneira ideal, a decisão judicial sobre a necessidade do réu fornecedor comprovar que as alegações feitas pelo consumidor não são verídicas deverá ocorrer antes de se oportunizar a contestação pela parte promovida, tendo em vista que já neste primeiro momento de pronunciamento nos autos o fornecedor poderá trazer elementos que o auxiliem na comprovação da falta de veracidade no que foi alegado pelo consumidor, ou poderá nessa mesma ocasião requerer a produção de prova pericial que entenda que lhe será favorável.

Sob os ditames do Código de Processo Civil de 2015, que prevê audiência de conciliação ou mediação prévia (art.

334), é importante que o fornecedor saiba, já por ocasião dessa audiência, que o julgador do caso entende que a situação posta em juízo enseja a inversão do ônus da prova com base no inciso VIII do art. 6° do CDC, uma vez que tal circunstância pode ser decisiva para que as partes cheguem a uma composição.

Caso o processo chegue à fase de saneamento, prevista no art. 357 do CPC/2015, este também será um momento adequado para o juiz decidir sobre a inversão do ônus da prova e possibilitar ao réu fornecedor que reproduza as provas que melhor atendam às suas necessidades quanto à oposição ao que foi trazido ao processo pelo consumidor. Tal afirmação decorre do que consta expressamente no inciso III do citado art. 357, que diz ser dever do juiz, "em decisão de saneamento e de organização do processo", entre outras providências, "definir a distribuição do ônus da prova, observado o art. 373".

Em se tratando de uma situação na qual não foi oportunizada a produção de prova por parte do fornecedor considerando-se a inversão do ônus probatório, e tendo passado já a fase de saneamento do processo, se o juiz entender que será caso de aplicação do disposto no inciso VIII do art. 6° do CDC, o magistrado deverá oportunizar ao fornecedor réu que produza novas provas, considerando a situação de inversão em favor do que foi alegado pelo autor consumidor.

4.10 Direito à prestação adequada e eficaz dos serviços públicos

O inciso X do art. 6° do CDC prevê como direito básico do consumidor "a adequada e eficaz prestação dos serviços públicos em geral".

Esse direito básico implica, por parte do poder público (por si ou por seus permissionários ou concessionários), na observância de cinco princípios: o da continuidade do serviço público (não pode ser paralisado), o da generalidade (serviço igual para todos), o da eficiência (serviço prestado da melhor maneira), o da modicidade (tarifas com preços razoáveis) e uniformidade (tarifas uniformes para cada serviço).

O descumprimento desses princípios enseja, em tese, a propositura de ação civil, seja ela individual ou pública.

Esses direitos básicos são muito importantes para a relação de consumo e servem de fundamento para embasar os constantes conflitos entre consumidores e fornecedores de serviços públicos.

4.11 Direito ao crédito responsável, à educação financeira e ao tratamento do superendividamento

A Lei do Superendividamento introduziu, no rol de direitos básicos do consumidor presente no art. 6°, "a garantia de práticas de crédito responsável, de educação financeira e de prevenção e tratamento de situações de superendividamento, preservado o mínimo existencial, nos termos da regulamentação, por meio da revisão e da repactuação da dívida, entre outras medidas" (inciso XI).

Com esse dispositivo, o legislador "ataca" o superendividamento em várias frentes.

Na fase pré-contratual, a lei garante práticas de crédito responsável, prevendo que só haja contratações de crédito que não tratem o endividamento do consumidor de forma irresponsável, de modo a transformar esse endividamento em um superendividamento.

Ainda na seara preventiva, o dispositivo institui a educação financeira, assim como diz expressamente que são direitos básicos do consumidor a prevenção e o tratamento de situações de superendividamento, prevendo a revisão e a repactuação da dívida (entre outras medidas), como formas de tratar o superendividamento.

4.12 Direito à preservação do mínimo existencial

De forma um tanto quanto redundante, em relação ao que trata no inciso XII do art. 6º, a Lei do Superendividamento introduz um outro direito básico, consistente na "preservação do mínimo existencial, nos termos da regulamentação, na repactuação de dívidas e na concessão de crédito".

A redundância pode ser justificada porque na passagem anterior, poder-se-ia afirmar que o mínimo existencial previsto no inciso XII, está relacionado apenas à repactuação das dívidas, enquanto no presente caso tal preservação não se dará apenas no momento de repactuação de dívidas, mas também quando da concessão de crédito (art. 6º, inciso XII, do CDC).

Em que irá consistir esse mínimo existencial, caberá à lei dizer.

5

Responsabilidade do fornecedor no Código de Defesa do Consumidor

5.1 Proteção à vida, à saúde e à segurança do consumidor

O Código de Defesa do Consumidor, como já foi dito em outros espaços no presente trabalho, tem grande preocupação em proteger a saúde do consumidor e garantir a segurança deste.

Mais uma vez essa preocupação se manifesta quando o legislador trata da qualidade de produtos e serviços, da prevenção e da reparação dos danos, no Capítulo IV do Código.

A Seção I do mencionado capítulo está expressamente dedicada à proteção à saúde e segurança.

5.1.1 Produtos e serviços que acarretam riscos normais e previsíveis

Diz o art. 8º em seu *caput*:

Art. 8° Os produtos e serviços colocados no mercado de consumo não acarretarão riscos à saúde ou segurança dos consumidores, exceto os considerados normais e previsíveis em decorrência de sua natureza e fruição, obrigando--se os fornecedores, em qualquer hipótese, a dar as informações necessárias e adequadas a seu respeito.

Pelo mencionado dispositivo, fica vedada a colocação no mercado de consumo de produtos e serviços que acarretem riscos à saúde ou à segurança dos consumidores. No entanto, o artigo em análise reconhece que há produtos e serviços cuja natureza ou forma de utilização possuem um risco normal e previsível. Em se tratando de produtos ou serviços como estes, será possível a sua comercialização ou contratação, desde que sejam dadas todas as informações necessárias e adequadas a respeito da condição de risco que o produto ou serviço acarreta para os seus consumidores ou usuários.

A quem cabe prestar as informações de que trata o *caput* do art. 8° do CDC?

O Código esclarece no § 1° do referido artigo, que, "em se tratando de produto industrial", o responsável pela prestação das informações sobre risco do produto caberá ao fabricante do mesmo, que deverá prestar estas informações "através de impressos apropriados que devam acompanhar o produto".

Uma outra preocupação expressa pelo CDC diz respeito à higienização de "equipamentos e utensílios utilizados no fornecimento de produtos ou serviços, ou colocados à disposição do consumidor", afirmando no § 2° do art. 8° que cabe ao fornecedor realizar essa higienização. Além disso, caberá também ao fornecedor "informar, de maneira ostensiva e adequada, quando for o caso, sobre o risco de contaminação".

Assim como o CDC reconheceu, no seu art. 8°, que produtos e serviços podem trazer riscos a eles inerentes, cuidou de regular a forma como tais produtos e serviços são postos no mercado de consumo quando, no art. 9°, diz que "o fornecedor de produtos e serviços potencialmente nocivos ou perigosos à saúde ou segurança deverá informar, de maneira ostensiva e adequada, a respeito da sua nocividade ou periculosidade, sem prejuízo da adoção de outras medidas cabíveis em cada caso concreto".

Temos aqui, portanto, o dever de informar como um fator essencial para preservar a saúde e segurança dos consumidores que, por um motivo ou por outro, precisam fazer uso de produtos ou serviços que na sua essência são nocivos ou perigosos.

5.1.2 Produtos e serviços que acarretam elevado grau de nocividade ou periculosidade

Embora o Código, como visto anteriormente, permita a colocação no mercado de consumo de produtos que representem riscos normais e previsíveis, desde que tomadas certas cautelas, ele dá um outro tratamento para produtos ou serviços com alto grau de periculosidade ou nocividade.

Assim dispõe no *caput* do seu art. 10: "Art. 10. O fornecedor não poderá colocar no mercado de consumo produto ou serviço que sabe ou deveria saber apresentar alto grau de nocividade ou periculosidade à saúde ou segurança".

Temos, portanto, uma total vedação legal para a comercialização de produtos ou serviços que tenham potencial para gerar uma nocividade ou periculosidade à saúde ou segurança do consumidor em grau elevado.

5.1.3 Recall

Pode ocorrer, em razão de inúmeros fatores, de um produto ou serviço cujos riscos ou nocividade eram conhecidos mas se apresentavam em um grau perfeitamente aceitável; após a sua colocação no mercado de consumo apresentarem defeitos ou gerarem riscos até então ignorados pelo seu fornecedor.

Nestes casos, caberá ao fornecedor, conforme o disposto no § 1º do art. 10 do CDC, comunicar o fato imediatamente às autoridades competentes e aos consumidores mediante anúncios publicitários.

Esses anúncios serão veiculados na imprensa, rádio e televisão, com os custos cobertos pelo fornecedor do produto ou serviço (§ 2º do art. 10 do CDC).

Tais situações correspondem ao que se convencionou tratar como *recall*, ou chamamento.

Por vezes riscos indesejados, desconhecidos ou não previstos podem ocorrer ou se manifestar em produtos ou serviços. Em tais situações, o fornecedor deverá, de forma imediata, comunicar o fato às autoridades competentes, entendendo-se por estas as encarregadas da defesa do consumidor, bem como aos próprios consumidores, utilizando-se de anúncios publicitários.

Existem situações que exigem, pelo grau de periculosidade ou nocividade superveniente do produto ou serviço, sua total retirada do mercado com a reparação de eventuais custos ou danos sofridos pelo consumidor que adquiriu o produto ou contratou o serviço objeto da retirada do mercado.

Há, no entanto, situações de riscos supervenientes que possibilitam um reparo no produto ou no serviço, de modo a restituir-lhes a segurança original.

Nesses casos, caberá ao fornecedor fazer o chamamento (ou *recall*) dos consumidores que adquiriram produtos ou contrataram serviços com riscos supervenientes, para que sejam realizadas as adequações ou os reparos necessários.

5.1.4 Informação por parte de órgãos públicos

Ainda dentro da preocupação que o Código de Defesa do Consumidor revela com relação à periculosidade que produtos ou serviços podem trazer à saúde ou segurança dos consumidores, o legislador criou para a União, os Estados, o Distrito Federal e os Municípios a obrigação de informar aos consumidores a respeito de produtos ou serviços que lhes tragam perigos (§ 3º do art. 10 do CDC).

A periculosidade de que trata esse dispositivo é, em regra, aquela superveniente à colocação do produto ou serviço no mercado, posto que produtos ou serviços com perigos conhecidos há muito tempo não demandam essa preocupação por parte dos órgãos públicos, a não ser quando se tratar de campanha de conscientização quanto ao uso de tais produtos, como no caso de campanhas de combate ao tabagismo ou ao alcoolismo.

5.2 Responsabilidade pelo fato do produto

5.2.1 Conceito de fato do produto ou do serviço

Fato do produto ou do serviço é a existência de um defeito, seja de criação, produção, prestação do serviço ou informação capaz de causar dano patrimonial, físico, psíquico ou moral a um consumidor ou a terceiro atingido pelo dano, resultando na responsabilização do fornecedor, independentemente da apuração de culpa ou dolo (responsabilidade objetiva).

Uma outra denominação para o fato do produto ou do serviço é **acidente de consumo**.

A possibilidade de se responsabilizar o fornecedor do produto ou do serviço independentemente da apuração de culpa deles constitui um dos grandes avanços do CDC pois, afastando-se da regra geral do Código Civil (responsabilidade subjetiva), dá maiores possibilidades dos consumidores protegerem seus direitos, por meio de ações judiciais, uma vez que a prova que necessitarão fazer será menos complexa.

5.2.2 Pressupostos para responsabilização objetiva do fornecedor pelo fato do produto

Tratando-se de responsabilidade objetiva, os pressupostos para a responsabilização do fornecedor no caso de fato do produto são:

- a existência do fato ou defeito do produto;
- o dano emergente ou iminente;
- o nexo causal entre o fato ou defeito e o dano.

Assim, caberá ao consumidor provar, para lograr a condenação do fornecedor, que ocorreu um fato ou a manifestação de um defeito ao usar o produto; que ele consumidor sofreu um dano (ou está na iminência de sofrê-lo) e que tal dano está relacionado ao fato ou defeito decorrente do uso do produto (nexo de causalidade).

Como podemos observar, fica isento o consumidor de provar a existência de culpa do fornecedor no evento danoso, uma vez que não se trata de responsabilidade subjetiva.

5.2.3 Defeito do produto

O CDC, no § 1º do art. 12, diz que produto defeituoso é aquele que não oferece a segurança que dele legitimamente se espera, levando-se em conta sua apresentação, o uso e os riscos que dele razoavelmente se espera e a época em que foi colocado em circulação (incisos I a III do citado dispositivo).

A preocupação do legislador com a definição de produto defeituoso está intimamente ligada à proteção integral à saúde e segurança do consumidor, de maneira que impõe aos fornecedores o dever de segurança.

Uma vez mais reforça-se que o Código não proíbe a comercialização de produtos que tragam alguma insegurança ou risco. No entanto, os riscos dos produtos devem ser conhecidos e informados adequadamente. Daí o dispositivo em estudo falar em "segurança que dele legitimamente se espera", sinalizando que se a falta de segurança extrapolar as legítimas expectativas do consumidor, o produto será tido como defeituoso.

O rol de circunstâncias relevantes para se apurar a existência ou não de defeito no produto, trazido pelos incisos do § 1º do art. 12 do CDC é meramente exemplificativo, pois precedido da expressão "entre as quais".

É importante ressaltar que o fato de outro produto de melhor qualidade ter sido colocado no mercado não caracteriza o defeito do produto em questão (art. 12, § 2º).

Observe-se que o Código não fala sequer em que o produto mais seguro seja colocado no mercado posteriormente àquele que tem "menos segurança". Isto porque produtos mais ou menos seguros podem coexistir, desde que não estejamos diante de produtos defeituosos.

Comparemos, exemplificativamente, dois automóveis. Em determinado ano, uma montadora lançou um veículo repleto de itens de segurança, tornando o modelo bastante caro. Um ano depois, a mesma montadora lança um outro modelo de automóvel, bem mais barato, sem uma série de itens de segurança constantes no veículo mais caro e mais antigo. Tal fato, por si só, não inviabiliza a comercialização do novo modelo, nem tampouco será suficiente para caracterizá-lo como um veículo defeituoso.

5.2.4 Tipos de defeitos dos produtos

Os defeitos dos produtos podem ocorrer desde a sua fase de concepção, embora a sua manifestação ou exteriorização se dê tempos após sua colocação no mercado. Conforme do CDC, os defeitos dos produtos podem ser:

- de criação (projeto e fórmula);
- de produção (fabricação, construção, montagem, manipulação, acondicionamento);
- de informação (publicidade, apresentação, informação insuficiente ou inadequada).

Jurisprudência – STJ

Jurisprudência em Teses – Edição n° 163. Direito do Consumidor VII.

Tese 9) A ausência de informação qualificada quanto aos possíveis efeitos colaterais e reações adversas de medicação configura defeito do produto, conforme disposto no art. 12, § 1°, II, do CDC, ocasionando responsabilidade objetiva do fabricante/fornecedor.

5.2.5 Responsáveis pelos defeitos dos produtos

Poderão ser responsabilizados pela existência de defeitos dos produtos (art. 12, *caput*, do CDC):

- o fabricante;
- o produtor;

- o construtor;
- o importador.

Esses fornecedores tanto podem ser nacionais como estrangeiros.

Para efeito de responsabilidade, o CDC considera três classes de fornecedores:

- o fornecedor real: fabricante, produtor, construtor;
- o fornecedor aparente: é o detentor do nome, da marca ou do signo aposto em determinado produto;
- o fornecedor presumido: é o importador ou o comerciante de produto sem origem identificada.

O CDC optou por responsabilizar diretamente o causador do dano (fabricante, produtor, construtor), por ser este, supostamente, quem teria maiores condições de evitar a entrada no mercado, de um produto defeituoso.

No entanto, se um fornecedor apõe sua marca, seu nome ou símbolo a um produto, mesmo que fabricado por terceiro, ele será responsabilizado por esse produto, já que para o consumidor, **aparentemente**, é aquele o real fornecedor, foi no nome dele que o consumidor confiou para fazer a aquisição do produto do qual resultou o acidente de consumo.

A regra geral da responsabilização do **fornecedor real** (aquele que está em primeiro lugar na cadeia de fabricação, produção, construção ou montagem) e da responsabilização do **fornecedor aparente** (o que dá nome e marca a produtos fabricados ou produzidos por terceiros), o Código, de forma excepcional, prevê a responsabilização do fornecedor que comercializa o produto.

Assim, se um comerciante vende produto sem indicar adequadamente sua origem, sendo impossível tal identificação, será ele responsável pelo fato decorrente de tal produto.

Essa falta de identificação da origem, ou a ausência de clareza na identificação, refere-se, justamente, à indicação de quem é o fabricante ou o importador do produto que se mostrou defeituoso. Se este não foi indicado de modo algum, ou a indicação foi feita de maneira obscura, que não possibilite a sua perfeita identificação, o responsável será quem comercializou o produto.

O Código presume que, ao colocar à venda um produto nessas condições, o comerciante assumiu atrair para si toda a responsabilidade sobre ele, inclusive quanto à segurança e aos riscos que dele possam decorrer.

Também de forma excepcional, será responsabilizado o comerciante quando não conservar adequadamente os produtos perecíveis.

Produto perecível é aquele passível de deterioração com o tempo. Esse "tempo" é o chamado prazo de validade.

Quando um fabricante estabelece o prazo de validade para seus produtos, ele o faz considerando as condições ideais de conservação e armazenamento, que, obrigatoriamente, deve fazer constar nas embalagens daqueles. Caso não sejam respeitadas essas condições, possivelmente o prazo de validade será antecipado, tornando o produto impróprio para o consumo e, muitas vezes, inseguro.

Se o comerciante, conhecendo as regras para armazenamento dos produtos perecíveis, deixa de segui-las, conservando-os de maneira inadequada, será responsabilizado por eventuais danos causados aos consumidores.

5.2.6 Causas excludentes da responsabilidade do fornecedor de produto

O CDC, em seu art. 12, § 3°, enumera as hipóteses que possibilitam ao fornecedor se eximir da responsabilidade pelo fato do produto.

Jurisprudência – STJ

Jurisprudência em Teses – Edição nº 39. Direito do Consumidor I.

Tese 5) Em demanda que trata da responsabilidade pelo fato do produto ou do serviço (arts. 12 e 14 do CDC), a inversão do ônus da prova decorre da lei (*ope legis*), não se aplicando o art. 6º, inciso VIII, do CDC.

Quando analisamos a responsabilidade do fornecedor por fato do produto (ou do serviço), devemos sempre levar em consideração que cabe a ele, fornecedor, fazer prova da existência de alguma das causas capazes de excluírem sua responsabilidade pois, conforme consagrou o STJ, nessas situações estamos diante de inversão do ônus da prova estabelecida ou decorrente da lei (*ope legis*), não havendo que se falar em avaliação por parte do juiz da existência de verossimilhança nas afirmações do consumidor ou da hipossuficiência destes, como ocorre no caso de inversão do ônus da prova *ope judicis*, previsto no inciso VIII do art. 6º do CDC.

I – que não colocou o produto no mercado;

A primeira excludente de responsabilidade se dá caso o fornecedor prove que não colocou o produto no mercado.

Seria hipótese, por exemplo, de produto falsificado que foi vendido por terceiro como legítimo. Nessa situação, cabe ao fornecedor original comprovar que o produto que gerou o dano ao consumidor (o acidente de consumo) tratava-se de uma contrafação, uma falsificação, e que não foi produzido nem comercializado por ele.

Vale destacar neste tópico dois pontos relevantes:

a) considera-se introduzido no mercado o produto que foi oferecido para o consumidor apenas a título de amostra grátis, de mostruário ou de prova;

b) a partir do momento em que o produto foi entregue pelo fornecedor para a transportadora que fará o envio deste ao usuário final, considera-se o produto no mercado.

Tais hipóteses são perfeitamente aplicáveis ao nosso direito, pois está caracterizada a relação de consumo, por um lado, porque o CDC não exige a entrega a título oneroso do produto e segundo, pela ampliação do conceito de consumidor que faz o art. 17 do Código, pois se alguém foi exposto a um produto e este lhe causou um dano, ainda que não seja um consumidor nos termos do *caput* do art. 2º do CDC, poderá invocar a legislação consumerista em seu favor.

II – que, embora haja colocado o produto no mercado, o defeito inexiste;

Como segunda hipótese excludente de responsabilidade do fornecedor o Código prevê a possibilidade de o fornecedor provar que, embora haja colocado o produto no mercado, o defeito inexiste.

Na presente situação, temos um consumidor que alega a possível existência de um dos defeitos previstos nas hipóteses do *caput* do art. 12 do Código (ou seja, decorrentes de projeto, fabricação, construção, montagem, fórmulas, manipulação, apresentação, acondicionamento, informações insuficientes ou inadequadas sobre a utilização ou riscos do produto).

Caberá, portanto, ao fornecedor provar que a alegação feita pelo consumidor não procede, ou seja, embora o produto tenha sido colocado pelo fornecedor no mercado, tal produto não é defeituoso.

Ressalte-se, uma vez mais, que ao consumidor basta alegar a existência do defeito, sendo papel do fornecedor fazer prova efetiva contrária à alegação do consumidor, em virtude da inversão do ônus probatório imposto pela lei.

Para se eximir da responsabilidade, é preciso que o fornecedor faça prova positiva da inexistência do defeito (demonstrar que ele surgiu depois de colocado o produto no mercado e que se deveu a culpa exclusiva do consumidor ou de terceiro), não bastando a prova negativa (alegação da probabilidade ou razoabilidade de inexistência do defeito no momento em que foi colocado o produto no mercado).

III - a culpa exclusiva do consumidor ou de terceiro;

A terceira hipótese expressamente prevista no CDC como excludente da responsabilidade do fornecedor por fato do produto, ou acidente de consumo, se dá quando o fornecedor provar a culpa exclusiva do consumidor ou de terceiros.

Neste caso a exclusão da responsabilidade se dá apenas com a culpa exclusiva, pois se houver culpa concorrente do consumidor ou de terceiro ela não bastará para eximir o fornecedor do produto defeituoso da responsabilidade de indenizar. Poderá servir, sim, para minorar os efeitos de uma condenação por responsabilidade, mas jamais para excluí-la.

Jurisprudência - STJ

Jurisprudência em Teses - Edição nº 125. Responsabilidade Civil - Dano Moral.

Tese 1) A fixação do valor devido a título de indenização por danos morais deve considerar o método bifásico, que conjuga os critérios da valorização das circunstâncias do caso e do interesse jurídico lesado, e minimiza eventual arbitrariedade ao se adotar critérios unicamente subjetivos do julgador, além de afastar eventual tarifação do dano.

Por outro lado, mesmo sendo o produto defeituoso, mas tendo sido o dano causado exclusivamente por ato de terceiro ou do consumidor, sem que o defeito existente haja concorrido para o dano, por inexistir o nexo de causalidade, exime-se o fornecedor da responsabilidade de indenizar.

5.2.7 Caso fortuito e força maior

Uma outra causa de exclusão da responsabilidade do fornecedor é a ocorrência de caso fortuito ou força maior.

Embora o Código não tenha contemplado expressamente estas hipóteses, entende-se que a regra geral do Código Civil deve prevalecer, visto que, ocorrendo caso fortuito ou força maior, haverá rompimento do possível nexo de causalidade.

Uma ressalva deve ser feita, no entanto: poderá ser responsabilizado o fornecedor se o caso fortuito ou a força maior tiverem ocorrido ainda antes de colocado o produto no mercado e o fornecedor não diligenciou para evitar os prejuízos ou reparar os defeitos.

5.2.7.1 Fortuito interno

É importante ressaltar que a doutrina e a jurisprudência apontam no sentido de que o fortuito interno não exclui a responsabilidade do fornecedor (tanto de produto quanto de serviço).

O fortuito interno é o fato imprevisível e inevitável que ocorreu dentro das dependências do estabelecimento do fornecedor, no momento de sua produção, ou em local ou veículo que estavam (ou deveriam estar) sob sua responsabilidade, vigilância ou cuidado.

Nessas situações o produto ainda não foi colocado efetivamente no mercado e tudo o que ocorra com ele, que venha a causar danos ao consumidor, será de responsabilidade do fornecedor. Isto se dá porque atribui-se ao fornecedor o risco da atividade por ele exercida, cabendo a ele responder pelas consequências desse risco.

Um exemplo disto seria o caso de produtos alimentícios que foram expostos a uma inundação na fábrica, após fortes tempestades, o que deu origem a fungos prejudiciais à saúde do consumidor e, mesmo assim, o fornecedor colocou tais produtos no mercado, gerando danos efetivos às pessoas que ingeriram o alimento. Aqui, mesmo sendo a tempestade uma força da natureza (força maior), não eximirá a responsabilidade do fornecedor, porque caberia a ele evitar que os produtos deteriorados pela chuva fossem colocados no mercado.

5.2.8 Conformidade do produto com normas imperativas

O CDC não contempla a possibilidade de se eximir o fornecedor de responsabilidade por fato do produto quando este ocorreu em decorrência do cumprimento de normas impostas pelo poder público.

A Diretiva Europeia prevê expressamente este caso como uma das excludentes.

Em nosso entendimento, algumas hipóteses ensejariam a exclusão da responsabilidade pelo cumprimento de normas imperativas. Essa exclusão se daria apenas quando o fato causador do dano tiver relação direta e inequívoca com a norma de conduta ou procedimental imposta. Em situações que tais, caberia ao Estado regulador o ônus de indenizar, uma vez que partiu dele a norma ensejadora do dano.

Diante da inexistência de legislação específica no Brasil sobre o tema, ele é alvo de controvérsia, não havendo até o momento entendimentos pacíficos na doutrina e na jurisprudência.

5.3 Responsabilidade pelo fato do serviço

Tal como ocorre com o fato do produto, no fato do serviço também prevalece a regra da responsabilidade objetiva do fornecedor, uma vez que a redação do caput do art. 14 do CDC não deixa dúvidas quanto a isto quando faz constar expressamente que o "fornecedor de serviços responde, independentemente da existência de culpa, pela reparação dos danos causados aos consumidores por defeitos relativos à prestação dos serviços, bem como por informações insuficientes ou inadequadas sobre sua fruição e riscos".

Seguindo a regra geral do CDC, a responsabilidade pelo fato do serviço é solidária, podendo ser imposta a todos os fornecedores de serviços que estiveram envolvidos no ato.

Jurisprudência – STJ

Jurisprudência em Teses – Edição nº 42. Direito do Consumidor II.

Tese 7) As "bandeiras" ou marcas de cartão de crédito respondem solidariamente com os bancos e as administradoras de cartão de crédito pelos danos decorrentes da má prestação de serviços.

Tese 11) A agência de turismo que comercializa pacotes de viagens responde solidariamente, nos termos do art. 14 do CDC, pelos defeitos na prestação dos serviços que integram o pacote.

Jurisprudência em Teses – Edição nº 160. Direito do Consumidor IV.

Tese 3) O clube de turismo e a rede conveniada de hotéis são responsáveis solidariamente pelo padrão de atendimento e pela qualidade dos serviços prestados, em razão da indissociabilidade entre as obrigações de fazer assumidas pela empresa e pelo hotel credenciado (art. 34 do CDC).

5.3.1 Pressupostos para responsabilização objetiva do fornecedor pelo fato do serviço

Tratando-se de responsabilidade objetiva, os pressupostos para a responsabilização do fornecedor no caso de fato do serviço são:

- a existência do fato ou defeito do serviço;
- o dano emergente ou iminente;
- o nexo causal entre o fato ou defeito do serviço e o dano causado ao consumidor.

Assim, caberá ao consumidor provar, para lograr a condenação do fornecedor, que ocorreu um fato ou a manifestação de um defeito ao usufruir do serviço; que ele, consumidor, sofreu um dano (ou está na iminência de sofrê-lo) e que tal dano está relacionado ao fato ou defeito decorrente da fruição ou da prestação do serviço (nexo de causalidade).

Não se tratando de responsabilidade subjetiva, o consumidor fica isento de provar a existência de culpa do fornecedor no fato que gerou o dano.

Jurisprudência – STJ

Jurisprudência em Teses – Edição n° 160. Direito do Consumidor IV.

Tese 7) A operadora do plano de saúde, na condição de fornecedora de serviço, responde solidariamente perante o consumidor pelos defeitos em sua prestação, seja quando os fornece por meio de hospital próprio e médicos contratados ou por meio de médicos e hospitais credenciados.

Jurisprudência em Teses – Edição n° 165. Direito do Consumidor IX.

Tese 9) Configura dano moral coletivo *in re ipsa* a exploração de jogos de azar, por constituir atividade ilegal da qual resultam relações de consumo que transcendem os interesses individuais dos frequentadores das casas de jogo.

5.3.2 Defeito do serviço

Quanto aos serviços, o Código, no seu art. 14, § 1°, os tem como defeituosos quando não oferecem a segurança que o consumidor pode deles esperar, considerando-se:

- o modo de seu fornecimento;
- o resultado e os riscos que deles razoavelmente se espera;
- a época em que foram fornecidos.

Assim, podemos ter um serviço que no momento da sua concepção era seguro (não defeituoso), mas o modo como ele foi fornecido tornou-o defeituoso porque quem o executou deixou de tomar cuidados essenciais para garantir a incolumidade de pessoas e bens.

Existem serviços que implicam riscos naturalmente inerentes, como é o caso da dedetização de uma residência. Nesse tipo de serviço são utilizados venenos para o extermínio de insetos que podem causar danos aos seres humanos e a animais domésticos se determinados cuidados não forem tomados quer durante a aplicação, quer depois desta. Suponhamos que o prestador de serviço que aplicou o veneno na residência do consumidor não o alertou sobre o tempo mínimo de quatro horas, necessário para que este retornasse à casa, junto com seu cão de estimação e, passadas apenas duas horas, o consumidor retorna e, após alguns minutos, percebe que o cão dele sofreu uma grave intoxicação por inalação do veneno e necessitou de cuidados médicos veterinários.

Neste caso, o risco esperado pelo consumidor não era o risco real, mas este deixou de ser-lhe informado pelo fornecedor, o que gerou o dano. Aqui podemos falar também da ausência de informações corretas sobre a fruição e o risco do serviço prestado.

O Código salienta que a adoção de novas técnicas não caracteriza defeito de serviço anteriormente prestado (art. 14, § 2°).

Embora o risco de desenvolvimento, tanto de produtos quanto de serviços, deva ser de responsabilidade do fornecedor, em se tratando do avanço ou aperfeiçoamento de técnicas na prestação de serviços que lhes reduzam os riscos ou minimizem consequências indesejadas, tais avanços não possuem o condão de classificar como defeituosos serviços similares prestados anteriormente ou concomitantemente.

Jurisprudência – STJ

Jurisprudência em Teses – Edição n° 164. Direito do Consumidor VIII.

Tese 2) Configura defeito do serviço a ausência de informação adequada e clara pelas empresas aéreas e agências de viagem aos consumidores, quanto à necessidade de obtenção de visto (consular ou trânsito) ou de compra de passagem aérea de retorno ao país de origem para a utilização do serviço contratado.

Tese 3) A ausência de condições dignas de acessibilidade de pessoa com deficiência ao interior da aeronave configura má prestação do serviço e enseja a responsabilidade da empresa aérea pela reparação dos danos causados (art. 14 da Lei n° 8.078/1990).

5.3.3 Causas excludentes da responsabilidade do fornecedor de serviço

As causas que excluem a responsabilidade de indenizar do fornecedor de serviço estão expressas no § 3° do art. 14 do CDC, cabendo a ele fazer prova da ocorrência de alguma dessas hipóteses.

Neste tópico valem as observações feitas anteriormente sobre a inversão do ônus da prova *ope legis*, não sendo caso de avaliação do julgador se autorizará ou não essa inversão.

a) O serviço foi prestado, mas o defeito inexiste:

A hipótese inicial de exclusão da responsabilidade do fornecedor de serviço parte do pressuposto de que o fornecedor demandado é o verdadeiro prestador do serviço.

Embora não exista no art. 14 hipótese similar à que consta no inciso I do § 3º do art. 12 do CDC, que exime o fornecedor de produto da responsabilidade quando provar que não colocou o produto no mercado, obviamente, por romper o nexo de causalidade, se o prestador de serviço comprovar que não foi ele quem forneceu o serviço tido como inseguro e que gerou dano ao consumidor, ele não poderá ser responsabilizado.

No entanto, mesmo tendo ele realizado a prestação do serviço, lhe cabe comprovar que não existe defeito decorrente de sua prática.

Em outras palavras, o fornecedor deverá provar que não houve qualquer irregularidade no modo como o serviço foi prestado, nem que ele foi executado de maneira que fossem agravados os riscos que razoavelmente dele se esperam, ou que o resultado da prestação do serviço foi diverso daquele legitimamente esperado.

b) Culpa exclusiva do consumidor ou de terceiro:

Quando a ocorrência do dano pode ser atribuída de forma exclusiva ao consumidor ou a uma terceira pessoa, não há que se falar em obrigação de indenizar por parte do fornecedor do serviço, cabendo a este comprovar a exclusividade dessa causa como a geradora do acidente de consumo.

Jurisprudência – STJ

Jurisprudência em Teses – Edição nº 164. Direito do Consumidor VIII.

Tese 1) As agências de turismo não respondem solidariamente pela má prestação do serviço de transporte aéreo na hipótese de compra e venda de passagens sem a comercialização de pacotes de viagens.

Jurisprudência em Teses – STJ – Edição nº 162. Direito do Consumidor VI.

Tese 7) A responsabilidade da instituição financeira deve ser afastada quando o evento danoso decorre de transações realizadas com a apresentação física do cartão original e mediante uso de senha pessoal do correntista.

Tese 9) O banco não é responsável por fraude em compra *on-line* paga via boleto de produto não recebido, uma vez que a instituição financeira não pertence à cadeia de fornecimento nem apresentou falha em sua prestação de serviço.

Ressaltemos que o terceiro de que trata o CDC, cuja culpa excluirá a responsabilidade do fornecedor, tem que ser alguém totalmente alheio à relação de consumo, não podendo falar-se que um preposto do prestador do serviço seja essa terceira pessoa, uma vez que cabe ao fornecedor a responsabilidade pelos atos das pessoas a ele ligadas, qualquer que seja o vínculo.

Reforçamos, ainda, o que foi dito acerca da responsabilidade do fornecedor de produtos quanto à culpa concorrente.

Caso o consumidor ou um terceiro tenham concorrido para a ocorrência de um dano decorrente do serviço, esse fato, embora não exclua a responsabilidade do fornecedor, poderá servir para a redução do *quantum* indenizatório devido pelo prestador do serviço.

Jurisprudência – STJ

Súmula nº 595: As instituições de ensino superior respondem objetivamente pelos danos suportados pelo aluno/consumidor pela realização de curso não reconhecido pelo Ministério da Educação, sobre o qual não lhe tenha sido dada prévia e adequada informação.

5.3.4 Caso fortuito e força maior na prestação de serviço

Ao tratar das excludentes de responsabilidade do fornecedor de serviço o Código não colocou entre elas o caso fortuito e a força maior, dando assim igual tratamento que deu ao fornecimento de produtos. Portanto, pelo mesmo raciocínio exposto anteriormente, a ocorrência de caso fortuito ou de força maior, por excluírem o nexo de causalidade, não podem gerar a responsabilidade do fornecedor de serviços.

Jurisprudência – STJ

Jurisprudência em Teses – Edição nº 161. Direito do Consumidor V.

Tese 7) A ocorrência de fortuito externo afasta responsabilidade civil objetiva das instituições financeiras, por não caracterizar vício na prestação do serviço.

Essa regra geral, no entanto, foi flexibilizada em um ponto específico, por força da entrada em vigor do Código Civil de 2002.

■ **Prestador de serviço de transporte de pessoas:**
Conforme a nova legislação civil, perfeitamente aplicável às relações de consumo em virtude da incidência da Teoria do Diálogo das Fontes (já tratada em capítulo anterior), no caso do transporte de pessoas, o caso fortuito não servirá como excludente da responsabilidade do transportador.

O CC/2002 diz expressamente no *caput* do art. 734: "Art. 734. O transportador responde pelos danos causados às pessoas transportadas e suas bagagens, salvo motivo de força maior, sendo nula qualquer cláusula excludente da responsabilidade". Ao afirmar que o transportador só não responderá **pelos danos causados às pessoas transportadas e suas bagagens** em caso **de força maior**, a *contrario sensu*, permite a conclusão de que, diante da ocorrência de caso fortuito, o transportador responderá **pelos danos causados às pessoas transportadas e suas bagagens**.

Uma outra importante ressalva precisa ser feita quanto à exclusão da responsabilidade do transportador de passageiros. Essa ressalva diz respeito aos danos causados por terceiros. É que, conforme a regra geral de exclusão de responsabilidade do fornecedor de serviços, caso o dano seja ocasionado exclusivamente por terceiro, o fornecedor fica isento de indenizar. Porém, no caso de acidente causado por terceiro, que ocasionou dano a passageiro, o transportador responderá por esses danos, cabendo-lhe o direito de propor ação regressiva contra o terceiro causador do dano. Esta é a regra contida no art. 735 do CC/2002: "Art. 735. A responsabilidade contratual do transportador por acidente com o passageiro não é elidida por culpa de terceiro, contra o qual tem ação regressiva".

Mais uma vez, invocamos a legislação civil geral em defesa do consumidor por ser ela mais benéfica do que a regra específica do CDC, em uma perfeita aplicação do Diálogo das Fontes.

- **Fortuito interno:**
  Em se tratando de dano decorrente da prestação de serviço é necessário ressaltar que a ocorrência de fortuito interno não exclui a responsabilidade do fornecedor.

Jurisprudência – STJ

Súmula nº 479: As instituições financeiras respondem objetivamente pelos danos gerados por fortuito interno relativo a fraudes e delitos praticados por terceiros no âmbito de operações bancárias.

Jurisprudência em Teses – Edição nº 42. Direito do Consumidor II.

Tese 16) As instituições financeiras respondem objetivamente pelos danos gerados por fortuito interno relativo a fraudes e delitos praticados por terceiros no âmbito de operações bancárias (Tese julgada sob o rito do art. 543-C do CPC/1973 – Tema 466) (Súmula nº 479/STJ).

Jurisprudência em Teses – Edição nº 74. Direito do Consumidor III.

Tese 5) É objetiva a responsabilidade civil das instituições financeiras pelos crimes ocorridos no interior do estabelecimento bancário por se tratar de risco inerente à atividade econômica (art. 14 do CDC).

Jurisprudência em Teses – Edição nº 161. Direito do Consumidor V.

Tese 8) As instituições financeiras são responsáveis por reparar os danos sofridos pelo consumidor que tenha o cartão de crédito roubado, furtado ou extraviado e que venha a ser utilizado indevidamente, ressalvada as hipóteses de culpa exclusiva do consumidor ou de terceiros.

O posicionamento do STJ quanto ao fortuito interno decorrente das atividades das instituições financeiras aponta, pois, pela inexistência de causa capaz de excluir a responsabilidade de indenizar por parte dessas entidades prestadoras de serviço, atribuindo-lhes tal responsabilidade em razão do risco do empreendimento.

Jurisprudência – STJ

Súmula nº 130: A empresa responde, perante o cliente, pela reparação de dano ou furto de veículo ocorridos em seu estacionamento.

Jurisprudência em Teses – Edição nº 42. Direito do Consumidor II.

Tese 13) A empresa responde, perante o cliente, pela reparação de dano ou furto de veículo ocorridos em seu estacionamento (Súmula nº 130/STJ).

Uma outra situação expressamente tratada pelo STJ, na Súmula nº 130, é a dos danos ou furtos de veículos ocorridos dentro de estacionamentos de empresas.

Nestes casos, poderíamos estar diante de hipótese ensejadora da exclusão da obrigação do fornecedor de responder por danos causados aos consumidores em razão de culpa exclusiva de terceiros (autores dos danos – abalroamento, por exemplo, ou furto do veículo).

No entanto, a jurisprudência considera que cabe à empresa o dever de prestar segurança aos veículos estacionados em suas dependências, não sendo possível alegar culpa exclusiva de terceiro caso falte a segurança devida, por se tratar o dano daí decorrente de fortuito interno.

Jurisprudência – STJ

Jurisprudência em Teses – Edição nº 42. Direito do Consumidor II.

Tese 14) O roubo no interior de estacionamento de veículos, pelo qual seja direta ou indiretamente responsável a instituição financeira, não caracteriza caso fortuito ou motivo de força maior capaz de desonerá-la da responsabilidade pelos danos suportados por seu cliente vitimado, existindo solidariedade se o estacionamento for explorado por terceiro.

Ainda quanto à segurança, observe-se o que entendeu o STJ sobre crimes praticados em *drive-thru*.

Jurisprudência – STJ

Jurisprudência em Teses – Edição n° 165. Direito do Consumidor IX.

Tese 12) O estabelecimento comercial responde pela reparação de danos sofridos pelo consumidor vítima de crime ocorrido no *drive-thru*.

5.3.5 Responsabilidade do profissional liberal

O art. 14, § 4°, do CDC, exclui, expressamente, a responsabilidade objetiva do profissional liberal ao afirmar que a responsabilidade "será apurada mediante a verificação de culpa".

Esse dispositivo representa uma exceção à regra estabelecida pelo Código, devendo o consumidor, quando propuser ação de reparação de danos contra um profissional liberal, comprovar que ele agiu com culpa (imperícia, imprudência ou negligência).

O Código não definiu em que consiste a expressão **profissional liberal**, cabendo à doutrina e à jurisprudência a caracterização desse profissional.

Por profissional liberal vamos entender o trabalhador que exerce permanentemente, sem vínculo de subordinação a uma empresa, uma profissão que demanda formação própria, usualmente de nível superior e que está sujeita a regulamentação e fiscalização por entidade de natureza pública ou especial.

Este é o caso de médicos, dentistas, arquitetos, engenheiros, fisioterapeutas, educadores físicos etc.

Quanto aos advogados, por um certo tempo após a entrada em vigor do CDC, entendeu-se que eles estavam obrigados ao cumprimento da norma consumerista, inclusive para fins de responsabilização por danos causados a seus clientes. No entanto, o STJ decidiu que esses profissionais não se sujeitam à Lei n° 8.078/1990.

Jurisprudência – STJ

Jurisprudência em Teses – Edição n° 39. Direito do Consumidor l.

Tese 8) Não se aplica o Código de Defesa do Consumidor à relação contratual entre advogados e clientes, a qual é regida pelo Estatuto da Advocacia e da OAB – Lei n° 8.906/1994.

Apesar da responsabilização civil dos profissionais ser subjetiva, caracterizando uma excepcionalidade feita pelo legislador na matéria, outros princípios do Código poderão ser utilizados em favor do consumidor na busca da reparação de um dano causado pelo profissional liberal, como, por exemplo, a inversão do ônus da prova.

Nesse caso, estaremos diante da possibilidade de aplicação da inversão *ope judicis*, cabendo ao juiz, com fundamento no art. 6°, inciso VIII, do CDC, analisar a ocorrência ou não de verossimilhança das alegações do consumidor, ou sua hipossuficiência, segundo as regras ordinárias de experiência.

5.4 Responsabilidade pelo vício do produto e do serviço

5.4.1 Conceito

O vício de que trata o CDC é a situação fática que impossibilita ou diminui a realização da função ou do fim a que se destinam o produto ou o serviço, afetando a utilidade que o consumidor espera obter deles.

5.4.2 Tipos de vícios previstos no CDC

Os vícios podem ser aparentes ou ocultos, de qualidade, de quantidade ou decorrentes de desconformidade com as qualidades enunciadas.

5.4.2.1 Vício de qualidade dos produtos (art. 18, caput, e § 6°, I e II)

Vícios de qualidade são os que tornam os produtos impróprios ou inadequados para o consumo ou lhes diminuem o valor.

Impróprios são os produtos que estão com prazo de validade vencido, os deteriorados, alterados, adulterados, avariados, falsificados, corrompidos, fraudados, nocivos à saúde, e os que estiverem fora das normas de fabricação, distribuição ou apresentação (art. 18, § 6°, I e II).

Jurisprudência – STJ

Jurisprudência em Teses – Edição n° 162. Direito do Consumidor VI.

Tese 5) A instituição financeira responde por vício na qualidade do produto ao emitir comprovantes de suas operações por meio de papel termossensível (papel térmico).

5.4.2.2 Vício de quantidade dos produtos (art. 19)

Ocorre vício de quantidade do produto quando o conteúdo líquido for inferior às indicações constantes do recipiente, da embalagem, rotulagem ou de mensagem publicitária, causando prejuízo ao consumidor.

Em outras palavras, ocorre o vício de quantidade do produto quando o consumidor paga por uma quantidade maior do que aquela que ele efetivamente está levando.

5.4.2.3 Vício de qualidade dos serviços (art. 20, caput, e § 2°)

Vícios de qualidade dos serviços são os que os tornam impróprios à sua fruição ou lhes diminuem o valor.

Serviços impróprios são os que se mostram inadequados para os fins que razoavelmente deles se esperam; não atendam às normas regulamentares de prestabilidade ou os que apresentam disparidade qualitativa entre o serviço ofertado e o executado. Por exemplo, a empresa garante que, após a dedetização só será necessária outra quando transcorridos pelo menos seis meses e isso não é verdade, pois reapareceram insetos dois meses depois das aplicações.

Jurisprudência – STJ

Jurisprudência em Teses – Edição nº 164. Direito do Consumidor VIII.

Tese 4) O atraso ou cancelamento de voo pela companhia aérea não configura dano moral presumido (*in re ipsa*), sendo necessária a demonstração, por parte do passageiro, da ocorrência de lesão extrapatrimonial.

5.4.2.4 Vício de quantidade de serviços (arts. 18, caput, e 20, caput)

São aqueles que apresentam disparidade quantitativa com as indicações constantes de oferta ou mensagem publicitária.

Diz-se que ocorre vício de quantidade do serviço quando não há correspondência entre o que foi efetivamente prestado e o que foi ofertado. Seria o caso de uma empresa que cobra um valor X por cada metro quadrado de piso colocado e afirma que na área em que o consumidor deseja a colocação do piso há 100 metros quadrados. Após efetuado o serviço, o consumidor constata que só foram colocados 90 metros quadrados, sendo patente a disparidade entre o valor contratado e o que foi efetivamente executado.

5.4.3 Responsabilidade pelos vícios

Também aqui vigora a responsabilidade objetiva, segundo a qual o consumidor não precisa provar a culpa do fornecedor, que é considerado responsável mesmo que venha a demonstrar ter agido com boa-fé ou diligência.

O CDC prevê a solidariedade entre os fornecedores, deixando ao consumidor a possibilidade de escolher contra quem demandará, se contra um só, ou todos os que participaram da cadeia de produção, fabricação, distribuição, importação ou comercialização do produto viciado (art. 18, *caput*, e art. 25, §§ 1° e 2°).

Dessa forma, o tratamento para a responsabilização por vício do produto é ligeiramente distinto daquele dado pelo Código para o fato do produto, uma vez que no caso de vício o comerciante (o fornecedor que está na ponta da relação de consumo) também pode ser responsabilizado sem que tal responsabilização se dê apenas em situações excepcionais (como consta no art. 13 e seus incisos).

Jurisprudência – STJ

Jurisprudência em Teses – Edição n° 42. Direito do Consumidor II.

Tese 5) É cabível indenização por dano moral quando o consumidor de veículo zero-quilômetro necessita retornar à concessionária por diversas vezes para reparo de defeitos apresentados no veículo.

Tese 6) A constatação de defeito em veículo zero-quilômetro revela hipótese de vício do produto e impõe a responsabilização solidária da concessionária e do fabricante.

Jurisprudência em Teses – Edição n° 164. Direito do Consumidor VIII.

Tese 9) O provedor de buscas de produtos voltado ao comércio eletrônico que não realiza qualquer intermediação entre consumidor e vendedor não pode ser responsabilizado por vício de mercadoria ou inadimplemento contratual.

Quanto ao fornecimento dos produtos *in natura*, o Código estabelece uma exceção a essa solidariedade, pois prevê que o responsável será o fornecedor imediato, salvo quando identificado claramente seu produtor (§ 5°, art. 18).

O fornecedor imediato também responde pelo vício de quantidade, no caso de pesagem do produto no seu próprio estabelecimento.

5.4.4 Casos de vícios de qualidade de produtos não sanados

Na presença do vício, deverá o fornecedor saná-lo no prazo de 30 dias, conforme dispõe o § 1° do art. 18, sendo essa a regra geral.

No entanto, o Código permite que as partes, mediante acordo celebrado entre elas, alterem esse prazo, podendo ficar entre 7 e 180 dias, de conformidade com a complexidade do vício a ser corrigido (§ 2° do art. 18).

Não sendo o vício sanado no prazo, poderá o consumidor exigir alternativamente (art. 18, § 1°, incisos I a III):

> I – a substituição do produto por outro da mesma espécie, em perfeitas condições de uso;
>
> II – a restituição imediata da quantia paga, monetariamente atualizada, sem prejuízo de eventuais perdas e danos;
>
> III – o abatimento proporcional do preço.

É importante frisar que o Código coloca o consumidor como o autor da escolha entre uma das três opções propostas pela lei, não podendo o fornecedor impor-lhe qualquer uma delas. Caso assim o faça, agirá de forma abusiva.

- **Substituição do produto por outro da mesma espécie em perfeitas condições de uso:**
A primeira opção mencionada pela lei é a simples troca do produto viciado, ou seja, que não cumpre a função que dele se espera, ou teve seu valor diminuído (porque veio com um arranhão, um amassado ou faltando uma peça, por exemplo), por outro produto igual, mas sem o vício. Esta é a forma mais comum de solução para esse tipo de problema.

Há ainda a hipótese de, na impossibilidade de substituição do bem por um da mesma espécie, por outro de espécie, marca ou modelo diversos, mediante complementação ou restituição de eventual diferença de preço, conforme preconiza o § 4º do art. 18 do CDC. Tal faculdade deve ser escolha do consumidor que poderá ainda optar por algum dos outros dois incisos do § 1º em análise.

- **Restituição imediata da quantia paga, devidamente atualizada, sem prejuízo de indenização por eventuais perdas e danos:**
Como segunda opção, o CDC traz a possibilidade da devolução do que foi pago pelo consumidor, "sem prejuízo de eventuais perdas e danos". Aqui, o consumidor não tem mais interesse no produto adquirido que apresentou vício, nem mesmo na troca deste por outro igual em perfeito estado. Assim, ele poderá exigir que lhe sejam devolvidos os valores pagos pelo bem viciado, incluindo todas as taxas cobradas pelo fornecedor, como o frete, por exemplo. Além disso, se o consumidor tiver sofrido outros danos além do mero valor do produto, poderá ele exigir valores a título de perdas e danos embora, nesse caso, seja mais frequente a necessidade de se ingressar judicialmente em busca dessa reparação complementar.

Seria a hipótese do consumidor que adquire um produto para ser utilizado em uma festa; o produto chega avariado; não há tempo hábil para que ele seja trocado e a festa perde em beleza, animação ou brilho em razão da falta do tal produto. Estaríamos, portanto, diante de uma situação cuja repercussão econômica vai além do simples valor de um produto com vício e que não funcionou adequadamente. Essa repercussão extraordinária extrapola o mero vício, vindo a caracterizar um fato do produto, posto que extrapolou a simples impropriedade, inadequação ou redução do valor do bem adquirido pelo consumidor.

■ **Abatimento proporcional do preço:**
A terceira possibilidade de escolha deixada pelo Código ao consumidor que sofre com o vício não sanado de um produto é o "abatimento proporcional do preço".
Suponhamos que a geladeira nova, recém-adquirida por um consumidor, sofreu um arranhão quando foi desembalada na residência dele, por um empregado da empresa transportadora contratada pela loja que vendeu o produto. O arranhão foi de pequena extensão, na lateral do eletrodoméstico e não lhe comprometeu o funcionamento.
Nesse caso, o consumidor poderá exigir da loja uma redução no valor da geladeira, tendo em vista que ela sofreu um dano que, embora de pouca monta, lhe reduziu o valor.

■ **Desconsideração do prazo de 30 dias para sanar o vício:**
O prazo de 30 dias (de que trata o § 1º do art. 18) não precisa ser cumprido, podendo o consumidor exigir imediatamente umas das hipóteses previstas nos incisos do referido § 1º "sempre que, em razão da extensão do vício, a substituição das partes viciadas puder comprometer a qualidade ou características do produto, diminuir-lhe o valor ou se tratar de produto essencial", conforme se depreende do que dispõe o § 3º do art. 18 do CDC.

■ **Extensão do vício:**
Diante de uma situação em que o problema apresentado pelo produto seja muito grande, como, por exemplo, a queima da placa-mãe de uma televisão de *led*, juntamente com outros componentes, o consumidor pode exigir a troca imediata do aparelho, tendo em vista que a mera reposição das partes afetadas poderá comprometer a qualidade do equipamento.

Pensemos agora em um veículo zero quilômetro que acabou de ser retirado de uma concessionária autorizada. Ao chegar em casa, o consumidor é advertido por um parente que a porta dianteira esquerda já foi repintada. Ou seja, não tem mais a pintura original. Provavelmente em razão de uma batida ou arranhão. Ao reclamar perante a concessionária, o consumidor foi informado que de fato a porta do carro sofreu um arranhão quando ainda estava no pátio para venda e a empresa se propôs a pintar a porta uma vez mais, ou trocá-la pela porta de um outro carro da mesma cor, que ainda não foi vendido.

Essa situação é daquelas que qualquer uma das duas alternativas sugeridas pelo fornecedor comprometerá as características do veículo zero quilômetro, ensejando ao consumidor a exigência da troca imediata do produto, pois jamais uma nova repintura ou a troca da porta devolverão o carro à sua condição original.

■ **Produto essencial:**
O legislador consumerista não definiu o que é um produto essencial, cabendo a avaliação da sua essencialidade em cada caso concreto, pois o que para uma pessoa pode ser essencial para outra pode ser apenas útil ou representar um conforto maior.

Um *notebook* pode ser essencial para um trabalhador autônomo que depende do bom funcionamento dele para prover o próprio sustento e o da família, enquanto o mesmo *notebook* perde a essencialidade se pertence a um adolescente de 12 anos de idade que o utiliza apenas para jogar na internet. O trabalhador, portanto, teria direito a exigir a troca imediata do equipamento, enquanto o adolescente precisaria esperar o prazo estabelecido pelo CDC para que o vício seja sanado.

5.4.5 Produtos impróprios para o consumo

O legislador do CDC se preocupou em definir em que consiste um produto impróprio para o uso e o consumo.

Assim, no § 6° do art. 18 consta expressamente:

> Art. 18. (...)
>
> § 6° São impróprios ao uso e consumo:
>
> I - os produtos cujos prazos de validade estejam vencidos;
>
> II - os produtos deteriorados, alterados, adulterados, avariados, falsificados, corrompidos, fraudados, nocivos à vida ou à saúde, perigosos ou, ainda, aqueles em desacordo com as normas regulamentares de fabricação, distribuição ou apresentação;
>
> III - os produtos que, por qualquer motivo, se revelem inadequados ao fim a que se destinam.

Tais produtos não podem ser colocados no mercado de consumo e, caso isto ocorra, o fornecedor será responsabilizado. Essa responsabilização poderá sofrer vários desdobramentos:

- no âmbito dos arts. 18 e seguintes, pelo vício em si;
- pelo art. 14, se do vício advier um fato do produto, como, por exemplo, um acidente de consumo com um brinquedo falsificado que feriu uma criança;

■ administrativamente, com multa por algum órgão de defesa do consumidor (PROCON estadual ou municipal), do Sistema Nacional de Metrologia (por não ter o selo do INMETRO, por exemplo) ou da Vigilância Sanitária (produto com prazo de validade vencido ou sem registro na ANVISA, exemplificativamente);
■ na esfera criminal, por eventuais lesões ou morte causadas ao consumidor ou como incurso nas penas do art. 7º, inciso IX, da Lei nº 8.137/1990 ("Art. 7º Constitui crime contra as relações de consumo: (...) IX – vender, ter em depósito para vender ou expor à venda ou, de qualquer forma, entregar matéria-prima ou mercadoria, em condições impróprias ao consumo. Pena – detenção, de 2 (dois) a 5 (cinco) anos, ou multa").

5.5 Casos de vícios de quantidade de produtos não sanados

Quanto aos vícios de quantidade de produto não sanados, o Código prevê a possibilidade de o consumidor exigir alternativamente (incisos I a III do art. 19):

■ abatimento proporcional do preço;
■ complementação do peso ou medida;
■ substituição do produto por outro da mesma espécie sem vícios;
■ restituição imediata da quantia paga, monetariamente atualizada, sem prejuízo de eventuais perdas e danos.

Dessa forma, caso faltem 100 gramas em um quilo de feijão adquirido pelo consumidor, este poderá exigir o desconto de 10% no valor pago, já que os 100 gramas correspondem ao mesmo percentual do quilo.

Se não quiser o desconto proporcional, o consumidor poderá solicitar que o fornecedor complete o quilo de feijão com os 100 gramas que estão faltando, sem acréscimo ou redução no valor pago.

A terceira alternativa colocada à disposição do consumidor é ele pegar um pacote de feijão que não tenha diferença de peso com relação ao indicado na embalagem, ou seja, se consta um quilo, que ele pegue um pacote sem a redução encontrada anteriormente.

Por fim, poderá o consumidor pedir a devolução do valor pago pela mercadoria (devolvendo, obviamente, o pacote de feijão com vício de quantidade). Sendo o caso, o consumidor também poderá exigir que o valor devolvido seja corrigido monetariamente, bem como cobrar por eventuais perdas e danos sofridos.

5.5.1 Casos de vícios do serviço não sanados

Com relação aos vícios que os serviços apresentem, caso estes não sejam sanados de imediato, poderá o consumidor exigir alternativamente (art. 20, incisos I a III):

a) a reexecução dos serviços, sem custo adicional e quando cabível;

b) a restituição imediata da quantia paga, monetariamente atualizada, sem prejuízo de eventuais perdas e danos;

c) o abatimento proporcional no preço.

■ **Reexecução dos serviços:**
O consumidor poderá exigir do fornecedor que refaça o serviço que não ficou com a qualidade que dele era esperada. Pode acontecer, no entanto, de o consumidor não mais confiar no fornecedor para a realização do serviço, diante da má qualidade constatada. Caso isto ocorra, o consumidor po-

derá confiar a reexecução do serviço a uma terceira pessoa que tenha capacidade para tanto, cabendo ao fornecedor arcar com os custos desse novo serviço.

■ **Restituição imediata da quantia paga:**
A segunda opção que o CDC oferece ao consumidor que sofreu com um vício do serviço é exigir do fornecedor a devolução dos valores pagos, devidamente atualizados monetariamente, sem prejuízo de eventuais perdas e danos.

Nessa situação, o consumidor descontente com a má qualidade do serviço fornecido pode optar por receber de volta o que pagou, visando à contratação de outro fornecedor ou mesmo deixar de executar o serviço.

Jurisprudência – STJ

Jurisprudência em Teses – Edição n° 165. Direito do Consumidor IX.

Tese 11) Em ação redibitória, o consumidor que teve restituição do valor pago pelo fornecedor deve devolver o bem considerado inadequado ao uso.

■ **Abatimento proporcional no preço:**
A terceira possibilidade trazida pelo art. 20 do Código e posta à disposição do consumidor, é exigir do fornecedor uma redução no valor cobrado pelo serviço que não foi prestado com a qualidade prometida ou esperada.

Aqui não se trata de uma total insatisfação do consumidor, mas de uma situação de discrepância entre o que ele esperava que lhe fosse entregue e o serviço efetivamente prestado. Estamos falando, por exemplo, na pintura de uma casa que apresentou algumas falhas; na colocação de um piso que ficou com imperfeições ou na hospedagem em um hotel que foi marcada por episódios de falta de higiene no quarto, alimentação insatisfatória ou barulho de obras em áreas externas.

Em todas essas situações, o consumidor pode aceitar ou receber o serviço prestado, mas não pelo preço originariamente contratado, posto que lhe faltou a qualidade combinada ou legitimamente desejada e esperada.

5.5.2 Serviços impróprios para o consumo

O CDC considera impróprios para o consumo (§ 2º do art. 20 do CDC):

- os serviços que se mostrem inadequados para os fins que razoavelmente deles se esperam;
- aqueles serviços que não atendam às normas regulamentares de prestabilidade.

5.5.3 Causas de exclusão da obrigação de indenizar no caso de vício do produto ou do serviço

O fornecedor só poderá eximir-se da obrigação de indenizar o consumidor por vício do produto ou do serviço quando provar:

- que ocorreu caso fortuito ou força maior;
- culpa exclusiva do consumidor ou de terceiros;
- fim da garantia ou a decadência, nos termos do art. 26 do Código;
- a inexistência do vício alegado;
- a inexistência da relação de consumo.

5.6 Reparo de produtos

O Código disciplina, no art. 21, quanto ao fornecimento de serviços que tenham por objetivo a reparação de qualquer produto, que é considerada implícita a obrigação do fornecedor de empregar componentes de reposição originais, adequados e novos, ou que mantenham as especificações técnicas do fabricante.

No entanto, o mesmo dispositivo ressalva a possibilidade do fornecedor, mediante autorização do consumidor, empregar componentes usados.

5.7 Relação de consumo no serviço público

A nossa análise sobre a incidência do CDC nos serviços públicos parte do disposto no art. 22, que reza:

> Art. 22. Os órgãos públicos, por si ou suas empresas, concessionárias, permissionárias ou sob qualquer outra forma de empreendimento, são obrigados a fornecer serviços adequados, eficientes, seguros e, quanto aos essenciais, contínuos.
>
> Parágrafo único. Nos casos de descumprimento, total ou parcial, das obrigações referidas neste artigo, serão as pessoas jurídicas compelidas a cumpri-las e a reparar os danos causados, na forma prevista neste código.

Os serviços dos quais trata este art. 22 são os serviços públicos entendidos como aqueles prestados diretamente pela Administração ou por empresas que receberam delegação dela, funcionam seguindo normas e controles estatais, que têm como finalidade satisfazer necessidades essenciais ou secundárias da população ou mera conveniência estatal. Além desses, devem ser incluídos os serviços de utilidade pública que, tecnicamente, não se enquadram na categoria dos "serviços públicos propriamente ditos".

Para fins de aplicação do CDC é preciso também que o serviço público sob exame seja enquadrado entre aqueles individualizados, que buscam atender necessidades diretas dos seus usuários (consumidores). São os que a doutrina denomina de *uti singuli*.

Tais serviços são prestados mediante o pagamento de taxas ou tarifas, cobradas em regra, de acordo com o benefício que cada usuário auferiu e se baseiam em um contrato de adesão (escrito ou não) especificamente celebrado. Como exemplos, podemos citar o fornecimento de energia elétrica, água encanada, coleta de esgoto, transporte coletivo de passageiros.

Em contrapartida, os serviços chamados *uti universi*, ou seja, prestados de forma geral pela Administração, sem que haja um destinatário específico ou individualizado, não estão sujeitos à aplicação do Código de Defesa do Consumidor. Nessa categoria se enquadram a segurança, a saúde e a educação públicas, que são custeadas pelo pagamento de tributos, impostos de forma geral, independentemente do uso que o contribuinte venha a fazer do serviço disponibilizado de maneira universal para a população.

5.7.1 Serviço adequado

A primeira obrigação imposta pelo art. 22 ao prestador de serviço estatal é que o serviço seja **adequado**.

Na falta de conceito de serviço adequado no CDC, podemos recorrer à Lei das Concessões dos Serviços Públicos (Lei nº 8.987/1995), que no § 1º do seu art. 6º define serviço adequado como "o que satisfaz as condições de regularidade, continuidade, eficiência, segurança, atualidade, generalidade, cortesia na sua prestação e modicidade das tarifas". Temos, portanto, um conceito legal e bastante completo do que pode ser considerado um serviço adequado.

5.7.2 Serviço eficiente

Em segundo lugar, o Código exige que o serviço público seja eficiente.

A eficiência do serviço público é princípio que rege toda a Administração Pública, sobretudo a partir da promulgação da Emenda Constitucional nº 19, de 4 de junho de 1998, que alterou o *caput* do art. 37 da Constituição Federal de 1988, inserindo-o expressamente no texto da Lei Maior.

Para que um serviço público seja considerado eficiente, ele deverá ser prestado de forma eficaz, com custos moderados e compatíveis com o tipo de serviço ofertado, dentro dos limites da lei e da moralidade, primando pela transparência e qualidade.

5.7.3 Serviço seguro

A exigência de um serviço público seguro, por parte do art. 22 do Código, está em consonância com os ditames do inciso I, do art. 6º da mesma lei, que coloca entre os direitos básicos do consumidor "a proteção da vida, saúde e segurança contra os riscos provocados por práticas no fornecimento de produtos e serviços considerados perigosos ou nocivos".

O serviço seguro é aquele que não acarreta riscos à saúde, à integridade física ou patrimonial dos consumidores.

A bem da verdade, devemos lembrar que o Código permite a prestação de serviços que tragam intrinsecamente riscos "considerados normais e previsíveis em decorrência de sua natureza e fruição" (art. 8º, *caput*, do CDC), desde que aqueles riscos sejam informados de maneira adequada aos consumidores, devendo ainda o fornecedor (público ou privado) agir de modo a prevenir ou minimizar eventuais efeitos danosos desse tipo de serviço.

5.7.4 Serviço essencial

O Código afirma que os serviços essenciais devem ser contínuos.

Os serviços essenciais são aqueles de extrema necessidade para que a população tenha uma vida segura, saudável e sem que sofra transtornos de grande monta. Como não temos na legislação consumerista um conceito de serviço essencial, nos socorremos da Lei de Greve (Lei nº 7.783, de 28 de junho de 1989), que em seu art. 10 elenca quais são os serviços ou atividades considerados essenciais:

> Art. 10. São considerados serviços ou atividades essenciais:
>
> I – tratamento e abastecimento de água; produção e distribuição de energia elétrica, gás e combustíveis;
>
> II – assistência médica e hospitalar;
>
> III – distribuição e comercialização de medicamentos e alimentos;
>
> IV – funerários;
>
> V – transporte coletivo;
>
> VI – captação e tratamento de esgoto e lixo;
>
> VII – telecomunicações;
>
> VIII – guarda, uso e controle de substâncias radioativas, equipamentos e materiais nucleares;
>
> IX – processamento de dados ligados a serviços essenciais;
>
> X – controle de tráfego aéreo;
>
> XI – compensação bancária;
>
> XII – atividades médico-periciais relacionadas com o regime geral de previdência social e a assistência social;

XIII - atividades médico-periciais relacionadas com a caracterização do impedimento físico, mental, intelectual ou sensorial da pessoa com deficiência, por meio da integração de equipes multiprofissionais e interdisciplinares, para fins de reconhecimento de direitos previstos em lei, em especial na Lei nº 13.146, de 6 de julho de 2015 (Estatuto da Pessoa com Deficiência);

XIV - outras prestações médico-periciais da carreira de Perito Médico Federal indispensáveis ao atendimento das necessidades inadiáveis da comunidade;

XV - atividades portuárias.

Entre os serviços essenciais também podemos incluir os serviços postais, por força do que dispõe o art. 21, inciso X, da CF/1988.

Esse rol, é importante frisar, não é taxativo, podendo ser incluído nessa categoria de essencial qualquer outro serviço existente ou que venha a existir e que seja ou se torne de necessidade pública pela sua própria natureza.

5.7.5 Serviço contínuo

É preciso agora definir o que é essa continuidade do serviço essencial, exigida pelo Código de Defesa do Consumidor.

Serviço contínuo é o que não padece com interrupções ou suspensões. A partir do momento em que ele é fornecido, ou oferecido ao consumidor-usuário, o Poder Público (quer o preste diretamente, quer o faça por interposta pessoa), não pode mais suspendê-lo ou interrompê-lo, salvo excepcionalmente.

Essas excepcionalidades estão descritas no § 3º do art. 6º da Lei de Concessão de Serviços Públicos:

Art. 6º (...)

§ 3º Não se caracteriza como descontinuidade do serviço a sua interrupção em situação de emergência ou após prévio aviso, quando:

I – motivada por razões de ordem técnica ou de segurança das instalações; e,

II – por inadimplemento do usuário, considerado o interesse da coletividade.

Assim, o serviço público essencial só pode ser interrompido por razões técnicas, de segurança das instalações ou ainda por inadimplemento do usuário.

5.7.6 Corte no fornecimento de serviço público essencial

Quanto ao corte ou suspensão do fornecimento de serviço público essencial por inadimplência, o STJ tem se posicionado no sentido de mitigar essa possibilidade, entendendo ser ilegal a interrupção desse tipo de serviço quando ofender interesses relevantes e inadiáveis da coletividade, bem como nos casos em que ofenda a dignidade da pessoa humana. Exemplos dessas situações são o corte no fornecimento de água de uma creche municipal, ou o corte de energia de uma residência na qual vive pessoa enferma que depende de aparelhos elétricos para manter-se viva.

Jurisprudência – STF e STJ

Súmula Vinculante nº 27: Compete à Justiça Estadual julgar causas entre consumidor e concessionária de serviço público de telefonia quando a Anatel não seja litisconsorte passiva necessária, assistente ou opoente.

Súmula n° 506, STJ: A Anatel não é parte legítima nas demandas entre concessionária e o usuário de telefonia decorrentes da relação contratual.

5.8 Ignorância do fornecedor quanto aos vícios

O Código de Defesa do Consumidor dispõe expressamente que o fato de o fornecedor ignorar a existência de vícios de qualidade por inadequação dos produtos e serviços não o exime de responsabilidade (art. 23 do CDC).

O artigo em tela ampara o entendimento de que o fornecedor responde pelos riscos de desenvolvimento de seus produtos ou serviços, mesmo que não saiba da existência dos mesmos, caso os produtos ou serviços venham a apresentar vícios de qualidade em razão da inadequação aos ditames do Código de Defesa do Consumidor ou mesmo ao disposto em leis diversas.

5.9 Garantia do produto ou do serviço

Até o advento do Código de Defesa do Consumidor, o consumidor brasileiro não possuía qualquer garantia quanto à qualidade dos produtos adquiridos ou serviços contratados.

Certos fornecedores, para alguns de seus produtos, por espontânea vontade e como forma de diferenciação no mercado, davam uma garantia, mas sem que houvesse qualquer norma regulamentadora que não fosse a própria vontade do fornecedor.

O art. 24 do CDC veio, portanto, trazer um regramento sobre o tema, criando a garantia legal ao dispor: "Art. 24. A garantia legal de adequação do produto ou serviço independe de termo expresso, vedada a exoneração contratual do fornecedor".

Desse modo, a garantia legal é obrigatória, mesmo que não esteja prevista expressamente em um termo escrito e não pode ser, de forma alguma, negada pelo fornecedor, seja do produto ou do serviço.

O prazo da garantia legal, embora não esteja expresso no Código como tal, é o prazo decadencial estabelecido pelo art. 26, ou seja, 30 dias, tratando-se de fornecimento de serviço e de produtos não duráveis, e 90 dias, tratando-se de fornecimento de serviço e de produtos duráveis.

Além da garantia legal, o CDC trata, no art. 50, da garantia contratual.

Neste caso enquadram-se as garantias anteriormente mencionadas, que eram fruto de mera liberalidade dos fornecedores, mas com um regramento básico que inexistia antes da entrada em vigor da lei de proteção aos consumidores. Diz o Código:

> Art. 50. A garantia contratual é complementar à legal e será conferida mediante termo escrito.
>
> Parágrafo único. O termo de garantia ou equivalente deve ser padronizado e esclarecer, de maneira adequada em que consiste a mesma garantia, bem como a forma, o prazo e o lugar em que pode ser exercitada e os ônus a cargo do consumidor, devendo ser-lhe entregue, devidamente preenchido pelo fornecedor, no ato do fornecimento, acompanhado de manual de instrução, de instalação e uso do produto em linguagem didática, com ilustrações.

Portanto, o fornecedor pode, querendo, complementar a garantia legal utilizando-se da garantia contratual. Esta será objeto de um termo escrito (**termo de garantia** ou outro nome que venha a receber pelo fornecedor).

O referido termo, que deverá ser entregue, **devidamente preenchido pelo fornecedor**, trará as informações necessárias para seu uso por parte do consumidor, ou seja, nele constarão os detalhes sobre a garantia (em que consiste, o que está coberto ou não pela garantia); como o consumidor fará para utilizar tal garantia (a forma, o prazo e o lugar); assim como mencionará eventuais ônus que recaiam sobre o consumidor caso ele opte por fazer uso dessa garantia contratual.

A entrega do termo de garantia contratual deverá ser feita ao consumidor com o documento devidamente preenchido, no ato do fornecimento.

A omissão do preenchimento do termo de garantia poderá caracterizar o crime previsto no art. 74 do CDC, punível com detenção de um a seis meses ou multa.

Alguns anos após a entrada em vigor do CDC o comércio de produtos passou a fazer uso de uma nova "modalidade" de garantia: a garantia estendida.

A garantia estendida, apesar do nome, é um seguro. Quando de sua chegada ao mercado de consumo, era praticamente imposto aos consumidores, por meio de um *marketing* **agressivo** e da concessão de supostas vantagens no parcelamento do valor dos produtos para os consumidores que optassem pela sua aquisição.

Em razão de uma série de abusos e por se tratar de uma modalidade de seguro, a garantia estendida foi regulamentada pelo Conselho Nacional de Seguros Privados (CNSP), por intermédio da Resolução nº 296, de 25 de outubro de 2013, que dispõe sobre as regras e os critérios para operação do seguro de garantia estendida, quando da aquisição de bens ou durante a vigência da garantia do fornecedor.

A mencionada resolução deixa expresso, entre outros pontos, que a garantia estendida é na realidade um seguro; que deve ser sempre facultativo; que não se pode condicionar nem a venda nem a concessão de desconto para quem optar pela sua contratação; que deverá ser documentado por meio de uma apólice individual; que poderá ser igual, maior ou menor do que a garantia original (ressalvando que a garantia menor que a original só é aplicável aos veículos automotores e aos produtos que só possuam a garantia legal).

■ **Qual garantia incide primeiro?**

O fato de o CDC trazer duas formas de garantia, a legal e a contratual, e por ele afirmar que **a garantia contratual é complementar à legal**, gerou controvérsias doutrinárias e jurisprudenciais sobre como incidiria essa **complementação** quando o consumidor necessitasse exigir o cumprimento de uma ou outra garantia.

Havia a corrente que dizia que por **complementar** deveríamos entender que a garantia contratual *complementaria* a garantia legal naquele tempo que a ultrapassasse. Por exemplo, uma garantia legal de um ano transcorreria em paralelo à garantia legal de 90 dias e, após o nonagésimo dia, correria sozinha pelos dias faltantes até completar um ano. Ou seja, os primeiros 90 dias da garantia contratual seriam os mesmos 90 dias da garantia legal.

Um segundo entendimento defendia que primeiramente transcorreria o prazo da garantia legal e, após esse, começaria a correr o prazo da garantia contratual, somando-se ambas, com a garantia legal **contando** primeiro.

O terceiro entendimento, que tem maior aceitação doutrinária e consolidação de julgados no Superior Tribunal de Justiça, afirma que primeiro deverá ser contado o prazo da garantia contratual, qualquer que seja ele e, findo esse prazo, contar-se-á o prazo da garantia legal, ou seja, o prazo decadencial de 90 dias (para os bens duráveis), estabelecido pelo art. 26 do CDC (bem como os 30 dias previstos no mesmo artigo, na hipótese de bens não duráveis).

Jurisprudência – STJ

Jurisprudência em Teses – Edição n° 42. Direito do Consumidor II.

Tese 12) O início da contagem do prazo de decadência para a reclamação de vícios do produto (art. 26 do CDC) se dá após o encerramento da garantia contratual.

5.10 Obrigação de indenizar

O art. 6°, inciso VI, do CDC estabelece como direito básico do consumidor "a efetiva prevenção e reparação de danos patrimoniais e morais, individuais, coletivos e difusos".

Seguindo essa diretriz, o Código proíbe, em seu art. 25, que os fornecedores estabeleçam cláusulas contratuais que impossibilitem, exonerem ou atenuem a obrigação de indenizar que o próprio CDC prevê, buscando assim dar efetivo cumprimento àquele direito básico.

Dessa forma, a título exemplificativo, incide a Súmula n° 130 do STJ, que prevê a responsabilidade da empresa "perante o cliente, pela reparação de dano ou furto de veículo ocorridos em seu estacionamento", independentemente da existência ou não de cartaz, dizeres, contrato ou qualquer tipo de informação que, de algum modo, busque exonerá-la da obrigação de indenizar. O mesmo pode ser dito com relação a academias, restaurantes, bares ou qualquer estabelecimento que de uma forma ou de outra tente fazer que sobre ele não incidam as regras indenizatórias que o CDC prevê.

5.10.1 Responsabilidade solidária

A solidariedade como regra geral de responsabilização de todos os fornecedores que participaram do fato ofensivo a um direito do consumidor está prevista no parágrafo único do art. 7º do Código, o que é praticamente repetido, embora com outras palavras, pelo § 1º do art. 25 do CDC, quando diz:

> Art. 25. (...)
>
> § 1º Havendo mais de um responsável pela causação do dano, todos responderão solidariamente pela reparação prevista nesta e nas seções anteriores.

Ainda tratando de solidariedade entre fornecedores, no § 2º do mesmo art. 25 o Código deixa expresso que "sendo o dano causado por componente ou peça incorporada ao produto ou serviço, são responsáveis solidários seu fabricante, construtor ou importador e o que realizou a incorporação".

Com esse dispositivo, fica expressa a possibilidade de ser responsabilizado solidariamente aquele que montou o produto utilizando o componente ou peça que gerou o dano ou o que prestou o serviço que fez uso de tal componente ou peça.

Podemos citar o caso da empresa aérea que presta serviço de transporte de passageiros com o emprego de uma aeronave fabricada pela empresa B, que sofre acidente em razão de uma peça defeituosa, que, por sua vez, foi fabricada por uma terceira empresa. Nessa situação, tanto a companhia aérea quanto a fabricante do avião, como a fabricante da peça defeituosa são solidariamente responsáveis pelos danos causados aos consumidores em razão do acidente.

6

Decadência e prescrição

6.1 Decadência

O CDC trata da decadência no art. 26, assim redigido:

> Art. 26. O direito de reclamar pelos vícios aparentes ou de fácil constatação caduca em:
>
> I – trinta dias, tratando-se de fornecimento de serviço e de produtos não duráveis;
>
> II – noventa dias, tratando-se de fornecimento de serviço e de produtos duráveis.
>
> § 1º Inicia-se a contagem do prazo decadencial a partir da entrega efetiva do produto ou do término da execução dos serviços.
>
> § 2º Obstam a decadência:
>
> I – a reclamação comprovadamente formulada pelo consumidor perante o fornecedor de produtos e serviços até a resposta negativa correspondente, que deve ser transmitida de forma inequívoca;
>
> II – (Vetado);
>
> III – a instauração de inquérito civil, até seu encerramento.

§ 3º Tratando-se de vício oculto, o prazo decadencial inicia-se no momento em que ficar evidenciado o defeito.

Analisemos alguns aspectos desse regramento.

6.1.1 Prazos decadenciais

O legislador estabeleceu prazos decadenciais diferentes, de acordo com a durabilidade do produto ou serviço.

Para os produtos ou serviços não duráveis, ou seja, aqueles que se extinguem com o primeiro e único uso, o prazo é de 30 dias.

Sendo um produto ou um serviço durável, quer dizer, aqueles que podem ser utilizados por diversas vezes e por um tempo mais ou menos longo (de conformidade com sua natureza), o prazo decadencial será de 90 dias.

Jurisprudência – STJ

Jurisprudência em Teses – Edição nº 42. Direito do Consumidor II.

Tese 12) O início da contagem do prazo de decadência para a reclamação de vícios do produto (art. 26 do CDC) se dá após o encerramento da garantia contratual.

6.1.2 Vício aparente e de fácil constatação

Os prazos estabelecidos pelos incisos I (30 dias) e II (90 dias) do art. 26, de acordo com o que dispõe o *caput* do referido artigo, valem apenas para os **vícios aparentes ou de fácil constatação**.

Os vícios aparentes são aqueles que **saltam aos olhos**, que estão à mostra, visíveis, evidentes. São aqueles que não precisam de qualquer providência para serem notados ou percebidos, a não ser o simples olhar lançado sobre a coisa ou o serviço. Exemplo desse tipo de vício é o arranhão na lataria de um carro zero quilômetro que acabou de ser comprado e sequer fora recebido pelo consumidor, seu novo proprietário. Ou as manchas em uma parede recém-pintada.

Os vícios de fácil constatação são os que, embora não visíveis, podem ser percebidos com o simples uso do produto ou serviço viciado, sem a necessidade de perícias, desmontagens ou investigações. É o caso do ruído elevado, apresentado pela suspensão do carro zero quilômetro adquirido recentemente em uma concessionária autorizada. O ruído não é **aparente**, mas com um breve passeio no carro ele é facilmente notado.

6.1.3 Início da contagem do prazo

Pelo disposto no § 1º do art. 26 em estudo, conta-se o prazo decadencial a partir da entrega efetiva do produto ou do término da execução do serviço.

Desse modo, se eu adquiro um guarda-roupas (que não tem qualquer garantia contratual) em uma loja física ou pela internet e esse produto só me é entregue, efetivamente, dez dias após a compra e a loja que o vendeu para mim demora mais cinco dias para vir montá-lo, os noventa dias de que trata o inciso II do art. 26 só começam a correr após a montagem final, pois enquanto o guarda-roupas está desmontado (e foi adquirido para ser montado por quem o vendeu), o mesmo não foi **efetivamente** entregue, já que mesmo os vícios aparentes ou de fácil constatação (como uma porta arranhada ou uma gaveta que não fecha corretamente) só poderão ser percebidos após a montagem do móvel.

Em se tratando de um serviço que demora alguns dias para ser concluído, o prazo decadencial não se inicia após finalizada cada fase dele, mas sim quando todo o serviço terminar. Imaginemos o caso da pintura de uma casa que ocorre por fases. Inicia-se o trabalho pela fachada, depois parte-se para os fundos da casa, as laterais, depois a sala, o primeiro quarto e assim sucessivamente. O prazo para que o consumidor que contratou o serviço venha reclamar de falhas aparentes na pintura só começa a contar depois que o último cômodo ou parte da casa é pintado e o fornecedor encerrou o serviço, e não após cada etapa da pintura.

6.1.4 Vício oculto

Os prazos e o início de suas contagens anteriormente mencionados valem apenas para os vícios **aparentes ou de fácil constatação**.

Pode ocorrer que o produto ou o serviço que de início não apresentava qualquer problema, depois de ser usufruído por certo tempo desenvolveu ou manifestou um vício. Vício este que, até então, permaneceu escondido, oculto, totalmente ignorado.

Em casos tais, o prazo decadencial, conforme previsto no § 3º do art. 26, só começará a fluir **no momento em que** o vício (ou **defeito** como consta no dispositivo), **ficar evidenciado**, ou seja, manifesto, evidente, constatado.

É importante ressaltar que o vício oculto não pode ser confundido com problemas decorrentes do desgaste natural do produto ou do serviço pelo seu uso. Nestes casos não há que se falar em vício, nem tampouco em prazo para reclamar ou em sua decadência, devendo ser considerado o prazo de **vida útil** de cada tipo de produto, que pode variar de acordo com uma série de fatores.

6.1.5 Situações que obstam a decadência

O § 2º do art. 26 do CDC apresenta duas situações obstativas da decadência, assim dispondo:

> Art. 26 (...)
>
> § 2º Obstam a decadência:
>
> I – a reclamação comprovadamente formulada pelo consumidor perante o fornecedor de produtos e serviços até a resposta negativa correspondente, que deve ser transmitida de forma inequívoca;
>
> II – (Vetado);
>
> III – a instauração de inquérito civil, até seu encerramento.

Antes de adentrarmos nos comentários a esses incisos, precisamos deixar claro o que significa ou em que implica "obstar a decadência".

A redação desse parágrafo segundo recebeu críticas quando da edição do Código de Defesa do Consumidor, uma vez que o legislador não fez uso de nenhum dos dois termos doutrinariamente e jurisprudencialmente consagrados quando se trata de fazer com que um prazo deixe de fluir e das consequências quanto a tal prazo, após cessada a causa que lhe impossibilitou a fluidez. Estamos falando dos termos **suspensão** e **interrupção**.

No Direito, a interrupção de um prazo implica que, uma vez cessada a causa que a originou, o prazo que estava interrompido volta a contar desde o início, ou seja, devolve-se integralmente o prazo.

A suspensão, por sua vez, significa que o prazo que foi suspenso, ao não mais existir a causa suspensiva, volta a contar de onde estava quando se deu essa causa.

Mas quando ocorrer uma das causas que **obstam a decadência**, como diz o Código, os prazos decadenciais ficam suspensos, ou são interrompidos?

A diferença entre uma situação e outra é fundamental, pois em se tratando de interrupção, um prazo decadencial de 90 dias, que transcorreu por 75 dias, antes do advento de uma causa interruptiva, voltaria a contar desde o início, ou seja, o consumidor teria outros 90 dias de prazo decadencial.

Tratando-se de suspensão, ocorrendo uma hipótese que a tenha originado após os mesmos 75 dias, quando a causa suspensiva não mais existir, a contagem do prazo decadencial é retomada por mais 15 dias, até seu término, no nonagésimo dia.

Já vimos em que implica suspender e interromper. E obstar?

A palavra obstar tem origem no prefixo latino *ob*, que significa **diante de**. O que está diante de algo ou de outra coisa, **serve de obstáculo**, impede a passagem, o transcurso.

Depois de várias discussões na doutrina e na jurisprudência, a corrente que sobressai é a que entende que obstar, na forma utilizada pelo CDC, implica interrupção do prazo decadencial e não em suspensão.

Passemos então às causas que servem de obstáculo à fluidez ininterrupta do prazo decadencial.

6.1.5.1 *Reclamação perante o fornecedor*

O primeiro caso se dá quando o consumidor apresenta, comprovadamente, reclamação "perante o fornecedor de produtos e serviços até a resposta negativa correspondente, que deve ser transmitida de forma inequívoca".

Essa reclamação pode ser feita por qualquer meio idôneo; por carta, telegrama, correio eletrônico, telefone.

A resposta do fornecedor, para ter o condão de fazer com que o prazo **obstado** (interrompido) retome o seu transcurso, precisa ser transmitida ao consumidor de modo inequívoco, ou seja, de maneira que não deixe dúvidas quanto ao atendimento ou não da reclamação formulada por ele.

Caso haja alguma dúvida a ser sanada, que gere nova indagação por parte do consumidor e nova resposta, mais clara ou detalhada do fornecedor, será a partir deste momento a retomada do prazo.

6.1.5.2 Instauração de inquérito civil

A outra causa que obsta a decadência do direito de reclamar pelos vícios do produto ou do serviço é a instauração de inquérito civil, até seu encerramento.

Entende o CDC que, uma vez instaurado inquérito civil, deixa de correr o prazo decadencial, pouco importando se a instauração do procedimento investigatório ocorreu de ofício ou mediante reclamação de um consumidor, de um grupo de consumidores ou de uma entidade privada ou órgão público de defesa do consumidor.

Tal prazo permanecerá obstado (interrompido) até que o inquérito civil seja concluído, quer essa conclusão resulte em arquivamento, quer ela resulte na propositura de uma ação civil pública.

6.1.5.2.1 Legitimidade para a instauração de inquérito civil

Aqui precisamos mencionar uma questão que ainda não está pacificada, pelo menos no momento da presente edição desta obra, mas precisa ser abordada, uma vez que tem sido objeto de questões de concursos.

O inquérito civil é peça investigatória, inquisitorial, não essencial, que precede a propositura da ação civil pública. Fazendo-se um paralelo, equivale ao inquérito policial que precede, mas não é essencial, à propositura da ação penal.

A Lei da Ação Civil Pública (Lei n° 7.347 de 24 de julho de 1985) estabelece um vasto rol de legitimados para a propositura da ação civil pública em seu art. 5°, cuja redação atual (após diversas alterações legislativas) é a seguinte:

> Art. 5º Têm legitimidade para propor a ação principal e a ação cautelar:
>
> I - o Ministério Público;
>
> II - a Defensoria Pública;
>
> III - a União, os Estados, o Distrito Federal e os Municípios;
>
> IV - a autarquia, empresa pública, fundação ou sociedade de economia mista;
>
> V - a associação que, concomitantemente:
>
> a) esteja constituída há pelo menos 1 (um) ano nos termos da lei civil;
>
> b) inclua, entre suas finalidades institucionais, a proteção ao patrimônio público e social, ao meio ambiente, ao consumidor, à ordem econômica, à livre concorrência, aos direitos de grupos raciais, étnicos ou religiosos ou ao patrimônio artístico, estético, histórico, turístico e paisagístico.

Assim, temos que diversos órgãos ou instituições podem propor uma ação civil pública, seja como ação principal, seja uma ação cautelar preparatória de uma ação civil pública.

Quanto ao inquérito civil, reza o art. 8° da Lei da Ação Civil Pública:

Art. 8º Para instruir a inicial, o interessado poderá requerer às autoridades competentes as certidões e informações que julgar necessárias, a serem fornecidas no prazo de 15 (quinze) dias.

§ 1º O Ministério Público poderá instaurar, sob sua presidência, inquérito civil, ou requisitar, de qualquer organismo público ou particular, certidões, informações, exames ou perícias, no prazo que assinalar, o qual não poderá ser inferior a 10 (dez) dias úteis.

§ 2º Somente nos casos em que a lei impuser sigilo, poderá ser negada certidão ou informação, hipótese em que a ação poderá ser proposta desacompanhada daqueles documentos, cabendo ao juiz requisitá-los.

Embora o art. 5º citado (que trata dos legitimados para a propositura da ação) tenha sofrido várias alterações desde a promulgação da lei, em 1985, inclusive com aumento do rol dos legitimados, o art. 8º permanece até o momento inalterado, sendo o Ministério Público o único legitimado para a instauração do inquérito civil.

Como dito anteriormente, a propositura da ACP não depende de prévia instauração de inquérito civil, de modo que os demais legitimados pelo art. 5º da LACP podem propô-la valendo-se de outras formas de colação de provas documentais, testemunhais ou periciais.

Esse é, portanto, o entendimento predominante: só o Ministério Público tem legitimidade para instaurar inquérito civil, em que pese ser maior o número de legitimados que podem propor ações civis públicas.

Voltamos à comparação com o inquérito penal e a ação penal pública. Está sedimentado na doutrina e na jurisprudência que o Ministério Público pode investigar a existência de crimes, ou mesmo propor diretamente ação penal, sem a necessidade da prévia instauração de inquérito policial pela autoridade de polícia judiciária.

Nas situações em que o Ministério Público precisa investigar eventual crime, ele não o faz mediante o instrumento **inquérito policial**. Ele instaura um **procedimento de investigação criminal**, ou simplesmente PIC.

Assim, não é porque o MP tem legitimidade para investigar a ocorrência de crimes que fará tal investigação por intermédio de inquérito policial.

Aplicando-se o mesmo raciocínio às ações civis públicas, não é porque a Defensoria Pública tem legitimidade para propô-las, que fará eventual e prévia investigação, valendo-se do inquérito civil.

O tema ainda enseja discussões, mas concursos públicos já indagaram sobre isto, tendo como respostas válidas que cabe unicamente ao Ministério Público a instauração de inquérito civil. Ao menos por enquanto.

6.1.5.3 Dispositivo vetado

Apenas como informação complementar, o inciso II do § 2º do art. 26 em estudo, e que foi vetado pelo Presidente da República, previa como uma outra causa obstativa da decadência "a reclamação formalizada perante os órgãos ou entidades com atribuições de defesa do consumidor, pelo prazo de noventa dias".

O veto presidencial foi fundamentado na possível instabilidade jurídica causada pela previsão do citado inciso II, que não fez qualquer diferenciação entre entidades públicas e privadas de defesa do consumidor, atribuindo a estas "função reservada, por sua própria natureza, aos agentes públicos", conforme se pode ler na mensagem de veto.

Jurisprudência – STJ

Súmula nº 477: A decadência do art. 26 do CDC não é aplicável à prestação de contas para obter esclarecimentos sobre cobrança de taxas, tarifas e encargos bancários.

Jurisprudência em Teses – Edição nº 42. Direito do Consumidor II.

Tese 17) A decadência do art. 26 do CDC não é aplicável à prestação de contas para obter esclarecimentos sobre cobrança de taxas, tarifas e encargos bancários (Tese julgada sob o rito do art. 543-C do CPC/1973 – Tema 449 – Súmula nº 477/STJ).

6.2 Prescrição

O Código de Defesa do Consumidor trata da prescrição para a pretensão à reparação de danos causados por fato do produto ou do serviço, no art. 27, assim grafado:

> Art. 27. Prescreve em cinco anos a pretensão à reparação pelos danos causados por fato do produto ou do serviço prevista na Seção II deste Capítulo, iniciando-se a contagem do prazo a partir do conhecimento do dano e de sua autoria.

O citado artigo estabelece, portanto, duas condições para que se inicie a contagem do prazo prescricional no caso de danos causados ao consumidor (propriamente dito ou equiparado), por fato do produto ou do serviço.

6.2.1 Início da contagem do prazo prescricional no CDC

Ambas as condições trazidas pelo art. 27, para início da contagem do prazo prescricional de cinco anos, devem ser cumpridas concomitantemente.

a) **Conhecimento do dano:**

A primeira dessas condições é o conhecimento do dano.

Sem que o consumidor saiba que ele sofreu ou lhe foi causado um dano, não se inicia a contagem do prazo prescricional.

Imaginemos a situação do dono de uma casa de praia que contratou os serviços de uma construtora para aumentar a altura do muro da residência. O serviço é realizado e acompanhado pelo consumidor. Findo tal serviço, estando a obra aparentemente em ordem, saem da casa de praia os empregados da construtora e o consumidor. Este, ao retornar à casa de praia dois meses depois da obra finalizada, percebe que o muro recentemente construído veio abaixo, derrubando parte de uma das paredes da casa, atingindo e destruindo alguns móveis e eletrodomésticos.

Neste caso, nós devemos ter como marco inicial da contagem do prazo prescricional a data em que o consumidor descobriu que o muro ruiu, derrubando uma parede e danificando vários pertences que estavam na residência, e não a data da finalização da obra de construção do muro, presumindo-se que o cumprimento do segundo requisito deu-se na mesma data em que o consumidor soube do acidente e dos danos por ele sofridos.

b) **Conhecimento da autoria do dano:**

Este segundo requisito diz respeito à autoria do dano.

Para o início da contagem do prazo prescricional, segundo o CDC, não basta que o consumidor tenha conhecimento do dano. É preciso também que o autor do dano seja conhecido.

Na situação anteriormente analisada, apresenta-se de fácil conhecimento para o consumidor saber quem seria o responsável pela queda do muro e demais prejuízos por ele sofridos, pois a construtora fora a responsável pela obra que, aparentemente, não sofrera nenhuma força externa que a levasse a ruir.

Podem ocorrer, porém, casos nos quais o consumidor sabe que sofreu um dano, mas ignora quem o causou. Nessas situações, enquanto não for elucidado quem foi o efetivo responsável pelo acidente de consumo, não há que se falar em início da contagem do prazo prescricional.

Jurisprudência – STJ

Jurisprudência em Teses – Edição n° 161. Direito do Consumidor V.

Tese 4) Nas ações de repetição de indébito por defeito do serviço bancário (art. 27 do CDC), o termo inicial da contagem do prazo prescricional é a data em que ocorreu a lesão ou pagamento.

Havendo a possibilidade de imputar-se a autoria do dano a mais de um fornecedor, é preciso que fique definido quem é realmente o fornecedor que causou o dano ao consumidor, sob pena de não ter início a contagem do prazo prescricional.

6.2.2 Especificidade da regra do art. 27 do CDC

O Superior Tribunal de Justiça tem decidido no sentido de que a previsão do prazo prescricional de cinco anos, do art. 27 do CDC, deve ser aplicada exclusivamente para casos de responsabilidade por fato do produto ou do serviço.

As demais ações envolvendo relações de consumo que não tratarem especificamente de reparação de danos em função de acidentes de consumo deverão ter seus prazos prescricionais definidos de acordo com o Código Civil ou outra lei que seja aplicável à espécie de ação proposta.

> **Jurisprudência – STJ**
>
> **Súmula nº 412:** A ação de repetição de indébito de tarifas de água e esgoto sujeita-se ao prazo prescricional estabelecido no Código Civil.
>
> **Jurisprudência em Teses – Edição nº 39.** Direito do Consumidor I.
>
> Tese 11) A ação de repetição de indébito de tarifas de água e esgoto sujeita-se ao prazo prescricional estabelecido no Código Civil (Súmula nº 412/STJ).
>
> **Jurisprudência em Teses – Edição nº 161.** Direito do Consumidor V.
>
> Tese 3) Aplica-se o prazo prescricional do art. 27 do CDC às ações de repetição de indébito por descontos indevidos decorrentes de defeito na prestação do serviço bancário.
>
> **Jurisprudência em Teses – Edição nº 160.** Direito do Consumidor IV.
>
> Tese 5) A pretensão indenizatória do consumidor de receber ressarcimento por prejuízos decorrentes de vício no imóvel se submete ao prazo prescricional previsto no art. 205 do Código Civil (10 anos).

  O STJ definiu na Súmula nº 412 que a ação de repetição de indébito de tarifas de água e esgoto sujeita-se ao prazo prescricional estabelecido no Código Civil e não no Código de Defesa do Consumidor. Com isso, tem-se que, ao invés de ser aplicado o prazo prescricional de cinco anos previsto no art. 27 do CDC, deverá ser aplicado o prazo geral de prescrição do Código Civil, que é de dez anos, conforme estabelece o art. 205 do CC/2002.

  Esse prazo do art. 205 do Código Civil deverá ser aplicado a qualquer ação de repetição de indébito.

  Em se tratando de ações indenizatórias envolvendo seguradoras, também deve-se aplicar o disposto no Código Civil em seu art. 206.

Art. 206. Prescreve:

§ 1º Em um ano:

I – (...)

II – a pretensão do segurado contra o segurador, ou a deste contra aquele, contado o prazo:

a) para o segurado, no caso de seguro de responsabilidade civil, da data em que é citado para responder à ação de indenização proposta pelo terceiro prejudicado, ou da data que a este indeniza, com a anuência do segurador;

b) quanto aos demais seguros, da ciência do fato gerador da pretensão;(...).

Quanto à prescrição da pretensão de indenização de segurado em grupo, contra seguradora, prevalece a Súmula nº 101 do STJ.

Jurisprudência – STJ

Súmula nº 101: A ação de indenização do segurado em grupo contra a seguradora prescreve em um ano. Referência: CC/1916, art. 178, § 6º, II.

Súmula nº 278: O termo inicial do prazo prescricional, na ação de indenização, é a data em que o segurado teve ciência inequívoca da incapacidade laboral.

7

Desconsideração da personalidade jurídica

Não só no Brasil, mas em todo o mundo, são relativamente frequentes os casos de empresas que vão à falência, mas os seus sócios ou proprietários ficam ou permanecem ricos. Ou seja, enquanto as pessoas jurídicas sucumbem, as pessoas físicas (ou as pessoas jurídicas a quem pertence a pessoa jurídica falida) continuam prósperas.

Em algumas situações, os sócios agem de forma fraudulenta, sob o manto da personalidade jurídica, objetivando permanecerem eles, e seus patrimônios privados, incólumes.

Para evitar problemas como os apontados anteriormente, o Código de Defesa do Consumidor trouxe no art. 28 a possibilidade de desconsideração da personalidade jurídica.

A base histórica para tanto reside na *Disregard Doctrine of Legal Entity*, surgida na Inglaterra no final do século XIX e que aos poucos foi espalhada por diversos países.

O CDC regula assim o instituto:

Art. 28. O juiz poderá desconsiderar a personalidade jurídica da sociedade quando, em detrimento do consumidor, houver abuso de direito, excesso de poder, infração da lei, fato ou ato ilícito ou violação dos estatutos ou contrato social. A desconsideração também será efetivada quando houver falência, estado de insolvência, encerramento ou inatividade da pessoa jurídica provocados por má administração.

(...)

§ 5º Também poderá ser desconsiderada a pessoa jurídica sempre que sua personalidade for, de alguma forma, obstáculo ao ressarcimento de prejuízos causados aos consumidores.

Analisaremos mais detidamente este importante aporte que fez o legislador consumerista ao nosso ordenamento jurídico.

7.1 Hipóteses de desconsideração da personalidade jurídica

São nove as situações que podem gerar a desconsideração da personalidade jurídica com fundamento no Código de Defesa do Consumidor. O manto ou o véu da personalidade jurídica (como a esta teoria se refere a doutrina norte-americana) pode ser levantado para se atingir o patrimônio de seus sócios ou proprietários, quando houver, em detrimento do consumidor:

- abuso de direito;
- excesso de poder;
- infração da lei;

- fato ou ato ilícito;
- violação dos atos ou contrato social.

Também poderá ocorrer a desconsideração da personalidade jurídica em casos de:

- falência;
- estado de insolvência;
- encerramento ou inatividade da pessoa jurídica.

Nas três últimas situações, é preciso que os fatos listados sejam consequências de uma má administração da empresa.

Por fim, temos a última das hipóteses:

- sempre que sua personalidade for, de alguma forma, obstáculo ao ressarcimento de prejuízos causados aos consumidores.

Dessa forma, mesmo que a situação não se enquadre em qualquer das oito hipóteses anteriores, caso não seja possível ou seja difícil a reparação de danos causados aos consumidores pela pessoa jurídica, também poderá ser feita sua desconsideração para viabilizar o ressarcimento por intermédio das pessoas dos sócios, sejam eles pessoas físicas ou outras pessoas jurídicas.

7.2 Responsabilidade dos grupos de sociedades

O Código de Defesa do Consumidor dispõe de forma variada, quando trata da possibilidade de desconsideração da personalidade jurídica, conforme o tipo de grupos de empresas.

Assim diz o art. 28 nos §§ 2º, 3º e 4º:

> Art. 28. (...)
>
> § 2º As sociedades integrantes dos grupos societários e as

sociedades controladas, são subsidiariamente responsáveis pelas obrigações decorrentes deste código.

§ 3º As sociedades consorciadas são solidariamente responsáveis pelas obrigações decorrentes deste código.

§ 4º As sociedades coligadas só responderão por culpa.

- A responsabilidade subsidiária: aplica-se aos grupos societários e às sociedades controladas.
- A responsabilidade solidária: cabe nos casos de sociedades consorciadas.
- A responsabilidade subjetiva (nos casos de culpa): incide no caso de sociedades coligadas.

7.3 Teorias da desconsideração da personalidade jurídica quanto aos pressupostos da incidência

a) **Teoria menor da desconsideração da personalidade jurídica:**

É a teoria adotada pelo Código de Defesa do Consumidor.

Por ela, para que ocorra a aplicação da desconsideração, basta a comprovação do estado de insolvência do devedor pessoa jurídica, pois parte do pressuposto de que o ônus da insolvência e da inadimplência subsequente deve ser dos sócios e não dos consumidores que se relacionaram com a empresa.

b) **Teoria maior da desconsideração da personalidade jurídica:**

É a teoria adotada pelo Código Civil de 2002.

Segundo esta teoria, para que seja aplicada a desconsideração, faz-se necessária a comprovação de que houve efetivo desvio de finalidade ou confusão entre o patrimônio da pessoa jurídica e o dos sócios dela.

Manifesta-se por duas vertentes, ou concepções, distintas.

- **Concepção subjetivista:** é preciso que se configure o efetivo desvio de finalidade, praticado pelos sócios ou gestores, com a consequente lesão dos credores da pessoa jurídica cuja desconsideração é pleiteada.
- **Concepção objetivista:** faz-se necessária a comprovação da confusão (mistura, junção) entre o patrimônio da pessoa jurídica a ser desconsiderada e o patrimônio dos sócios.

7.4 Desconsideração no Código Civil de 2002

É importante e cabível observarmos qual o tratamento que o Código Civil de 2002 dá à desconsideração da personalidade jurídica.

Ele a trata no art. 50, *caput* e parágrafo. O art. 50, *caput*, está redigido da seguinte forma (de acordo com a redação dada pela Lei nº 13.874, de 2019 – Lei da Liberdade Econômica):

> Art. 50. Em caso de abuso da personalidade jurídica, caracterizado pelo desvio de finalidade ou pela confusão patrimonial, pode o juiz, a requerimento da parte, ou do Ministério Público quando lhe couber intervir no processo, desconsiderá-la para que os efeitos de certas e determinadas relações de obrigações sejam estendidos aos bens particulares de administradores ou de sócios da pessoa jurídica beneficiados direta ou indiretamente pelo abuso.

O primeiro comentário a ser feito é que a desconsideração com base no disposto no Código Civil só se dá em caso de abuso da personalidade jurídica.

Este abuso irá se caracterizar quando houver desvio de finalidade ou confusão patrimonial.

A desconsideração da personalidade jurídica é feita por decisão judicial, precedida de provocação da parte ou do Ministério Público.

Faz-se necessário também que os administradores ou sócios que sofrerão os efeitos da desconsideração da personalidade jurídica tenham auferido algum benefício (direto ou indireto) em razão do abuso perpetrado.

O § 4º do mesmo artigo estende os requisitos do *caput* em estudo aos grupos econômicos:

> Art. 50. (...)
>
> § 4º A mera existência de grupo econômico sem a presença dos requisitos de que trata o *caput* deste artigo não autoriza a desconsideração da personalidade da pessoa jurídica.

7.5 Conceito de desvio de finalidade

O art. 50 teve sua redação alterada e ampliada pela Lei nº 13.874, de 2019 (Lei da Liberdade Econômica). Os cinco parágrafos que constam atualmente no referido artigo foram acrescentados pela lei mencionada.

O primeiro deles nos apresenta o conceito de desvio de finalidade:

> Art. 50. (...)
>
> § 1º Para os fins do disposto neste artigo, desvio de finalidade é a utilização da pessoa jurídica com o propósito de lesar credores e para a prática de atos ilícitos de qualquer natureza.

Observe-se que o conceito de desvio de finalidade que nos trouxe a alteração do Código Civil é bem abrangente, compreendendo não só o uso da empresa para lesar credores, como também para praticar qualquer ato ilícito, seja de que tipo for.

Por outro lado, o Código diz que "a mera expansão ou a alteração da finalidade original da atividade econômica específica da pessoa jurídica" não constitui desvio de finalidade (art. 50, § 5º, do CC/2002).

7.6 Conceito de confusão patrimonial

O conceito de confusão patrimonial nos é apresentado pelo § 2º do art. 50:

> Art. 50. (...)
>
> § 2º Entende-se por confusão patrimonial a ausência de separação de fato entre os patrimônios, caracterizada por:
>
> I – cumprimento repetitivo pela sociedade de obrigações do sócio ou do administrador ou vice-versa;
>
> II – transferência de ativos ou de passivos sem efetivas contraprestações, exceto os de valor proporcionalmente insignificante; e
>
> III – outros atos de descumprimento da autonomia patrimonial.

O dispositivo nos apresenta três possibilidades de ocorrência de confusão patrimonial.

A primeira delas decorre da assunção, por parte da sociedade empresarial, de obrigações particulares do sócio ou do administrador, ou do inverso, ou seja, o sócio ou o administrador, assumem obrigações da sociedade.

A segunda hipótese se dá no caso de a sociedade transferir para os sócios ou administradores, ativos ou passivos patrimoniais sem que haja contraprestação que justifique essas transferências. A lei excetua transferências de valores insignificantes, proporcionalmente (comparados com as movimentações financeiras feitas justificadamente).

Em terceiro lugar, a lei coloca uma hipótese geral, na qual vão ser tratados como **confusão** outros atos que impliquem em descumprimento da autonomia patrimonial de qualquer das partes interessadas (sociedade, sócio ou administrador).

Tanto o conceito de desvio de finalidade quanto o conceito de confusão patrimonial aplicam-se "à extensão das obrigações de sócios ou de administradores à pessoa jurídica", conforme dispõe o § 3º do art. 50 em estudo.

7.7 Desconsideração da personalidade jurídica no processo

Há um consenso, se não total, mas de uma imensa maioria de autores que aponta no sentido de que a desconsideração da personalidade jurídica é direito objetivo a ser apenas reconhecido pelo juiz, diante do preenchimento de alguma das hipóteses estabelecidas no art. 28 do Código de Defesa do Consumidor. Ou seja, não é ato subjetivo do magistrado.

Um outro aspecto que tem vozes elevadas contra é quanto aos efeitos da desconsideração da personalidade jurídica. Estes só valerão entre as partes do processo no qual foi decretada ou reconhecida a desconsideração, não se estendendo de forma automática para os demais processos aos quais eventualmente responda a sociedade.

Até o advento do atual Código de Processo Civil (CPC), em 2015, havia um debate quanto à possibilidade ou não de o juiz decretar de ofício a desconsideração da personalidade jurídica nas relações de consumo, uma vez presentes os requisitos para a desconsideração.

Entendemos que esse debate perdeu força com a regulamentação processual que o CPC trouxe para a matéria.

É que o Código trata do que chamou de **incidente de desconsideração da personalidade jurídica** (art. 133 do CPC), que será instaurado a pedido da parte ou do Ministério Público (nos casos em que couber a intervenção processual deste).

Este incidente poderá ser suscitado em todas as fases do processo de conhecimento, na fase de cumprimento de sentença, bem como na execução de título extrajudicial (art. 134 do CPC). Ao ser instaurado o incidente, o processo ficará suspenso (§ 3º do art. 134 do CPC).

Caso seja pedida a desconsideração da personalidade jurídica logo na inicial do processo, não é necessária a instauração do incidente, nem será feita a suspensão do processo (art. 133, §§ 2º e 3º, parte final, do CPC).

Com o requerimento de desconsideração da personalidade jurídica deverão vir também as demonstrações quanto ao enquadramento do pleito em alguma das hipóteses legalmente previstas para que seja tomada a medida que se pleiteia.

Uma vez instaurado o incidente, o sócio ou a pessoa jurídica será citado para se pronunciar e requerer a produção de provas, no prazo de 15 dias (art. 135 do CPC).

Com a conclusão da instrução (se necessária), o juiz proferirá decisão interlocutória resolvendo o incidente pela desconsideração ou não, da personalidade jurídica.

7.8 Desconsideração inversa da personalidade jurídica

Embora ausente no Código de Defesa do Consumidor, a possibilidade de desconsideração inversa da personalidade jurídica foi trazida pelo Código de Processo Civil, no § 2º, do art. 133:

> Art. 133. (...)
>
> § 2º Aplica-se o disposto neste Capítulo à hipótese de desconsideração inversa da personalidade jurídica.

Essa desconsideração inversa significa que a personalidade jurídica de determinada empresa poderá ser afastada para que os bens da sociedade respondam por obrigações adquiridas por seus sócios, administradores ou grupo econômico, resguardando-se assim os interesses dos credores.

Como mencionamos anteriormente, o CDC não previu expressamente esta hipótese. No entanto, é possível sua aplicação no âmbito das relações de consumo com o objetivo de assegurar ou garantir a reparação de danos sofridos pelos consumidores, em um diálogo entre fontes normativas que se dará com a finalidade de assegurar que os interesses dos consumidores fiquem resguardados.

8

Práticas comerciais

8.1 Considerações introdutórias

O mercado de consumo é movimentado pela venda e compra de produtos e serviços. Aquele que produz bens de consumo ou presta serviços precisa anunciar a existência destes e daqueles aos potenciais adquirentes ou contratantes, de modo a provocar-lhes o desejo de compra ou contratação e, com isso, "girar a economia".

Uma vez informado sobre a existência do bem ou serviço, o consumidor precisa conhecer melhor sua forma de aquisição ou contratação, detalhes sobre natureza, qualidade, pagamento, recebimento, manutenção etc.

Tudo isso é feito por meio das **práticas** comerciais. Elas são da essência do mercado. Sem práticas comerciais não existe circulação de dinheiro por meio da aquisição de bens ou serviços, de matérias-primas. As práticas comerciais são necessárias, portanto, para a existência da ordem econômica.

As práticas comerciais são múltiplas e ocorrem em diversos momentos, desde a fase pré-contratual, passando pela contratual, desaguando na fase pós-contratual.

Para que as relações de consumo se formem e subsistam sem vícios, abusos de direito ou irregularidades, o Código de Defesa do Consumidor estabeleceu em seu Capítulo V uma série de regras que vão desde a oferta e a publicidade, passando pelas práticas abusivas, pela cobrança de dívidas, finalizando com o disciplinamento quanto aos bancos de dados e cadastros de consumidores.

Sobre esses temas, nos debruçaremos a seguir.

8.2 Oferta

Em sua acepção geral, a palavra *oferta* é oferecimento, é disponibilizar para compra ou troca, é doação e oferenda.

Nos estreitos limites do CDC, podemos dar ao vocábulo oferta, todos esses significados, dependendo do momento e da forma em que a oferta se manifesta.

Em seu art. 30, o Código cuida assim da oferta:

> Art. 30. Toda informação ou publicidade, suficientemente precisa, veiculada por qualquer forma ou meio de comunicação com relação a produtos e serviços oferecidos ou apresentados, obriga o fornecedor que a fizer veicular ou dela se utilizar e integra o contrato que vier a ser celebrado.

Embora não diga isto expressamente, no artigo transcrito o legislador nos trouxe uma noção do que é oferta e os efeitos que ela terá por força do Código de Defesa do Consumidor.

8.2.1 Informação e publicidade

Informação, no contexto em análise, é a conjugação de dados e conhecimentos organizados, que constituem referências sobre um determinado produto ou serviço, bem como todo o contexto para sua aquisição ou contratação. A informação pode ser prestada de forma geral (genérica, para todos) ou individualizada (a um consumidor determinado).

Jurisprudência – STJ

Jurisprudência em Teses – Edição n° 165. Direito do Consumidor IX.

Tese 3) A ausência de informação relativa ao preço, por si só, não caracteriza publicidade enganosa.

A publicidade, por sua vez, é uma das modalidades de se prestar informação de forma geral, atingindo potencialmente um grande número de consumidores, dependendo apenas do tempo em que for divulgada e dos meios utilizados para sua propagação. Essa informação **especial** busca apresentar ou reforçar uma marca para os consumidores, bem como a adquirir produtos ou serviços a ela vinculados. Mais adiante, abordaremos outras questões envolvendo a prática publicitária.

8.2.2 Princípio da vinculação da oferta

Pelo princípio da vinculação da oferta, adotado pelo art. 30, o Código busca estabelecer um liame obrigacional entre o que foi informado ou anunciado publicitariamente pelo fornecedor, e o que ele efetivamente tem que entregar ao consumidor.

Porém, apesar do emprego do pronome indefinido **toda**, na realidade não é **qualquer** informação ou publicidade aquela capaz de vincular o fornecedor.

Isso se dá em razão de o Código condicionar a informação ou a publicidade ao fato de elas serem **suficientemente precisas**.

Desse modo, para que tenham o condão de possibilitar a exigência de seu cumprimento, é preciso que a informação ou a publicidade tenham uma certa parcela de precisão, que longe de ser exaustiva carece pelo menos de alguma **suficiência**. Ou seja, necessita mencionar alguma condição ou característica de um produto específico, de seu preço, parcelamento do pagamento ou taxa de juros, por exemplo.

Quanto ao instrumento por meio do qual a informação ou a publicidade apresentam a oferta, o Código diz que podem ser considerados "qualquer forma ou meio de comunicação", ampliando o espectro que vai desde uma informação verbal, passando por cartazes, panfletos, anotações ou peças publicitárias veiculadas em rádio, televisão, internet etc.

O CDC menciona a "irrevogabilidade unilateral da oferta", ou seja, a lei obriga o fornecedor que a fizer veicular (a oferta) ou dela se utilizar (faz uso de oferta feita por um terceiro). Com isso, feita a oferta ou utilizada a mesma pelo fornecedor como forma de atrair os consumidores, o fornecedor está obrigado a dar-lhe cumprimento, não lhe sendo facultado revogá-la. A não ser que ele, na própria oferta, tenha estabelecido prazo ("oferta válida até o dia tal"), ou limitação de estoque ("oferta válida para X peças" ou "oferta válida para 100 quilos de batatas"). Essa limitação por número de peças, peso ou volume, faz surgir a possibilidade de os órgãos de defesa do consumidor exigirem a comprovação da quantidade efetivamente comercializada pelo fornecedor até determinado momento para verificação do cumprimento integral da oferta.

8.2.3 Integração da oferta ao contrato

Uma vez veiculada a oferta (desde que de forma **suficientemente precisa**), ela passa a integrar o contrato, como se fosse uma cláusula dele, obrigando o fornecedor ao seu cumprimento.

8.2.4 Erro na oferta

Toda oferta está passível de erro. O fornecedor pretende colocar um preço, mas por uma falha qualquer no processo, o preço divulgado é diferente do preço pretendido.

Nestes casos, é preciso que verifiquemos a boa-fé do fornecedor. Se estamos diante de um erro grosseiro (como o preço de comercialização muito inferior ao preço de custo do produto ou serviço) ou de uma simples "esperteza".

Em se tratando de erro grosseiro, a jurisprudência aponta no sentido da desobrigação de cumprimento da oferta, quebrando a exigência do art. 30 quanto à vinculação do fornecedor.

Jurisprudência – STJ

Jurisprudência em Teses – Edição nº 165. Direito do Consumidor IX.

Tese 2) A depender do caso, o erro grosseiro de carregamento no sistema de preços e a rápida comunicação ao consumidor podem afastar a falha na prestação do serviço e o princípio da vinculação da oferta.

8.2.5 *Puffing*

O *puffing* é uma técnica publicitária que se caracteriza por apresentar um exagero deliberado e facilmente perceptível na oferta, não obrigando o fornecedor ao seu cumprimento.

Há uma bebida energética comercializada mundialmente em grande escala, que usa há muitos anos o *slogan* "... te dá asas" e apresenta animações com pessoas voando.

Obviamente trata-se de *puffing*, de um exagero. Ninguém pode imaginar que bebendo aquele energético sairá voando pela janela. Portanto, o fabricante não se obriga a conferir poderes voadores àqueles que ingerirem a bebida.

8.2.6 Qualidade das informações na oferta e apresentação de produtos ou serviços

Enquanto no art. 30 o Código de Defesa do Consumidor cuida da vinculação da oferta, no art. 31 ele trata da qualidade da oferta e da apresentação dos produtos e serviços:

> Art. 31. A oferta e apresentação de produtos ou serviços devem assegurar informações corretas, claras, precisas, ostensivas e em língua portuguesa sobre suas características, qualidades, quantidade, composição, preço, garantia, prazos de validade e origem, entre outros dados, bem como sobre os riscos que apresentam à saúde e segurança dos consumidores.
>
> Parágrafo único. As informações de que trata este artigo, nos produtos refrigerados oferecidos ao consumidor, serão gravadas de forma indelével.

Já vimos o que é oferta. Mas e o que se entende por apresentação?

A apresentação é a forma como o produto ou o serviço são levados ao consumidor. A embalagem, as instruções, as informações complementares, os folhetos explicativos, os manuais do usuário.

Todas essas peças devem, segundo o Código, "assegurar informações corretas, claras, precisas, ostensivas e em língua portuguesa".

Informação correta é a que não contém erros, é verdadeira e honesta.

A informação clara não permite dupla interpretação, dela se depreende facilmente o que o fornecedor pretendeu dizer, sem possibilidade de confusão para quem vai contratar ou usufruir do produto ou do serviço.

Precisa é a informação perfeita, plena, exata, que não deixa margens a dúvidas ou especulações.

Informação ostensiva é a informação aparente, detectável facilmente pelo consumidor ou qualquer destinatário dela.

Os produtos e serviços comercializados no Brasil precisam ter essas informações anteriormente mencionadas, em língua portuguesa, pois só assim poderá qualquer consumidor alfabetizado do país perceber a correção, clareza ou precisão das mesmas.

O parágrafo único do art. 31 não constava no texto original do CDC e foi acrescentado a ele por força da Lei nº 11.989, no ano de 2009, com a finalidade de obrigar os fornecedores de produtos sujeitos a refrigeração a colocarem informações "gravadas de forma indelével" nas embalagens. Ou seja, informações que não se apaguem facilmente, que durante toda a vida útil do produto o consumidor tenha acesso a elas, sem se preocupar com a possibilidade das informações relevantes se apagarem em razão da exposição ao frio e à umidade excessiva.

8.2.7 Oferta de componentes e peças de reposição

O Código de Defesa do Consumidor trata de um dos aspectos da obsolescência dos produtos no art. 32:

> Art. 32. Os fabricantes e importadores deverão assegurar a oferta de componentes e peças de reposição enquanto não cessar a fabricação ou importação do produto.

Parágrafo único. Cessadas a produção ou importação, a oferta deverá ser mantida por período razoável de tempo, na forma da lei.

A **obsolescência programada** consiste em fazer com que produtos percam sua utilidade ou funcionalidade em um período aproximado e tem por finalidade estimular os consumidores a adquirirem outros produtos, de preferência mais caros e mais modernos, que também em um tempo programado e esperado pelos fornecedores se tornarão obsoletos.

Essa prática não é recente. Para alguns autores ela remonta ao início do século XX ou final do século XIX, quando a industrialização ganhou força. Um dos exemplos mais citados é o das lâmpadas incandescentes, que originariamente poderiam durar anos, tendo a indústria percebido que dessa forma venderiam menos exemplares e desenvolveram filamentos e cúpulas de vidro mais frágeis, de maneira que as lâmpadas "queimassem" ou quebrassem com mais facilidade e fossem trocadas com mais frequência.

O dispositivo em estudo determina que os fabricantes e importadores assegurem que componentes e peças de reposição dos produtos por eles comercializados sejam ofertados ao mercado de consumo enquanto durar a fabricação ou importação dos produtos.

O legislador ainda acrescentou o parágrafo único ao art. 32, para prever a manutenção da oferta de tais componentes e peças "por período razoável de tempo, na forma da lei".

A lei mencionada nesse dispositivo ainda não foi editada, passados mais de 30 anos da promulgação do CDC. Por isso, cabe ao aplicador da norma realizar um exercício de interpretação, valendo-se de várias fontes para estabelecer o que seria um "período razoável", já que esse período pode variar consideravelmente, a depender do produto do qual se trate.

8.2.8 Informações necessárias em casos de oferta ou venda por telefone ou reembolso postal

Preocupado com a possibilidade de o consumidor ou os órgãos de defesa deles terem que contactar os fornecedores em caso de algum problema com os produtos comercializados, o legislador estabeleceu a obrigatoriedade de divulgação de nome e endereço do fabricante deles.

Diz o art. 33:

> Art. 33. Em caso de oferta ou venda por telefone ou reembolso postal, deve constar o nome do fabricante e endereço na embalagem, publicidade e em todos os impressos utilizados na transação comercial.
>
> Parágrafo único. É proibida a publicidade de bens e serviços por telefone, quando a chamada for onerosa ao consumidor que a origina.

Quando da edição do CDC não se falava em vendas pela rede mundial de computadores, mas em uma interpretação principiológica, a mesma obrigação vigora para quem fornece produtos *on-line*. Atualmente, há previsão expressa nesse sentido, no Decreto nº 7.962, de 15 de março de 2013, que regula o comércio eletrônico no país.

O parágrafo único do artigo em estudo foi incluído pela Lei nº 11.800, de 2008, em razão de inúmeros abusos que à época ocorriam no Brasil, uma vez que algumas empresas veiculavam publicidades com a finalidade de fazer com que os consumidores telefonassem para as mesmas, às suas próprias custas, e permanecessem vários minutos ou mesmo horas aguardando para serem efetivamente atendidos, enquanto tais fornecedores, por acordos celebrados com as empresas de telefonia, recebiam parte dos valores pagos pelos consumidores.

8.2.9 Responsabilidade solidária por atos dos prepostos

Com a finalidade de não permitir que os fornecedores lançassem mão do artifício de responsabilizar seus empregados e demais prepostos por eventuais danos causados aos consumidores, o CDC prevê a responsabilidade solidária entre eles no art. 34, que tem a seguinte redação: "Art. 34. O fornecedor do produto ou serviço é solidariamente responsável pelos atos de seus prepostos ou representantes autônomos".

O disposto na lei consumerista encontra eco no Código Civil de 2002, que trata do tema no dispositivo transcrito a seguir:

> Art. 932. São também responsáveis pela reparação civil:
>
> (...)
>
> III - o empregador ou comitente, por seus empregados, serviçais e prepostos, no exercício do trabalho que lhes competir, ou em razão dele;
>
> (...).

A responsabilidade civil tratada no art. 34 do CDC é denominada doutrinariamente como **responsabilidade solidária por pressuposição**, isto porque **pressupõe-se** que um preposto não agiria sem a prévia anuência ou autorização (ainda que geral ou genérica) de seu empregador, devendo este arcar com as consequências da outorga, ainda que estejamos falando de representantes autônomos, por saber-se que a autonomia concedida a tais agentes de mercado não é total, incontrolada ou incontrolável.

8.2.10 Não cumprimento da oferta

Levando em conta que a informação e a publicidade, veiculadas nos termos do art. 30 (anteriormente comentado), integram o contrato que vier a ser celebrado, o Código criou um instrumento para a efetivação desse ditame. Trata-se do art. 35, que transcrevemos:

> Art. 35. Se o fornecedor de produtos ou serviços recusar cumprimento à oferta, apresentação ou publicidade, o consumidor poderá, alternativamente e à sua livre escolha:
>
> I - exigir o cumprimento forçado da obrigação, nos termos da oferta, apresentação ou publicidade;
>
> II - aceitar outro produto ou prestação de serviço equivalente;
>
> III - rescindir o contrato, com direito à restituição de quantia eventualmente antecipada, monetariamente atualizada, e a perdas e danos.

Dessa forma, caso o fornecedor se recuse a cumprir a oferta, apresentação ou publicidade, a lei confere ao consumidor a possibilidade de escolher uma das três hipóteses para concretizar a vontade do legislador.

Poderá o consumidor exigir que o fornecedor cumpra a oferta, apresentação ou publicidade nos termos em que elas foram feitas. Neste caso, o fornecedor entregaria o produto ou prestaria o serviço na forma originariamente prometida, qualquer que tenha sido o instrumento mediante o qual foi feita a promessa.

Uma outra possibilidade que a lei coloca para escolha do consumidor é a aceitação de produto ou serviço equivalente ao que lhe fora prometido originariamente. Na falta do produto ou serviço que gerou a oferta, apresentação ou publicidade, poderá o consumidor optar por um outro, equivalente em preço, qualidade e condições. Nesta situação, poderá se falar em eventual diferença de preço a ser arcada pelo consumidor (caso ele opte por esta hipótese) se o produto ou o serviço oferecido em substituição do outro tenha preço ou custo superior.

Por fim, a terceira opção colocada para escolha do consumidor é a rescisão do contrato na hipótese de este já haver sido celebrado. Tendo ocorrido a antecipação de alguma quantia, esta será devolvida devidamente corrigida monetariamente. Também será cabível a exigência de eventuais perdas e danos.

Jurisprudência – STJ

Súmula nº 543: Na hipótese de resolução de contrato de promessa de compra e venda de imóvel submetido ao Código de Defesa do Consumidor, deve ocorrer a imediata restituição das parcelas pagas pelo promitente comprador – integralmente, em caso de culpa exclusiva do promitente vendedor/construtor, ou parcialmente, caso tenha sido o comprador quem deu causa ao desfazimento.

Jurisprudência em Teses – Edição nº 163. Direito do Consumidor VII.

Tese 2) Na hipótese de resolução de contrato de promessa de compra e venda de imóvel submetido ao Código de Defesa do Consumidor, deve ocorrer a imediata restituição das parcelas pagas pelo promitente comprador – integralmente, em caso de culpa exclusiva do promitente vendedor/construtor, ou parcialmente, caso tenha sido o comprador quem deu causa ao desfazimento (Súmula nº 543/STJ).

8.3 Publicidade no Código de Defesa do Consumidor

8.3.1 Publicidade *versus* propaganda

Antes de iniciarmos o nosso estudo, é importante que façamos a distinção entre **propaganda** e **publicidade** que, embora sendo coisas distintas, têm recebido tratamento similar quer pela doutrina, quer pela legislação, em um reflexo do que ocorre comumente pelo público leigo.

Propaganda é a divulgação de princípios e teorias, com a finalidade de provocar atitudes ou modificar opiniões em terceiros.

Podemos definir publicidade como uma atividade que tem por objetivo criar na mente dos consumidores em potencial uma imagem positiva do produto e a vontade de adquiri-lo.

Então, tecnicamente, há diferenças entre propaganda e publicidade. Tanto é assim que o CDC tratou de aspectos da publicidade e não da propaganda, embora em três dispositivos o Código mencione a "contrapropaganda" (art. 56, inciso XII, e art. 60, *caput* e § 1º). Sobre a contrapropaganda falaremos mais adiante.

8.3.2 Princípios norteadores da publicidade, de acordo com o CDC

Sendo o Código de Defesa do Consumidor uma **lei principiológica**, ele está permeado por princípios que devem orientar o seu intérprete ou seu aplicador. A presença de princípios também se dá quando o Código trata da publicidade. Precisamos conhecê-los, pois, na falta de dispositivo expresso, deveremos recorrer a eles. E, mesmo havendo disposição expressa em lei, esta deverá ser interpretada sempre considerando-se os princípios que norteiam o CDC.

8.3.2.1 *Princípio da boa-fé*

O princípio da boa-fé objetiva está contemplado em todo o Código e, em se tratando de publicidade, não poderia ser diferente. Assim, devem prevalecer nas mensagens publicitárias o respeito e a lealdade com relação ao consumidor.

O dispositivo que expressa bem o princípio mencionado é o art. 36, tanto no *caput* quanto no seu parágrafo único:

> Art. 36. A publicidade deve ser veiculada de tal forma que o consumidor, fácil e imediatamente, a identifique como tal.
>
> Parágrafo único. O fornecedor, na publicidade de seus produtos ou serviços, manterá, em seu poder, para informação dos legítimos interessados, os dados fáticos, técnicos e científicos que dão sustentação à mensagem.

A mensagem publicitária deve ser apresentada como tal, ou seja, como um instrumento para vender um produto ou serviço. O fornecedor não pode agir com o intuito de enganar o consumidor para que ele pense estar diante de uma informação técnica isenta, por exemplo, quando na realidade está sendo alvo de uma publicidade travestida de informação técnica que não pretende difundir a ciência, mas gerar nele a vontade ou iniciativa de adquirir determinado produto ou contratar certo serviço.

Além de apresentar a publicidade sem subterfúgios, permitindo que o consumidor a perceba como instrumento para vender, de pronto (**fácil e imediatamente a identifique como tal**), o fornecedor precisa manter em seu poder "os dados fáticos, técnicos e científicos que dão sustentação à mensagem", para apresentá-los **aos legítimos interessados**.

Quem seriam esses legítimos interessados? Estes podem ser os órgãos de defesa do consumidor, o Ministério Público, o Poder Judiciário ou um consumidor que se sentiu lesado e provocou algum desses órgãos para ter amparado seu direito.

8.3.2.2 Princípio da transparência

Ser transparente é ser claro, cristalino, puro.

O princípio da transparência está muito ligado à boa-fé e por isso também se faz presente no *caput* do art. 36 anteriormente transcrito.

Um outro ponto do CDC que reflete bem o princípio em análise é o *caput* do art. 31, segundo o qual deve ser dado conhecimento dos direitos e das obrigações do consumidor e do fornecedor, bem como das qualidades e limitações do produto ou serviço que foi ofertado.

8.3.2.3 Princípio da identificação da publicidade

A publicidade deve ser facilmente identificável como tal.

Uma vez mais, chamamos a atenção para o disposto no *caput* do art. 36 do CDC: "Art. 36. A publicidade deve ser veiculada de tal forma que o consumidor, fácil e imediatamente, a identifique como tal".

O *merchandising* é a inserção de produtos, marcas ou serviços em contextos distintos das peças publicitárias (como filmes, novelas, séries de televisão etc.), com atores ou figurantes interagindo (ou não) com tais elementos. O consumidor consegue perceber perfeitamente que naquela cena há a presença de uma forma de publicidade (um "anúncio").

A publicidade subliminar é bem mais sutil e consiste na inserção de mensagens de caráter publicitário, fora do seu elemento próprio, sem que o consumidor tenha consciência de que está sendo exposto a uma prática publicitária. Embora alguns questionem sua eficácia, já foi muito utilizada desde meados do século XX e, talvez, continue a ser empregada **sublimi-**

narmente nos dias atuais. Era muito comum, por exemplo, que atores aparecessem nos filmes fumando, mostrando o tabagismo como um hábito comum e até certo ponto glamuroso. Tudo por força de contratos celebrados entre a indústria cinematográfica e os produtores dos filmes.

Aceita-se o *merchandising*, mas condena-se a publicidade subliminar, pois esta, além de ofender o princípio da identificação da publicidade, viola os princípios da boa-fé e da transparência.

8.3.2.4 Princípio da vinculação da oferta

O fornecedor está obrigado a cumprir com exatidão os termos da manifestação por ele feita com a finalidade de promover a venda de produtos e serviços (art. 30, CDC).

Este princípio está ligado aos princípios da boa-fé objetiva e da transparência, podendo ser considerado para qualquer forma ou modalidade de oferta, inclusive a de natureza publicitária.

Portanto, o que foi apresentado como verdade na publicidade, seja preço, características, qualidade, natureza do produto ou serviço, obriga o fornecedor. Terá ele, pois, que vender o produto pelo preço anunciado, com a qualidade anunciada, com as características apresentadas, sob pena de se submeter ao que dispõe o art. 35 e seus incisos (analisados anteriormente).

8.3.2.5 Princípio da isonomia

Com o reconhecimento da vulnerabilidade do consumidor e para se assegurar a diminuição da desigualdade, o Código de Defesa do Consumidor prevê que as regras da relação de consumo sejam interpretadas da forma mais benéfica para o consumidor.

Na publicidade ocorre a incidência desse princípio caso a mensagem publicitária gere alguma dúvida quanto ao seu alcance e/ou vantagem para o consumidor. Diante de uma hipótese como essa, deverá ser dada a interpretação que mais favoreça o consumidor, desde que esta não seja totalmente nociva ao fornecedor, gerando uma desvantagem excessiva contra este.

8.3.3 Publicidade enganosa

O Código de Defesa do Consumidor, após afirmar que toda publicidade enganosa é proibida (art. 37, *caput*), a define como:

> qualquer modalidade de informação ou comunicação de caráter publicitário, inteira ou parcialmente falsa, ou, por qualquer outro modo, mesmo por omissão, capaz de induzir em erro o consumidor a respeito da natureza, características, qualidade, quantidade, propriedades, origem, preço e quaisquer outros dados sobre produtos e serviços (art. 37, § 1º).

Para a caracterização da publicidade como enganosa não importa se houve ou não má-fé do fornecedor. Tal fato só irá refletir na apuração do crime previsto no art. 67 do Código.

A publicidade pode ser também considerada enganosa por omissão.

Ela será assim caracterizada **quando deixar de informar sobre dado essencial do produto ou serviço** (art. 37, § 3º). Por exemplo, quando deixa de informar que determinado aparelho telefônico só funciona em determinadas operadoras, ou que certo aparelho eletrônico tem voltagem limitada a 120 volts, não podendo ser utilizado em regiões com fornecimento de energia a 220 volts sem o auxílio de um transformador.

Cabe a quem patrocina a informação ou comunicação publicitária o ônus da prova da veracidade destas (art. 38, CDC). Por tal dispositivo, o fornecedor está obrigado a manter em seu poder, devidamente organizados, **dados fáticos, técnicos e científicos que dão base à publicidade**, sob pena de incorrer no crime previsto no art. 69 do Código de Defesa do Consumidor. A falta de organização desses dados fáticos, técnicos e científicos que são apresentados na publicidade é punida com detenção de um a seis meses ou multa (art. 69, CDC).

O comentado art. 38 apresenta mais uma situação de inversão do ônus da prova em virtude da lei. Independentemente da vontade ou decisão do julgador, o legislador já previu que compete ao fornecedor provar que aquilo dito na sua mensagem publicitária corresponde à verdade.

Também constitui crime, apenado com detenção de dois a cinco anos ou multa, "induzir o consumidor ou usuário a erro, por via de indicação ou afirmação falsa ou enganosa sobre a **natureza, qualidade do bem ou serviço, utilizando-se de qualquer meio, inclusive a veiculação ou divulgação publicitária**" (art. 7º, VII, da Lei nº 8.137/1990 – grifos nossos). Mais à frente, quando tratarmos dos crimes contra as relações de consumo, abordaremos com mais profundidade estes aspectos criminais da publicidade.

Jurisprudência – STJ

Jurisprudência em Teses – Edição nº 74. Direito do Consumidor III.

Tese 18) É solidária a responsabilidade entre aqueles que veiculam publicidade enganosa e os que dela se aproveitam na comercialização de seu produto ou serviço.

8.3.4 Publicidade abusiva

A publicidade abusiva é igualmente proibida no *caput* do art. 37 e é definida pelo CDC como aquela que, entre outras, é "discriminatória de qualquer natureza, a que incite à violência, explore o medo ou a superstição, se aproveite da deficiência de julgamento e experiência da criança, desrespeita valores ambientais, ou que seja capaz de induzir o consumidor a se comportar de forma prejudicial ou perigosa à sua saúde ou segurança" (art. 37, § 2°, CDC).

Quanto à discriminação, exige-se que ela seja depreciativa. O simples fato de colocar, por exemplo, pessoas de diversas etnias em uma peça publicitária não caracterizaria a abusividade.

Observe-se que com a inclusão da expressão **entre outras**, o Código deixou margem para que no rol de publicidades abusivas se possa incluir outras modalidades que não tenham sido contempladas expressamente pelo legislador.

Jurisprudência – STJ

Jurisprudência em Teses – Edição n° 165. Direito do Consumidor IX.

Tese 5) É abusiva a publicidade de alimentos direcionada, de forma explícita ou implícita, ao público infantil.

O Código considera crime a publicidade feita ou promovida quando se sabe ou se deveria saber que ela é enganosa ou abusiva (art. 67). A pena é de três meses a um ano de detenção e multa.

A pena de detenção de seis meses a dois anos e multa é cominada àquele que faz ou promove publicidade que sabe ou deveria saber ser capaz de induzir o consumidor a se comportar de forma prejudicial ou perigosa à sua saúde ou segurança (art. 68, CDC).

Entendemos que a responsabilidade solidária dos fornecedores quanto à publicidade enganosa, reconhecida pelo STJ na Tese 18, na Edição n° 74 – Direito do Consumidor III, anteriormente apontada, pode e deve ser reconhecida também nos casos de publicidade abusiva, pois não há nada que justifique sua não incidência em situações de abusividade, já que houve reconhecimento para casos de enganosidade.

Jurisprudência – STJ

Jurisprudência em Teses – Edição n° 165. Direito do Consumidor IX.

Tese 6) Constitui prática comercial abusiva e propaganda enganosa o lançamento de dois modelos diferentes para o mesmo automóvel, no mesmo ano, ambos anunciados como novo modelo para o próximo ano.

8.4 Práticas abusivas

Práticas comerciais abusivas são os atos do fornecimento ou aqueles ocorridos em razão deles, realizados irregularmente por empresas com abuso de direito do fornecedor, violação ao direito do consumidor ou infração à lei, desde que dentro dos limites da relação de consumo.

A proteção contra práticas abusivas é direito básico do consumidor, consagrado pelo inciso IV do art. 6°, do CDC.

O Código proíbe o fornecedor de produtos ou serviços de executar uma série de práticas. A lei consumerista apresenta em seu art. 39 um rol de práticas abusivas proibidas por serem consideradas abusivas. No entanto, o rol apresentado na lei não é fechado, ou seja, outras práticas, ainda que não previstas expressamente no Código como tais, poderão ser assim consideradas, quer por decisão judicial, quer por decisões administrativas dos órgãos de defesa do consumidor.

Assim sendo, constituem práticas abusivas, entre outras (art. 39 do CDC):

> I – condicionar o fornecimento de produto ou de serviço ao fornecimento de outro produto ou serviço, bem como, sem justa causa, a limites quantitativos;

O condicionamento do fornecimento de um produto ou serviço ao fornecimento de outro constitui o que se convencionou chamar de venda casada. É como se o fornecedor dissesse que só vende o produto A caso o consumidor adquira também o produto B ou contrate o serviço C, em uma clara vantagem para o fornecedor.

A venda casada e o arbitramento de quantidade eram considerados crimes contra a ordem econômica, punidos com pena de dois a cinco anos de detenção ou multa pela antiga redação do art. 5º, inciso II, da Lei nº 8.137/1990, até esse artigo ser inteiramente revogado pela Lei nº 12.529, de 2011.

Jurisprudência – STJ

Súmula nº 473: O mutuário do SFH não pode ser compelido a contratar o seguro habitacional obrigatório com a instituição financeira mutuante ou com a seguradora por ela indicada.

Jurisprudência em Teses – Edição nº 74. Direito do Consumidor III.

Tese 9) Considera-se abusiva a prática de limitar a liberdade de escolha do consumidor vinculando a compra de produto ou serviço à aquisição concomitante de outro produto ou serviço de natureza distinta e comercializado em separado, hipótese em que se configura a venda casada.

> II – recusar atendimento às demandas dos consumidores, na exata medida de suas disponibilidades de estoque, e, ainda, de conformidade com os usos e costumes;

Se o fornecedor tem nas prateleiras ou nos depósitos produtos a serem comercializados, ele não pode se negar a vendê-los. Esta é a regra básica.

O dispositivo em análise é frequentemente violado por fornecedores que colocam produtos em promoção e limitam as quantidades a serem adquiridas pelos consumidores, de modo a manter a "atração" nas lojas por mais tempo. Tal conduta é vedada e deve ser combatida sempre pelos órgãos de defesa do consumidor.

Quanto aos limites quantitativos, em alguns casos admite-se sua imposição, desde que se informe aos órgãos de defesa do consumidor os motivos.

Por exemplo, em uma situação de calamidade pública causada por inundação, falta de energia por período prolongado ou pandemia, pode haver limitação de aquisição de alguns itens pelos consumidores.

Jamais pode-se considerar aceitável a limitação em razão de promoção, uma vez que esta beneficia muito mais o fornecedor do que o consumidor.

Outra alegação dos fornecedores para se negarem a vender maior quantidade de determinado item a um consumidor é que "não são atacadistas", por isso limitam o número de unidades que podem ser compradas. No entanto, esta mesma limitação não existe por parte deles quando os produtos não estão com preços promocionais, o que lança por terra essa frágil argumentação.

Esta prática é apenada com detenção de dois a cinco anos ou multa, pelo art. 7º, inciso VI, da Lei nº 8.137/1990, que diz que é crime contra as relações de consumo "sonegar insumos ou bens, recusando-se a vendê-los a quem pretenda comprá-los nas condições publicamente ofertadas, ou retê-los para o fim de especulação".

> III – enviar ou entregar ao consumidor, sem solicitação prévia, qualquer produto, ou fornecer qualquer serviço;

O fornecedor só pode entregar produtos ou serviços previamente solicitados pelo consumidor. Caso seja feita entrega ou prestação sem solicitação ou além do pactuado, há prática abusiva.

Observemos o que diz o parágrafo único do art. 39:

> Art. 39. (...)
>
> Parágrafo único. Os serviços prestados e os produtos remetidos ou entregues ao consumidor, na hipótese prevista no inciso III, equiparam-se às amostras grátis, inexistindo obrigação de pagamento.

Nesta situação, os produtos ou serviços são equiparados a amostra grátis, inexistindo obrigação de pagamento. Caso o fornecedor entregue um bem ou preste um serviço não solicitados pelo consumidor, este não está obrigado a pagar por ele. Essa prática (abusiva) do fornecedor não pode representar um ônus para o consumidor.

Imaginemos o caso de um dono de lava-jato. O consumidor deixa o carro para fazer uma lavagem simples, com aspiração, ao preço previamente pactuado de 50 reais. Ao retornar para pegar o veículo, o consumidor é informado que além do serviço contratado fora aplicado no veículo um polimento com cera, o que representaria mais 40 reais na conta final. Tal serviço configura prática abusiva (inciso III do art. 39 do CDC) e não pode ser cobrado (parágrafo único do mesmo art. 39) porque não foi previamente pactuado com o consumidor.

Jurisprudência – STJ

Súmula n° 532: Constitui prática comercial abusiva o envio de cartão de crédito sem prévia e expressa solicitação do consumidor, configurando-se ato ilícito indenizável e sujeito à aplicação de multa administrativa.

Jurisprudência em Teses – Edição n° 74. Direito do Consumidor III.

Tese 4) Constitui prática comercial abusiva o envio de cartão de crédito sem prévia e expressa solicitação do consumidor, configurando-se ato ilícito indenizável e sujeito à aplicação de multa administrativa (Súmula n° 532/STJ).

> IV – prevalecer-se da fraqueza ou ignorância do consumidor, tendo em vista sua idade, saúde, conhecimento ou condição social, para impingir-lhe seus produtos ou serviços;

Sabemos que todos os consumidores são vulneráveis. No entanto, alguns apresentam níveis de vulnerabilidade mais elevados. É o caso das pessoas idosas, crianças, dos enfermos, de pessoas com nível de escolaridade mais baixo em alguns casos e cidadãos de baixa renda, por exemplo.

Pessoas em tais situações podem ser ou estar mais suscetíveis a sofrer as investidas abusivas de fornecedores inescrupulosos que podem querer impingir-lhes produtos ou serviços sem que elas tenham plena noção ou consciência do que estão contratando ou adquirindo.

O fornecedor que se prevalece dessa condição de vulnerabilidade acentuada (hipervulnerabilidade) do consumidor incorre em prática abusiva.

> V – exigir do consumidor vantagem manifestamente excessiva;

É direito básico do consumidor a igualdade nas contratações (art. 6°, II).

O equilíbrio das relações de consumo é princípio norteador desse tipo de relação.

Romper esse equilíbrio, impondo ao consumidor uma situação que o coloca em grande desvantagem, constitui prática abusiva.

A crítica que se faz a esse dispositivo diz respeito à amplitude de interpretação que enseja a expressão "vantagem manifestamente excessiva".

Embora o Código não tenha definido o que seja uma vantagem desse tipo, para fins de caracterização de uma prática como abusiva, o legislador cuidou do tema ao tratar das cláusulas contratuais abusivas, de modo a permitir-nos a análise de uma prática comercial observando as limitações impostas aos contratos, sob o ponto de vista do possível excesso.

Dispõe o § 1° do art. 51 do CDC:

> § 1° Presume-se exagerada, entre outros casos, a vantagem que:
>
> I – ofende os princípios fundamentais do sistema jurídico a que pertence;

II - restringe direitos ou obrigações fundamentais inerentes à natureza do contrato, de tal modo a ameaçar seu objeto ou equilíbrio contratual;

III - se mostra excessivamente onerosa para o consumidor, considerando-se a natureza e conteúdo do contrato, o interesse das partes e outras circunstâncias peculiares ao caso.

Por outro lado, este inciso V do art. 39 do CDC muitas vezes serve como um **coringa**, sob o qual podem ser colocadas diversas situações não contempladas expressamente nos outros incisos do referido artigo ou em qualquer outro dispositivo do Código ou da legislação aplicável.

Diante de alguma abusividade, o aplicador deve sempre ter em mente a possibilidade de incidência do inciso em estudo.

Jurisprudência – STJ

Jurisprudência em Teses – Edição n° 164. Direito do Consumidor VIII.

Tese 5) É abusiva a prática comercial consistente no cancelamento unilateral e automático de um dos trechos da passagem aérea, em virtude da não apresentação do passageiro para embarque no voo antecedente (no *show*), configurando dano moral.

VI - executar serviços sem a prévia elaboração de orçamento e autorização expressa do consumidor, ressalvadas as decorrentes de práticas anteriores entre as partes;

Para fins deste inciso VI, o orçamento consiste em uma avaliação ou em um cálculo (exato ou aproximado) do custo de um serviço que será prestado ao consumidor.

A regra é que todo serviço seja precedido de um orçamento, para que o consumidor não seja surpreendido pelo seu preço final.

O Código de Defesa do Consumidor considera prática abusiva a realização de serviços sem o fornecimento prévio de um orçamento ao consumidor, e sem a aprovação deste quanto ao serviço a ser realizado e ao preço que será cobrado.

No entanto, a lei consumerista ressalva as hipóteses em que fornecedor e consumidor, por já se relacionarem anteriormente, mantêm relação de confiança que dispensaria o fornecimento e a aprovação prévia de orçamentos.

Vale ressaltar que não há proibição de se cobrar pela elaboração de orçamento, desde que se dê conhecimento prévio ao consumidor dessa cobrança.

> VII – repassar informação depreciativa, referente a ato praticado pelo consumidor no exercício de seus direitos;

A informação depreciativa de que trata o dispositivo não é a negativação do nome do consumidor no cadastro de bons pagadores (SPC e SERASA, por exemplo), mas a referência a atos que sejam vistos como desabonadores por parte dele, consumidor (verídicas ou não).

Inclui-se, neste caso, a informação de que o consumidor ingressou com reclamação contra o fornecedor em algum órgão de defesa do consumidor ou propôs ação judicial contra a empresa para fazer valer um direito que ele tinha ou acreditava ter.

Nestes casos, cabe, inclusive, ação de reparação por danos morais.

> VIII – colocar, no mercado de consumo, qualquer produto ou serviço em desacordo com as normas expedidas pelos órgãos oficiais competentes ou, se normas específicas não existirem, pela Associação Brasileira de Normas Técnicas ou outra entidade credenciada pelo

> Conselho Nacional de Metrologia, Normalização e Qualidade Industrial (Conmetro);

Dessa forma, a abusividade reside na comercialização de produtos ou serviços que não sigam as normas técnicas aplicáveis. Essas normas estão ligadas sobretudo à qualidade e segurança de produtos e serviços agindo aqui o CDC, mais uma vez, na defesa de um dos direitos básicos do consumidor expressos nos incisos I e VI do art. 6º do Código.

Vale ressaltar que "vender ou expor à venda mercadoria em desacordo com as prescrições legais ou que não corresponda à respectiva classificação oficial constitui" crime contra as relações de consumo punível com detenção de dois a cinco anos ou multa, em conformidade com o disposto no art. 7º, inciso II, da Lei nº 8.137/1990.

> IX – recusar a venda de bens ou a prestação de serviços, diretamente a quem se disponha a adquiri-los mediante pronto pagamento, ressalvados os casos de intermediação regulados em leis especiais;

O dispositivo busca combater a discriminação de uns consumidores em detrimento de outros.

O uso de dinheiro em espécie ou de cartão de débito são considerados **pronto pagamento**.

O cartão de crédito, em razão de prever o prazo de até 45 dias para que os valores da compra sejam creditados na conta do fornecedor, não pode ser considerado um meio de **pronto pagamento**.

É importante ressaltar ainda que o pagamento por meio de cheque tampouco é entendido como **pronto pagamento**, uma vez que demanda a compensação do cheque que, em alguns casos, pode levar vários dias.

Outro aspecto que merece lembrança é que nenhum fornecedor está obrigado a receber cheques, embora deva ele informar isto de forma clara em seu estabelecimento.

A prática de "sonegar insumos ou bens, recusando-se a vendê-los a quem pretenda comprá-los nas condições publicamente ofertadas, ou retê-los para o fim de especulação" constitui o crime previsto no inciso VI do art. 7º da Lei nº 8.137/1990, punível com dois a cinco anos de detenção ou multa.

■ **Pagamento com cartão de crédito**
Por muitos anos houve no país um debate sobre a possibilidade ou não de ser praticado preço diferenciado para compras pagas com dinheiro em espécie e com cartão de crédito. Esse impasse durou desde a edição do CDC em 1990, até 26 de junho de 2017, data da promulgação da Lei nº 13.455, que resolveu a questão.

Por essa lei, "fica autorizada a diferenciação de preços de bens e serviços oferecidos ao público em função do prazo ou do instrumento de pagamento utilizado" (art. 1º, *caput*), não cabendo mais a declaração de abusividade no caso de serem praticados preços diferentes para pagamento com cartão de crédito ou dinheiro.

> X – elevar sem justa causa o preço de produtos ou serviços;

Uma dúvida frequente quanto à aplicação deste dispositivo diz respeito à "lei da oferta e da procura".

O fato de um produto ou serviço ser mais procurado em determinado momento torna lícita (não abusiva) a elevação do seu preço?

Depende. Há aspectos como a sazonalidade, muito presente nos serviços turísticos e na produção agrícola, que naturalmente geram uma procura maior do que a oferta em determinadas épocas do ano. Nestas situações, é perfeitamente aceitável a majoração dos preços de produtos e serviços.

No entanto, pode ocorrer de algum fornecedor querer se valer de uma tragédia, um acidente, um fenômeno natural ou uma pandemia para impingir preços absurdamente elevados para os consumidores, constituindo-se, dessa forma, abusividade.

Uma indagação que deve ser feita ao se analisar uma possível abusividade decorrente de aumento de preços é se houve aumento do produto não só pelo comerciante, mas pelo fabricante também. Porque o comerciante pode apenas estar repassando um aumento que o produto teve na fábrica. Igualmente importante é indagar-se se houve aumento de matéria-prima que justificasse o aumento na fábrica.

Enfim, o mais relevante nessa questão é a comprovação ou não de que houve aumento na margem de lucro daquele que está comercializando o produto e se esse aumento de margem foi abusivo, porque o simples preço nominal não é suficiente para que se considere a prática abusiva.

Elevar o preço de produtos ou serviços valendo-se de posição dominante no mercado era considerado crime contra a ordem econômica, punido com pena de dois a cinco anos de detenção ou multa pela antiga redação do art. 4º, inciso VII, da Lei nº 8.137/1990, até esse artigo ser inteiramente revogado pela Lei nº 12.529, de 2011.

Jurisprudência – STJ

Jurisprudência em Teses – Edição nº 164. Direito do Consumidor VIII.

Tese 10) É válida a intermediação, pela internet, da venda de ingressos para eventos culturais e de entretenimento mediante cobrança de "taxa de conveniência", desde que o consumidor seja previamente informado do preço total da aquisição do ingresso, com o destaque do valor da referida taxa.

(...)

XII – deixar de estipular prazo para o cumprimento de sua obrigação ou deixar a fixação de seu termo inicial a seu exclusivo critério;

Saber o dia em que irá receber um produto recém-adquirido, a data de devolução de um equipamento deixado para conserto em uma assistência técnica ou quando será realizado o serviço de dedetização em sua casa são direitos do consumidor, ligados ao direito básico à informação e afetos ao princípio do equilíbrio nas relações de consumo.

É inadmissível que o fornecedor não fixe um prazo para que ele cumpra com sua obrigação perante o consumidor, incorrendo em prática abusiva caso isto ocorra.

XIII – aplicar fórmula ou índice de reajuste diverso do legal ou contratualmente estabelecido;

Não podemos ignorar que o Brasil passava por graves problemas econômicos quando da elaboração e edição do Código de Defesa do Consumidor, com uma hiperinflação instalada havia muito tempo, que provocava profundas distorções nas relações de consumo, além, obviamente, de vários outros transtornos na vida dos consumidores.

Ao tratar de limitações ao reajuste de preços, o Código estava dando eco à legislação que criava tabelamento e congelamento de preços.

Além disso, busca a lei consumerista evitar abusos que ainda hoje podem ocorrer contra os consumidores.

Aplicar fórmula de reajustamento de preços ou indexação de contrato proibida ou diversa daquela que for legalmente estabelecida, ou fixada por autoridade competente era considerado crime contra a ordem econômica, punido com pena de um a quatro anos de detenção ou multa pela antiga redação do art. 6º, inciso VII, da Lei nº 8.137/1990, até esse artigo ser inteiramente revogado pela Lei nº 12.529, de 2011.

> XIV – permitir o ingresso em estabelecimentos comerciais ou de serviços de um número maior de consumidores que o fixado pela autoridade administrativa como máximo.

Este inciso foi inserido no Código pela Lei nº 13.425, de 2017, editada na esteira da tragédia causada pelo incêndio na Boate Kiss, ocorrido em Santa Maria, Estado do Rio Grande do Sul na madrugada de 27 de janeiro de 2013, que matou duzentas e quarenta e duas pessoas e feriu outras seiscentos e oitenta. Diversos fatores concorreram para a tragédia, sendo um deles o excesso de pessoas no interior do estabelecimento, superando muito a capacidade dele.

Assim como o acréscimo do inciso ora apresentado, a mencionada tragédia ocasionou a revisão da legislação de prevenção e combate a incêndios, tendo a lei federal anteriormente mencionada estabelecido diretrizes gerais e ações complementares sobre prevenção e combate a incêndio e a desastres em estabelecimentos, edificações e áreas de reunião de público. Essa lei prevê a afixação em local de grande visibilidade no interior do estabelecimento de placas informando a capacidade máxima do local, de modo a auxiliar o público consumidor a perceber uma possível superlotação.

8.5 Orçamento para realização de serviços

Vimos anteriormente, ao comentarmos o inciso VI do art. 39, que executar serviço sem a prévia elaboração de orçamento e aprovação do consumidor constitui prática abusiva.

Ainda sobre orçamento, o Código de Defesa do Consumidor dispõe:

> Art. 40. O fornecedor de serviço será obrigado a entregar ao consumidor orçamento prévio discriminando o valor da mão de obra, dos materiais e equipamentos a serem empregados, as condições de pagamento, bem como as datas de início e término dos serviços.
>
> § 1º Salvo estipulação em contrário, o valor orçado terá validade pelo prazo de dez dias, contado de seu recebimento pelo consumidor.
>
> § 2º Uma vez aprovado pelo consumidor, o orçamento obriga os contraentes e somente pode ser alterado mediante livre negociação das partes.
>
> § 3º O consumidor não responde por quaisquer ônus ou acréscimos decorrentes da contratação de serviços de terceiros não previstos no orçamento prévio.

O *caput* do art. 40 estabelece os requisitos mínimos de um orçamento, que são:

- valor da mão de obra;
- valor dos materiais que serão empregados;
- valor dos equipamentos (que porventura sejam colocados ou trocados);
- as condições de pagamento (valor à vista, valor parcelado, forma de parcelamento, eventuais taxas de juros etc.);

- data do início dos serviços;
- data do término dos serviços.

No § 1º do art. 40 o CDC estabelece que o prazo de validade do orçamento será de dez dias, caso o fornecedor não estabeleça, de forma expressa, um prazo diferente. A contagem do prazo se inicia com o recebimento do orçamento por parte do consumidor.

Caso o consumidor aprove o orçamento, este obrigará as partes, tanto o fornecedor (preço, prazo e serviços a serem efetuados) quanto o consumidor (forma de pagamento), é o que dispõe o § 2º do art. 40. O mesmo dispositivo acrescenta que qualquer alteração no que ficou expresso no orçamento somente poderá ser feita "mediante livre negociação das partes".

Por vezes um prestador de serviços necessita da intervenção de um outro prestador, para levar a bom termo o que fora pactuado com o consumidor.

Exemplo disso é a oficina de lanternagem e pintura de automóveis que não trabalha com a parte elétrica dos veículos e precisa da intervenção de um eletricista automotivo para efetuar a desmontagem e a remontagem do painel de instrumentos de um carro.

O valor da mão de obra desse terceiro interveniente na relação de consumo deve estar previsto no orçamento entregue pelo prestador de serviço, sob pena de não poder ser cobrado do consumidor, conforme estipulado no § 3º do art. 40 em estudo.

8.6 Controle ou tabelamento de preços

O Estado pode intervir na economia de diversas formas. O art. 41 do Código dá mostras disso quando afirma:

Art. 41. No caso de fornecimento de produtos ou de serviços sujeitos ao regime de controle ou de tabelamento de preços, os fornecedores deverão respeitar os limites oficiais sob pena de não o fazendo, responderem pela restituição da quantia recebida em excesso, monetariamente atualizada, podendo o consumidor exigir à sua escolha, o desfazimento do negócio, sem prejuízo de outras sanções cabíveis.

Uma das formas é o controle de preços. Por meio desse mecanismo, o Poder Público fixa margens mínimas e/ou máximas para valores de produtos ou de serviços por determinado período, podendo rever tais valores oportunamente.

Uma outra forma de intervenção é o tabelamento, que é uma medida mais restritiva do que o controle de preços. Pelo tabelamento, fica estabelecido o preço a ser cobrado pelo fornecedor, não podendo sair dessa tabela, sob pena de sofrer punição de natureza administrativa. Relembremos o que falamos anteriormente sobre o aspecto criminal desta questão:

- Aplicar fórmula de reajustamento de preços ou indexação de contrato proibida, ou diversa daquela que for legalmente estabelecida, ou fixada por autoridade competente era considerado crime contra a ordem econômica, punido com pena de um a quatro anos de detenção ou multa pela antiga redação do art. 6º, inciso II, da Lei nº 8.137/1990, até esse artigo ser inteiramente revogado pela Lei nº 12.529, de 2011.

8.7 Cobrança de dívidas

Uma outra forma de coibir práticas abusivas está prevista no art. 42 do Código, ao vedar que, na cobrança de débitos, se exponha o consumidor ao ridículo ou a qualquer tipo de ameaça ou constrangimento:

> Art. 42. Na cobrança de débitos, o consumidor inadimplente não será exposto a ridículo, nem será submetido a qualquer tipo de constrangimento ou ameaça.

É preciso termos em conta que o fornecedor não está impedido de fazer cobranças ao consumidor. O que ele não pode é usar, nessas cobranças, meios que exponham o consumidor ao ridículo (como chamá-lo de **velhaco** ou fazer pouco dele diante de terceiros), constrangê-lo (anunciar o nome dele no rádio, por exemplo) ou ameaçá-lo (dizer que lhe causará algum mal caso a dívida não seja paga a tempo e modo).

Paralelamente a esta declaração de abusividade, o Código prevê pena de detenção de três meses a um ano e multa para o crime de constrangimento na cobrança, tipificado no art. 71, que tem a seguinte redação:

> Art. 71. Utilizar, na cobrança de dívidas, de ameaça, coação, constrangimento físico ou moral, afirmações falsas incorretas ou enganosas ou de qualquer outro procedimento que exponha o consumidor, injustificadamente, a ridículo ou interfira com seu trabalho, descanso ou lazer:
>
> Pena – Detenção de três meses a um ano e multa.

Comentários específicos sobre este tipo penal estão no capítulo correspondente aos crimes contra as relações de consumo, mais adiante.

Salvo hipótese de engano justificável, pode o consumidor, cobrado em quantia indevida, exigir a devolução em dobro do que pagou indevidamente, acrescido de juros legais e correção monetária. É o que prevê o art. 42 do CDC, em seu parágrafo único:

> Art. 42. (...)
>
> Parágrafo único. O consumidor cobrado em quantia indevida tem direito à repetição do indébito, por valor igual

ao dobro do que pagou em excesso, acrescido de correção monetária e juros legais, salvo hipótese de engano justificável.

Para fazer valer o disposto no parágrafo único do art. 42 do Código, é preciso que o consumidor tenha efetivamente pago em excesso, não se configurando a hipótese se apenas está sendo cobrado em quantia indevida, mas não chegou a efetivamente efetuar este pagamento.

Precisamos estar atentos à "excludente de abusividade" apresentada ao final do parágrafo único: "salvo engano justificável".

Esse "engano justificável", cuja comprovação de ocorrência cabe ao fornecedor que efetuou a cobrança indevida, é o que decorre de culpa ou dolo de terceiro, e não do próprio fornecedor, pois neste caso estaríamos diante de um fortuito interno que não teria o condão de classificar o engano como "justificável".

Jurisprudência – STJ

Súmula nº 322: Para a repetição de indébito, nos contratos de abertura de crédito em conta-corrente, não se exige a prova do erro.

É importante fazermos referência aos casos que ensejam a aplicação do art. 940 do Código Civil, ao invés do parágrafo único em comento. Diz o Código Civil de 2002:

> Art. 940. Aquele que demandar por dívida já paga, no todo ou em parte, sem ressalvar as quantias recebidas ou pedir mais do que for devido, ficará obrigado a pagar ao devedor, no primeiro caso, o dobro do que houver cobrado e, no segundo, o equivalente do que dele exigir, salvo se houver prescrição.

A controvérsia está na possibilidade de se aplicar a sanção do art. 940 do Código Civil – pagamento da repetição do indébito em dobro – na hipótese de cobrança judicial indevida de dívida oriunda de relação de consumo.

São situações distintas as apresentadas pelos arts. 940 do Código Civil, e 42, parágrafo único, do Código de Defesa do Consumidor, pois eles possuem pressupostos de aplicação diferentes e não incidem nas mesmas hipóteses.

Isto porque a aplicação da pena prevista no parágrafo único do art. 42 do CDC só é possível quando houver engano injustificável do credor em proceder com a cobrança, de natureza extrajudicial, de dívida de consumo e de pagamento de quantia indevida pelo consumidor.

O art. 940 do CC, por sua vez, somente pode ser aplicado quando a cobrança se dá por meio judicial e fica comprovada a má-fé do demandante, independentemente de prova do prejuízo, ou seja, não é preciso que o consumidor pague o que lhe está sendo cobrado indevidamente para que ocorra a incidência do dispositivo do Código Civil.

Portanto, ainda que diante de uma relação de consumo, mesmo não se configurando os pressupostos de aplicação do art. 42, parágrafo único, do CDC, deve ser aplicado o sistema geral do Código Civil, no que couber, pela incidência da Teoria do Diálogo das Fontes, pois o art. 940 do CC é norma que complementa o parágrafo único do art. 42 em estudo e, no caso, sua aplicação está alinhada ao cumprimento do mandamento constitucional de proteção do consumidor, por ser mais benéfica a este, restabelecendo o desequilíbrio na relação de consumo gerado pela cobrança judicial indevida.

■ **Documentos de cobrança:**
Para viabilizar o exercício do direito básico da facilitação da defesa dos direitos dos consumidores, a Lei nº 13.146, de 2015, acrescentou ao CDC o art. 42-A, que assim estabelece:

> Art. 42-A. Em todos os documentos de cobrança de débitos apresentados ao consumidor, deverão constar o nome, o endereço e o número de inscrição no Cadastro de Pessoas Físicas (CPF) ou no Cadastro Nacional de Pessoa Jurídica (CNPJ) do fornecedor do produto ou serviço correspondente.

Isto se dá porque até a edição da norma que alterou o CDC era comum os consumidores receberem cobranças de pessoas físicas ou jurídicas desconhecidas dele e, sem qualquer outro dado sobre quem lhe cobrava, ficava extremamente complicado para quem era vítima de situação como essa reivindicar judicialmente alguma proteção.

A lei, portanto, veio em auxílio do consumidor, por exigir dos fornecedores que apresentem sua qualificação completa nos documentos de cobrança para que possam ser acionados judicialmente pelo consumidor, na ocorrência de algum problema decorrente da relação de consumo, afeto ou não a cobrança indevida.

8.8 Bancos de dados e cadastros de consumidores

Os bancos de dados de consumo consistem no conjunto de informações a respeito de consumidores em poder de fornecedores.

No caso de bancos de dados com fins de proteção ao crédito, estes podem conter dados negativos (referentes ao inadimplemento) ou positivos (referentes ao pagamento de dívidas).

Os bancos de dados negativos são tratados pelo Código de Defesa do Consumidor no art. 43, enquanto os bancos de dados positivos são tratados pela Lei n° 12.414, de 2011 – Lei do Cadastro Positivo (com as alterações trazidas pela Lei Complementar n° 166, de 2019).

O art. 43 do CDC prevê, em relação aos dados existentes sobre o consumidor em poder de alguma empresa: "Art. 43. O consumidor, sem prejuízo do disposto no art. 86, terá acesso às informações existentes em cadastros, fichas, registros e dados pessoais e de consumo arquivados sobre ele, bem como sobre as suas respectivas fontes".

Tenha-se em mente, portanto, que o CDC assegura o acesso do consumidor às informações que existam sobre ele, não restringindo o acesso a dados negativos (de inadimplemento), pois ele terá acesso a todas as informações constantes no banco de dados sobre sua pessoa.

Também tem o consumidor o direito de saber quem encaminhou as informações que foram armazenadas em determinado serviço ou banco de dados.

Jurisprudência – STJ

Jurisprudência em Teses – Edição n° 160. Direito do Consumidor IV.

Tese 2) A ausência de comunicação acerca da disponibilização/comercialização de informações pessoais do consumidor em bancos de dados configura dano moral presumido (*in re ipsa*).

8.8.1 Características dos dados e prazo de armazenamento de dados negativos

No § 1°, o art. 43 aponta as características dos cadastros e dados:

Art. 43 (...)

§ 1º Os cadastros e dados de consumidores devem ser objetivos, claros, verdadeiros e em linguagem de fácil compreensão, não podendo conter informações negativas referentes a período superior a cinco anos.

Neste dispositivo vem a limitação de armazenamento dos dados negativos do consumidor, que não podem extrapolar os cinco anos. Além disso, o Código exige que os dados sejam armazenados com objetividade, clareza, veracidade e linguagem facilmente compreensível.

Jurisprudência – STJ

Súmula nº 323: A inscrição do nome do devedor pode ser mantida nos serviços de proteção ao crédito até o prazo máximo de cinco anos, independentemente da prescrição da execução.

Súmula nº 385: Da anotação irregular em cadastro de proteção ao crédito, não cabe indenização por dano moral, quando preexistente legítima inscrição, ressalvado o direito ao cancelamento.

Sobre a Súmula nº 385 do STJ é importante mencionar que o tribunal em alguns casos tem flexibilizado sua aplicação, de modo a permitir o reconhecimento de dano moral, ainda que as ações ajuizadas para questionar as inscrições anteriores não tenham transitado em julgado, quando houver elementos suficientes que demonstrem a verossimilhança do que é alegado pelo consumidor. Podemos citar que obtiveram decisões nesse sentido os Recursos Especiais nº 1.647.795 (julgado em 2017) e nº 1.704.002 (julgado em 2020).

8.8.2 Comunicação ao consumidor

Não é necessária a autorização do consumidor para o seu cadastramento ou registro nos bancos de dados, mas esse registro deve ser comunicado ao consumidor por escrito, na hipótese de não haver sido o consumidor quem solicitou o cadastro ou registro. É o que dispõe o § 2º do art. 43:

> Art. 43. (...)
>
> § 2º A abertura de cadastro, ficha, registro e dados pessoais e de consumo deverá ser comunicada por escrito ao consumidor, quando não solicitada por ele.

Essa comunicação, pelo disposto na Súmula nº 359 do STJ, deverá ocorrer antes da efetiva inscrição.

Jurisprudência – STJ

Súmula nº 359: Cabe ao órgão mantenedor do cadastro de proteção ao crédito a notificação do devedor antes de proceder à inscrição.

Súmula nº 369: No contrato de arrendamento mercantil (*leasing*), ainda que haja cláusula resolutiva expressa, é necessária a notificação prévia do arrendatário para constituí-lo em mora.

Súmula nº 404: É dispensável o aviso de recebimento (AR) na carta de comunicação ao consumidor sobre a negativação de seu nome em bancos de dados e cadastros.

Súmula nº 550: A utilização de escore de crédito, método estatístico de avaliação de risco que não constitui banco de dados, dispensa o consentimento do consumidor, que terá o direito de solicitar esclarecimentos sobre as informações pessoais valoradas e as fontes dos dados considerados no respectivo cálculo.

Súmula nº 572: O Banco do Brasil, na condição de gestor do Cadastro de Emitentes de Cheques sem Fundos (CCF), não tem a responsabilidade de notificar previamente o devedor acerca da sua inscrição no aludido cadastro, tampouco legitimidade passiva para as ações de reparação de danos fundadas na ausência de prévia comunicação.

8.8.3 Correção das informações

A lei faculta ao consumidor a exigência de correção imediata de qualquer inexatidão porventura encontrada sobre ele em bancos de dados, cabendo ao gestor das informações (que o CDC chama de **arquivista**), comunicar a alteração aos eventuais interessados no prazo de cinco dias, por força do disposto no § 3º do art. 43 em estudo:

> Art. 43. (...)
>
> § 3º O consumidor, sempre que encontrar inexatidão nos seus dados e cadastros, poderá exigir sua imediata correção, devendo o arquivista, no prazo de cinco dias úteis, comunicar a alteração aos eventuais destinatários das informações incorretas.

Jurisprudência – STJ

Súmula nº 548: Incumbe ao credor a exclusão do registro da dívida em nome do devedor no cadastro de inadimplentes no prazo de cinco dias úteis, a partir do integral e efetivo pagamento do débito.

8.8.4 Caráter público

Embora não sejam órgãos públicos no sentido estrito da palavra, o § 4º do art. 43 do CDC aponta qual a natureza dos bancos de dados e cadastros dos consumidores:

> Art. 43. (...)
>
> § 4º Os bancos de dados e cadastros relativos a consumidores, os serviços de proteção ao crédito e congêneres são considerados entidades de caráter público.

Dessa forma, o Código demonstra o interesse público no armazenamento e gestão dos dados dos consumidores.

8.8.5 Vedação de repasse de informações após prescrição da dívida

Uma vez prescrito o débito que originou a inscrição negativa do consumidor em cadastro ou banco de dados, o gestor e detentor da informação não pode fornecer informação prejudicial ao consumidor quanto ao referido débito, conforme dispõe o § 5º do artigo em comento:

> Art. 43. (...)
>
> § 5º Consumada a prescrição relativa à cobrança de débitos do consumidor, não serão fornecidas, pelos respectivos Sistemas de Proteção ao Crédito, quaisquer informações que possam impedir ou dificultar novo acesso ao crédito junto aos fornecedores.

8.8.6 Disponibilização das informações

O consumidor deve ter facultado o acesso às informações que sobre ele conste em bancos de dados, caso as solicite. É o que se depreende da redação do § 6º do art. 43:

> Art. 43. (...)
>
> § 6º Todas as informações de que trata o *caput* deste artigo devem ser disponibilizadas em formatos acessíveis, inclusive para a pessoa com deficiência, mediante solicitação do consumidor.

Este parágrafo foi acrescentado ao art. 43 pela Lei nº 13.146, de 2015.

8.8.7 Cadastro positivo

Embora o cadastro negativo de devedores seja uma realidade antiga para os brasileiros, um outro cadastro veio à luz há menos tempo, trazendo novidades e também se submete a alguns dos disciplinamentos referentes a bancos de dados de consumidores aqui estudados.

Referimo-nos ao cadastro positivo, que foi instituído pela Lei nº 12.414, de 9 de junho de 2011, com as alterações estabelecidas pela Lei Complementar nº 166, de 8 de abril de 2019.

8.8.8 Conceito de cadastro positivo

É um banco de dados com informações de pagamentos efetuados (em dia ou em atraso) pela pessoa física ou jurídica sobre obrigações assumidas (por exemplo, parcelas de empréstimos, de financiamentos, carnês, contas de água, energia elétrica, telefone, gás, cartão de crédito e outros).

8.8.9 Finalidade do cadastro positivo

O cadastro positivo serve para criar um histórico de crédito que será utilizado para análise do pedido, feito pelo consumidor, para que lhe seja concedido crédito, financiamento, venda a prazo ou outras transações comerciais que impliquem em algum risco financeiro.

Teoricamente, um consumidor que tenha uma boa classificação no cadastro positivo, ou seja, que paga em dia suas contas e prestações, representa um risco menor de inadimplência e, ainda teoricamente, as empresas poderão cobrar deles juros menores.

8.8.10 Inscrição no cadastro positivo

Pela redação original da Lei nº 12.414/2011, cabia ao consumidor permitir ou não o lançamento de seus dados no cadastro positivo. No entanto, com o advento da LC nº 166/2019, é faculdade do gestor do banco de dados lançar ou não o nome do consumidor no cadastro positivo.

8.9 Cadastro de reclamações fundamentadas

Partindo da premissa de que é importante para os consumidores saberem como os fornecedores agem para cumprimento das normas sobre relações de consumo, o legislador criou o cadastro de reclamações fundamentadas e o disciplinou no art. 44 do CDC, que transcrevemos:

> Art. 44. Os órgãos públicos de defesa do consumidor manterão cadastros atualizados de reclamações fundamentadas contra fornecedores de produtos e serviços, devendo divulgá-lo pública e anualmente. A divulgação indicará se a reclamação foi atendida ou não pelo fornecedor.
>
> § 1º É facultado o acesso às informações lá constantes para orientação e consulta por qualquer interessado.
>
> § 2º Aplicam-se a este artigo, no que couber, as mesmas regras enunciadas no artigo anterior e as do parágrafo único do art. 22 deste código.

Além de informar os consumidores, o cadastro de reclamações fundamentadas serve ainda para orientar os fornecedores sobre a forma como os seus concorrentes estão atendendo às regras de defesa do consumidor aplicáveis às suas atividades.

De posse de tais informações, os fornecedores conseguem aferir se estão com poucas ou muitas demandas, comparadas aos demais concorrentes do ramo de atividade, podendo melhorar o atendimento ou trabalhar para mantê-lo em um nível elevado, já que a satisfação do consumidor é um elemento importante no momento de fazer opção por uma ou outra empresa.

O Código ressalta que as regras aplicáveis aos bancos de dados e cadastros de consumidores aplicam-se também aos cadastros de reclamações fundamentadas.

9

Proteção contratual

9.1 Noções gerais sobre o disciplinamento dos contratos no Código de Defesa do Consumidor

Trataremos nas páginas seguintes dos contratos no Código de Defesa do Consumidor (arts. 46 a 54).

Na matéria relativa aos contratos, o Código intervém de forma ampla e até certo ponto eficaz, no sentido de evitar que a vulnerabilidade do consumidor seja explorada inescrupulosamente pelos fornecedores.

Neste ponto é importante lembrarmos que, embora a hipossuficiência não seja inerente a todos os consumidores, a vulnerabilidade do consumidor é princípio característico de todas as relações de consumo e, com frequência, é a base de conflitos entre fornecedores e consumidores.

O Código regulamentou a validade dos contratos em respeito a essa vulnerabilidade do consumidor, que, no momento da contratação, sofre influências as mais diversas (a peça publicitária, as "informações" do vendedor, sua ânsia de compra, a vontade de satisfazer alguém, a forma como o contrato lhe é apresentado etc.).

9.1.1 Nova concepção dos contratos e o CDC

Faremos algumas observações para que possamos entender a visão do legislador quando estabeleceu as normas sobre contratos que estudaremos e para que, de posse dessa visão, se torne mais fácil para nós a invocação do CDC quando da análise de questões que tratem do tema, ainda que não encontremos no texto codificado uma resposta expressa.

De início, precisamos ressaltar que o Código de Defesa do Consumidor trouxe uma nova concepção dos contratos, quebrando vários paradigmas criados pelo Código Civil brasileiro de 1916, em vigor quando da promulgação da Lei nº 8.078, de 1990.

De conformidade com a legislação civil, o que fora ou era pactuado, devia prevalecer, em uma aplicação absoluta do vetusto *pacta sunt servanda*, pelo qual as estipulações contratuais eram obrigatórias, uma vez firmado o pacto. Por essa concepção, prevalecia a intangibilidade contratual, ou seja, ninguém poderia alterar o que fora combinado e assinado.

O contrato sob a égide do liberalismo econômico é representado por uma liberdade sem controle e sem equilíbrio. Pouco importa se o consumidor é vulnerável ou se há um desequilíbrio inerente a todas as relações de consumo desde o seu nascedouro. Isto porque o mais importante é fazer "girar a economia".

No Estado Social, por outro lado, entende-se que deve prevalecer a cooperação entre as contrapartes, que deverão agir com transparência, boa-fé e harmonia, de modo a levarem a bom termo o que fora pactuado.

A liberdade de escolha deve prevalecer em todo contrato e, para ser livre, a escolha não pode ser alvo de manipulações, seja qual for o instrumento ou meio utilizado para tanto.

O liberalismo econômico prega o livre mercado, o respeito e preservação das escolhas, assim como o Estado mínimo, intervindo o menos possível nas relações econômicas.

Ocorre que a Justiça e a Igualdade muitas vezes são aljadas das relações de consumo formadas sob os princípios liberais, pois a presunção de que "o mercado se autorregula" nem sempre prevalece.

Os contratos não são moralmente autossuficientes, pois certos fornecedores sempre tentarão auferir vantagens espúrias diante dos consumidores, já que na essência deste tipo de contrato as partes estão sempre em desigualdade.

O justo, para se trazer equilíbrio para a relação, é considerar a vulnerabilidade do consumidor, o que as concepções tradicional e liberal do contrato não fazem.

Por isso a necessidade de um tratamento especializado e protetivo para os contratos nas relações de consumo.

9.2 Princípios dos contratos no Código de Defesa do Consumidor

Elencaremos e falaremos brevemente sobre cada um dos princípios que norteiam o disciplinamento dos contratos pelo Código de Defesa do Consumidor e posteriormente mencionaremos e comentaremos, quando pertinente, os dispositivos nos quais tais princípios estão refletidos.

9.2.1 Equilíbrio contratual

As relações de consumo, por sua essência, possuem um desequilíbrio natural que outorga um maior poder aos fornecedores, independentemente de quem seja o consumidor, ante a vulnerabilidade inata deste.

Em razão disso, o Código procura, por meio do disciplinamento, estabelecer um equilíbrio ou reduzir o desequilíbrio existente.

Ressalte-se que não se busca "inverter o desequilíbrio", ou seja, a lei não pretende colocar o consumidor em posição de mais poder ou vantagem sobre o fornecedor, mas, tão somente, equilibrar a balança do poder entre ambos. Isto porque uma relação de consumo desequilibrada em favor do consumidor pode gerar efeitos nocivos à ordem econômica.

9.2.2 Confiança e transparência

Os princípios da confiança e da transparência se complementam, pois a confiança é conquistada, muitas vezes, em razão da transparência com que cada um age na relação de consumo, seja em que fase for (pré-contratual, contratual ou pós-contratual).

Salientemos que tanto a confiança quanto a transparência (assim como ocorre com a boa-fé objetiva) são exigidas não apenas do fornecedor, mas também do consumidor.

9.2.3 Interpretação mais favorável

Corolário dos princípios apresentados anteriormente, o princípio da interpretação mais favorável impõe que se interprete as cláusulas contratuais da forma que melhor atenda aos interesses dos consumidores, não importando qual a vontade ou a pretensão do fornecedor quando a redigiu.

O art. 47, comentado mais à frente, trata objetivamente da questão.

9.2.4 Vinculação à oferta

"Quem promete tem que cumprir." É mais ou menos assim que funciona o princípio da vinculação da oferta. Caso o fornecedor apresente, por qualquer forma, uma oferta para o consumidor, deverá dar cumprimento efetivo ao que foi prometido, pois ele fica vinculado ao que ofertou.

Este princípio se faz presente de forma expressa no art. 48 do Código.

9.2.5 Conservação do contrato

O Código de Defesa do Consumidor prevê a alteração ou anulação das cláusulas contratuais abusivas (tema que abordaremos mais adiante), dando-se sempre preferência à preservação do vínculo contratual.

No entanto, caso a eliminação das cláusulas abusivas ou sua modificação gere um desequilíbrio acentuado no contrato, prejudicando o fornecedor, o contrato pode ser desfeito.

9.3 A formação do contrato de consumo

O Código estabelece, no seu art. 46, parâmetros mínimos para que um contrato se torne exigível:

> Art. 46. Os contratos que regulam as relações de consumo não obrigarão os consumidores, se não lhes for dada a oportunidade de tomar conhecimento prévio de seu conteúdo, ou se os respectivos instrumentos forem redigidos de modo a dificultar a compreensão de seu sentido e alcance.

Por esse dispositivo, o fornecedor deverá desde logo apresentar todas as cláusulas contratuais ao consumidor antes da assinatura do documento.

Para o Código não basta simplesmente que se dê conhecimento formal do contrato ao consumidor, mas é necessário também que o instrumento contratual tenha uma redação que permita a qualquer um que o leia compreender o que se está apresentando para assinatura, em todas as suas implicações.

Os princípios da confiança e da transparência estão refletidos neste art. 46.

9.3.1 Interpretação mais favorável ao consumidor

Não raro, pela forma como alguma cláusula do contrato foi redigida, surgem dúvidas quanto ao seu alcance e implicações. Por óbvio, o fornecedor pretenderá dar sempre a interpretação que lhe assegure maior lucro ou outro benefício.

Essa postura, no entanto, é vedada pelo art. 47 do CDC, que dispõe:

> Art. 47. As cláusulas contratuais serão interpretadas de maneira mais favorável ao consumidor.

Então, se por deficiência redacional ou por qualquer outro fator, houver a possibilidade de se dar mais de uma interpretação a uma cláusula do contrato de consumo, deverá sempre prevalecer a interpretação que atenda da melhor forma aos interesses dos consumidores.

9.3.2 Vinculação a declarações de vontade constantes em escritos, recibos e pré-contratos

Um avanço muito importante conquistado pelo CDC foi a vinculação do fornecedor àquilo que foi por ele ofertado. Diz a lei no seu art. 48:

Art. 48. As declarações de vontade constantes de escritos particulares, recibos e pré-contratos relativos às relações de consumo vinculam o fornecedor, ensejando inclusive execução específica, nos termos do art. 84 e parágrafos.

Dessa forma, se em documento anterior estiver expressa obrigação ou responsabilidade do fornecedor que não consta no contrato principal, valerá o que estiver escrito no documento anterior, como se fosse parte do contrato.

Esse documento anterior pode ser uma peça publicitária, um informativo, um panfleto no qual foram anotados preços e condições para pagamento, uma proposta de venda, um recibo ou um pré-contrato.

9.4 Direito de arrependimento

O direito de arrependimento está expresso no art. 49, do CDC, que estabelece:

Art. 49. O consumidor pode desistir do contrato, no prazo de 7 dias a contar de sua assinatura ou do ato de recebimento do produto ou serviço, sempre que a contratação de fornecimento de produtos e serviços ocorrer fora do estabelecimento comercial, especialmente por telefone ou a domicílio.

Parágrafo único. Se o consumidor exercitar o direito de arrependimento previsto neste artigo, os valores eventualmente pagos, a qualquer título, durante o prazo de reflexão, serão devolvidos, de imediato, monetariamente atualizados.

Desse modo, o direito de arrependimento pode ser exercido dentro de sete dias contados da assinatura do contrato ou do recebimento do produto.

Para que esse direito seja exercido, é preciso que o negócio tenha sido realizado fora do estabelecimento comercial (por meio de venda porta a porta, *telemarketing*, catálogos, internet etc.).

Esse prazo, que é chamado de **prazo de reflexão**, pode ser aumentado a critério do fornecedor. Nunca reduzido.

Caso o consumidor opte pelo exercício do direito de arrependimento, ele receberá de volta os valores pagos, "a qualquer título", de imediato e monetariamente atualizados. Nesses valores estão incluídas todas as taxas eventualmente cobradas, inclusive o frete.

Para exercer o direito de arrependimento, o consumidor não precisa apresentar qualquer justificativa ao fornecedor nem tampouco se faz necessária a ocorrência de um vício ou fato do produto ou serviço adquirido ou contratado.

Quanto às compras no estabelecimento comercial ou presenciais no interior das lojas, embora não haja a obrigatoriedade do fornecedor assegurar o direito de arrependimento, caso ele (ou um de seus prepostos ou empregados) informe ao consumidor que dentro de determinado prazo poderá trocar ou devolver o produto adquirido, ele, fornecedor, estará obrigado a cumprir essa disposição, uma vez que a mesma fez parte da oferta e, com isso, o vinculou.

9.5 Garantia contratual

Antes da entrada em vigor do Código de Defesa do Consumidor, não havia qualquer obrigatoriedade de o fornecedor oferecer uma garantia, por menor que fosse, da qualidade do produto ou serviço por ele comercializado.

Como foi dito em um capítulo anterior, o legislador instituiu no art. 24 do CDC a **garantia legal** para assegurar um mínimo de qualidade dos produtos e serviços, preservando com isso as finanças do consumidor.

Porém, desde muito antes da vigência da Lei nº 8.078/1990, era **facultado** aos fornecedores ofertarem uma garantia dos seus produtos ou serviços.

Esse tipo de garantia é chamado de garantia contratual e sobre ela diz o Código no seu art. 50:

> Art. 50. A garantia contratual é complementar à legal e será conferida mediante termo escrito.
>
> Parágrafo único. O termo de garantia ou equivalente deve ser padronizado e esclarecer, de maneira adequada, em que consiste a mesma garantia, bem como a forma, o prazo e o lugar em que pode ser exercitada e os ônus a cargo do consumidor, devendo ser-lhe entregue, devidamente preenchido pelo fornecedor, no ato do fornecimento, acompanhado de manual de instrução, de instalação e uso do produto em linguagem didática, com ilustrações.

Embora já tenhamos tratado do tema quando comentamos sobre a garantia legal, faremos menção a alguns aspectos relevantes sobre a garantia contratual.

A garantia contratual é uma faculdade do fornecedor. Ele pode ou não oferecê-la ao seus consumidores, ou pode oferecer esse tipo de garantia de uma forma para um tipo de produto e oferecê-la de outra forma para outro. Por exemplo, a mesma montadora dá garantia de três anos para um modelo de automóvel e de apenas um ano para outro modelo, sem que isto signifique qualquer afronta aos direitos dos consumidores.

Esta garantia contratual será expressa em um termo por escrito (**termo de garantia** ou outro nome que lhe dê o fornecedor).

Pelo que dispõe o parágrafo único do art. 50 do CDC, esse termo deverá ser entregue, **devidamente preenchido pelo fornecedor**, e deverá trazer as informações essenciais para o seu uso pelo consumidor.

Nele constarão os detalhes da garantia:

- em que consiste, o que está coberto ou não por ela;
- como o consumidor fará para utilizá-la (a forma, o prazo e o lugar);
- mencionará eventuais ônus que recaiam sobre o consumidor, caso ele opte por fazer uso da garantia contratual.

O termo de garantia contratual deverá ser entregue ao consumidor devidamente preenchido, no ato do fornecimento.

Lembremos que se omitir quanto ao preenchimento do termo de garantia poderá acarretar pena de detenção de um a seis meses ou multa, por caracterizar o crime previsto no art. 74 do CDC.

Quanto à terceira modalidade de garantia, a garantia estendida, bem como ao momento de incidência de cada tipo de garantia, remetemos o leitor aos comentários apresentados no capítulo sobre Responsabilidade Civil.

9.6 Cláusulas contratuais abusivas

Abusivas são todas as cláusulas que provoquem desequilíbrios na relação de consumo, onerando o consumidor.

No art. 51 o CDC enumera, de forma exemplificativa, uma série de cláusulas consideradas abusivas e, portanto, nulas (incapazes de gerarem qualquer efeito).

No *caput* do artigo em análise o Código fala em cláusulas nulas, ou seja, elas não podem gerar qualquer efeito e, em tese, podem ter sua nulidade reconhecida de ofício.

Mas nem sempre é assim, pois o Superior Tribunal de Justiça entendeu que, nos casos de contratos bancários, o julgador não pode conhecer essa nulidade de ofício.

Jurisprudência – STJ

Súmula nº 381: Nos contratos bancários, é vedado ao julgador conhecer, de ofício, da abusividade das cláusulas.

No entendimento do STJ, tal medida se justifica porque:

a) O Código de Processo Civil [de 1973] dispõe no art. 128 que "o juiz decidirá a lide nos limites em que for proposta, sendo-lhe defeso conhecer de questões não suscitadas a cujo respeito a lei exige iniciativa das partes".

Embora tendo sido expedida a Súmula nº 381 sob a vigência do CPC de 1973, o CPC de 2015 trouxe dispositivo similar, que tem a seguinte redação:

> Art. 141. O juiz decidirá o mérito nos limites propostos pelas partes, sendo-lhe vedado conhecer de questões não suscitadas a cujo respeito a lei exige iniciativa da parte.

Portanto, essa fundamentação da súmula permanece plenamente válida.

b) Não é matéria de ordem pública e sim meramente patrimonial, por isso não caberia o conhecimento da nulidade sem provocação da parte.

Esse entendimento do STJ recebeu várias críticas, que apresentam as seguintes justificativas que infirmariam o conteúdo da Súmula nº 381:

O art. 51 do CDC, ao dispor que "são nulas de pleno direito", trata de casos de nulidade absoluta, e não relativa, exigindo uma pronta intervenção judicial para fazer cessar a nulidade.

Certamente as questões que envolvem agentes do sistema bancário e consumidores são, em sua imensa maioria, de caráter patrimonial, mas também envolvem interesse público em face da grande desigualdade entre os contratantes (banco *versus* consumidor) e extrema onerosidade contra o vulnerável (o banco sempre se colocando em posição de superioridade tanto econômica quanto técnica em face do seu cliente/consumidor).

Examinemos a seguir as hipóteses de abusividade trazidas, exemplificativamente, pelo Código de Defesa do Consumidor.

São consideradas nulas as cláusulas contratuais relacionadas a fornecimento de produtos e serviços que:

a) **Impossibilitem, diminuam ou retirem a responsabilidade do fornecedor por vício dos produtos e serviços, ou impliquem renúncia de direitos (art. 51, inciso I, primeira parte)**

A primeira situação de abusividade das cláusulas contratuais apresentada pelo Código de Defesa do Consumidor abarca uma grande quantidade de situações e está alinhada com o direito básico previsto no inciso VI do art. 6º da lei ("efetiva prevenção e reparação de danos patrimoniais e morais, individuais, coletivos e difusos").

Com as cláusulas aqui previstas como abusivas, os fornecedores pretendem que os consumidores abram mão de direitos que possuem, assumindo riscos e responsabilidades que caberiam a ele, fornecedor, aumentando a desvantagem dos consumidores no mercado de consumo.

Há um caso muito comum que podemos ver em estacionamentos de lojas, supermercados ou *shopping centers*. Trata-se dos cartazes com avisos de que os estabelecimentos não se responsabilizam por danos causados aos veículos ou pelos objetos deixados em seu interior. Embora não estejamos diante de um contrato escrito, estamos diante de um contrato de depósito verbal e este deve ater-se aos preceitos do CDC, sendo nula a cláusula que isenta o fornecedor do estacionamento de responsabilidades no caso de dano ao patrimônio do consumidor, quer se trate do veículo, quer se trate de objetos deixados no interior dele.

São incontáveis os exemplos desse tipo de cláusula reconhecidos pela jurisprudência de nossos tribunais.

Jurisprudência – STJ

Súmula nº 302: É abusiva a cláusula contratual de plano de saúde que limita no tempo a internação hospitalar do segurado.

Súmula nº 543: Na hipótese de resolução de contrato de promessa de compra e venda de imóvel submetido ao Código de Defesa do Consumidor, deve ocorrer a imediata restituição das parcelas pagas pelo promitente comprador – integralmente, em caso de culpa exclusiva do promitente vendedor/construtor, ou parcialmente, caso tenha sido o comprador quem deu causa ao desfazimento.

Súmula nº 597: A cláusula contratual de plano de saúde que prevê carência para utilização dos serviços de assistência médica nas situações de emergência ou de urgência é considerada abusiva se ultrapassado o prazo máximo de 24 horas contado da data da contratação.

Jurisprudência em Teses – Edição nº 163. Direito do Consumidor VII.

Tese 7) É abusiva a negativa de cobertura para tratamento de emergência ou urgência do segurado mesmo sob o argumento de necessidade de cumprimento do período de carência, sendo devida a reparação por danos morais.

Tese 8) Na ausência de previsão contratual expressa, impõe-se o afastamento do dever de custeio da fertilização *in vitro* pela operadora do plano de saúde, por não se tratar de hipótese de cobertura obrigatória.

Uma outra situação apresentada no mesmo inciso do art. 51, que deveria ter sido tratada em um inciso separado, pelo modo como o texto está redigido, diz respeito aos consumidores pessoa jurídica, e consta expressamente no Código: "(...) Nas relações de consumo entre o fornecedor e o consumidor pessoa jurídica, a indenização poderá ser limitada, em situações justificáveis; (...)" (art. 51, inciso I, segunda parte).

Trata-se, pois, de uma hipótese de limitação da obrigação do fornecedor por fato do produto ou do serviço, preenchidos dois requisitos. O primeiro é o de tratar-se de consumidor pessoa jurídica e o segundo é estar-se diante de uma situação justificável.

O que poderia justificar essa redução? Um exemplo dessa possibilidade seria a culpa concorrente do consumidor pessoa jurídica.

Ressalte-se que o Código não autoriza a exoneração total do fornecedor, mas uma limitação da responsabilidade deste, presentes os dois requisitos apontados anteriormente.

b) **Subtraiam ao consumidor a opção de reembolso da quantia já paga nos casos previstos no Código (art. 51, inciso II)**

O legislador pretendeu, com este dispositivo, fazer cessar inúmeros casos de abusos que corriqueiramente ocorriam nas relações de consumo, com fornecedores impondo a perda total de valores pagos por consumidores nos contratos que celebravam.

Isto acontecia com muita frequência em contratos de consórcios, de pacotes turísticos e de financiamentos de imóveis ou automóveis.

Uma outra incidência possível deste dispositivo é quando há cláusula contratual na qual o consumidor desiste do recebimento em dobro de quantias que lhe foram cobradas indevidamente, conforme previsto no art. 42 do CDC.

Outros dispositivos do CDC que podem sofrer ataques por esse tipo de cláusula abusiva são os a seguir transcritos:

> Art. 18 (...)
>
> § 1º Não sendo o vício sanado no prazo máximo de trinta dias, pode o consumidor exigir, alternativamente e à sua escolha: (...)
>
> II – a restituição imediata da quantia paga, monetariamente atualizada, sem prejuízo de eventuais perdas e danos; (...).
>
> Art. 24. A garantia legal de adequação do produto ou serviço independe de termo expresso, vedada a exoneração contratual do fornecedor.
>
> Art. 25. É vedada a estipulação contratual de cláusula que impossibilite, exonere ou atenue a obrigação de indenizar prevista nesta e nas seções anteriores.
>
> Art. 35. Se o fornecedor de produtos ou serviços recusar cumprimento à oferta, apresentação ou publicidade, o consumidor poderá, alternativamente e à sua livre escolha: (...)
>
> III – rescindir o contrato, com direito à restituição de quantia eventualmente antecipada, monetariamente atualizada, e a perdas e danos.

Art. 49. (...)

Parágrafo único. Se o consumidor exercitar o direito de arrependimento previsto neste artigo, os valores eventualmente pagos, a qualquer título, durante o prazo de reflexão, serão devolvidos, de imediato, monetariamente atualizados.

Estas são hipóteses de reembolso que estão explícitas no Código, e a subtração da possibilidade de devolução das quantias já pagas pelo consumidor nesses casos gera automaticamente a nulidade da cláusula. No entanto, nada impede que outras cláusulas com previsão de renúncia de reembolso de valores dispendidos pelo consumidor sejam reconhecidas como abusivas, mesmo que não se insiram nos casos anteriormente transcritos.

c) **Transfiram responsabilidades para terceiros (art. 51, inciso III)**

No inciso III do art. 51 o legislador explicitou ainda mais uma situação já prevista como abusiva na primeira parte do inciso I do mesmo artigo, quando proíbe cláusulas que "impossibilitem, exonerem ou atenuem a responsabilidade do fornecedor por vícios de qualquer natureza dos produtos e serviços ou impliquem renúncia ou disposição de direitos".

O Código busca com este dispositivo eliminar o chamado "jogo de empurra", pelo qual um fornecedor fica **empurrando** para o outro a responsabilidade, jogando o consumidor de um lado para o outro, sem que este consiga uma efetiva reparação pelos danos sofridos.

Observemos a situação de uma agência de viagens que lucra com a venda de um pacote turístico a um consumidor, mas o coloca em um hotel sem higiene ou quartos sem as mínimas condições de habitabilidade, em um país estrangeiro.

Ao retornar, o consumidor pode, sim, acionar a agência de viagens sem que esta possa invocar eventual cláusula que transfira a responsabilidade de indenizar à operadora de turismo que intermediou a venda ou ao próprio hotel.

Jurisprudência – STJ

Jurisprudência em Teses – Edição n° 161. Direito do Consumidor V.

Tese 2) É abusiva a cláusula contratual que restringe a responsabilidade de instituição financeira pelos danos decorrentes de roubo, furto ou extravio de bem entregue em garantia no âmbito de contrato de penhor civil (Súmula n° 638/STJ).

Jurisprudência em Teses – Edição n° 163. Direito do Consumidor VII.

Tese 3) É válida a cláusula contratual que transfere ao promitente-comprador a obrigação de pagar a comissão de corretagem nos contratos de promessa de compra e venda de unidade autônoma em regime de incorporação imobiliária, desde que previamente informado o preço total da aquisição da unidade autônoma, com o destaque do valor da comissão de corretagem (Tese julgada sob o rito do art. 1.036 do CPC/2015 – Tema 938 – ii).

É importante ressaltar que não existe abusividade no caso de o fornecedor chamar ao processo a seguradora por ele contratada, como prevê o inciso II do art. 101 do CDC:

> Art. 101. Na ação de responsabilidade civil do fornecedor de produtos e serviços, sem prejuízo do disposto nos Capítulos I e II deste título, serão observadas as seguintes normas: (...)
>
> II – o réu que houver contratado seguro de responsabilidade poderá chamar ao processo o segurador, vedada a integração do contraditório pelo Instituto de Resseguros

do Brasil. Nesta hipótese, a sentença que julgar procedente o pedido condenará o réu nos termos do art. 80 do Código de Processo Civil. Se o réu houver sido declarado falido, o síndico será intimado a informar a existência de seguro de responsabilidade, facultando-se, em caso afirmativo, o ajuizamento de ação de indenização diretamente contra o segurador, vedada a denunciação da lide ao Instituto de Resseguros do Brasil e dispensado o litisconsórcio obrigatório com este.

Lembremos que esse art. 80 do CPC anteriormente mencionado refere-se ao Código de Processo Civil de 1973. No CPC de 2015, pela sua similitude com o antigo dispositivo, devemos considerar o art. 132:

> Art. 132. A sentença de procedência valerá como título executivo em favor do réu que satisfizer a dívida, a fim de que possa exigi-la, por inteiro, do devedor principal, ou, de cada um dos codevedores, a sua quota, na proporção que lhes tocar.

Isto se dá porque ao invocar uma seguradora o fornecedor não pretende restringir o direito do consumidor a ser indenizado. Ao contrário, com tal medida, ao menos teoricamente, torna-se mais fácil para o consumidor ver reparado o dano sofrido.

d) **Estabeleçam obrigações consideradas iníquas, abusivas, que coloquem o consumidor em desvantagem exagerada, ou sejam incompatíveis com a boa-fé ou a equidade (art. 51, inciso IV)**

No inciso IV do art. 51 temos dispositivo similar ao disposto no inciso V do art. 39 do CDC (que considera abusivas as práticas que exigem "do consumidor vantagem manifestamente excessiva").

Para embasar a aplicação do inciso IV do art. 51 (e, de certa forma, o inciso V do art. 39), o legislador trouxe no § 1º do mesmo art. 51 o que ele entende por vantagem exagerada:

> Art. 51. (...)
>
> § 1º Presume-se exagerada, entre outros casos, a vantagem que:
>
> I - ofende os princípios fundamentais do sistema jurídico a que pertence;
>
> II - restringe direitos ou obrigações fundamentais inerentes à natureza do contrato, de tal modo a ameaçar seu objeto ou equilíbrio contratual;
>
> III - se mostra excessivamente onerosa para o consumidor, considerando-se a natureza e conteúdo do contrato, o interesse das partes e outras circunstâncias peculiares ao caso.

Jurisprudência – STJ

Súmula nº 302: É abusiva a cláusula contratual de plano de saúde que limita no tempo a internação hospitalar do segurado.

Súmula nº 382: A estipulação de juros remuneratórios superiores a 12% ao ano, por si só, não indica abusividade.

Jurisprudência em Teses – Edição nº 39. Direito do Consumidor I.

Tese 3) A estipulação de juros remuneratórios superiores a 12% ao ano, por si só, não indica abusividade (Súmula nº 382/STJ).

Súmula nº 597: A cláusula contratual de plano de saúde que prevê carência para utilização dos serviços de assistência médica nas situações de emergência ou de urgência é considerada abusiva se ultrapassado o prazo máximo de 24 horas contado da data da contratação.

Jurisprudência em Teses – Edição nº 163. Direito do Consumidor VII.

Tese 4) Não é abusiva a cláusula de tolerância nos contratos de promessa de compra e venda de imóvel em construção que prevê prorrogação do prazo inicial para a entrega da obra pelo lapso máximo de 180 (cento e oitenta) dias, desde que observado o direito de informação ao consumidor.

Súmula nº 609: A recusa de cobertura securitária, sob a alegação de doença preexistente, é ilícita se não houve a exigência de exames médicos prévios à contratação ou a demonstração de má-fé do segurado.

Jurisprudência em Teses – Edição nº 39. Direito do Consumidor I.

Tese 9) Não é abusiva a cláusula de cobrança de juros compensatórios incidentes em período anterior à entrega das chaves nos contratos de compromisso de compra e venda de imóveis em construção sob o regime de incorporação imobiliária.

Jurisprudência em Teses – Edição nº 74. Direito do Consumidor III.

Tese 6) É admitida a revisão das taxas de juros remuneratórios em situações excepcionais, desde que caracterizada a relação de consumo e que a abusividade (capaz de colocar o consumidor em desvantagem exagerada – art. 51, §1 °, do CDC) fique cabalmente demonstrada, ante as peculiaridades do julgamento em concreto (Tese julgada sob o rito do art. 543-C do CPC/1973 – Tema 27).

Jurisprudência em Teses – Edição nº 165. Direito do Consumidor IX.

Tese 10) É abusiva, por falha no dever geral de informação ao consumidor (art. 6°, III, do CDC), cláusula de contrato de seguro limitativa da cobertura apenas a furto qualificado que deixa de esclarecer o significado e o alcance do termo técnico jurídico específico e a situação referente ao furto simples.

Tese 13) Nos contratos de telecomunicação com previsão de permanência mínima, é abusiva a cobrança integral da multa rescisória de fidelização, que deve ser calculada de forma proporcional ao período de carência remanescente.

Jurisprudência em Teses – Edição n° 164. Direito do Consumidor VIII.

Tese 8) Não é abusiva a cobrança de uma diária completa de 24 horas em hotéis, pois os serviços de limpeza e organização do espaço de repouso estão abrangidos pelo contrato de hospedagem, razão pela qual a garantia de acesso aos quartos pelo período integral da diária não é razoável nem proporcional.

----

e) **Estabeleçam inversão do ônus da prova em prejuízo do consumidor (art. 51, inciso VI)**

O CDC trouxe um grande avanço na defesa dos interesses da parte vulnerável da relação de consumo, a inversão do ônus da prova, quer por força da lei (*ope legis*) como no caso dos arts. 12 e 14, quer por decisão judicial (*ope iudice*).

Essa redução da desvantagem fática, dentro do processo judicial, outorgada pelo diploma consumerista, não pode simplesmente ser retirada pelo fornecedor, valendo-se de uma disposição contratual, justificando-se assim a abusividade de cláusulas que estipulem a inversão do ônus da prova de modo a prejudicar o consumidor.

f) **Determinem a utilização compulsória de arbitragem (art. 51, inciso VII)**

A arbitragem é uma das formas extrajudiciais de solução de conflitos. Sua validade, eficácia e eficiência são inegáveis e ela deve ser estimulada.

No entanto, esta modalidade de composição de litígios não pode ser imposta, sequer entre pessoas (físicas ou jurídicas) que estejam em condições de igualdade fática e jurídica. Muito menos pode-se impor a escolha por este tipo de solução ao consumidor, que de maneira natural é vulnerável em face do fornecedor.

Ressalte-se que não há vedação por parte do Código de Defesa do Consumidor do emprego da arbitragem como meio de solução de litígios, sendo esta uma forma legalmente estabelecida e regulada pela Lei nº 9.307, de 1996 (Lei da Arbitragem).

O que a lei consumerista proíbe é que o fornecedor **imponha** ao consumidor uma cláusula contratual que o coaja a aceitar a arbitragem.

Essa imposição, aliás, não é repudiada apenas nas relações de consumo, mas em toda situação em que se possa invocar a arbitragem, conforme dispõe expressamente a Lei da Arbitragem:

> Art. 4º A cláusula compromissória é a convenção através da qual as partes em um contrato comprometem-se a submeter à arbitragem os litígios que possam vir a surgir, relativamente a tal contrato. (...)
>
> § 2º Nos contratos de adesão, a cláusula compromissória só terá eficácia se o aderente tomar a iniciativa de instituir a arbitragem ou concordar, expressamente, com a sua instituição, desde que por escrito em documento anexo ou em negrito, com a assinatura ou visto especialmente para essa cláusula.

Assim, o CDC não veda a arbitragem para as lides de consumo, com previsão contratual. O que ele proíbe é que o fornecedor imponha ao consumidor, contra a vontade deste, uma cláusula que traga a previsão da arbitragem para solucionar qualquer conflito na relação de consumo.

g) **Imponham representante para realizar ou concluir outro negócio jurídico pelo consumidor (art. 51, inciso VIII)**

Durante muito tempo no país, bancos e outras entidades de crédito impunham "cláusulas-mandato" nos contratos que os consumidores firmavam com instituições financeiras. Essas cláusulas previam que a instituição poderia emitir, como mandatária, notas cambiais em nome do consumidor e assim acelerar procedimentos de cobrança contra este.

Já faz alguns anos que o STJ colocou, por entendimento já sumulado, fim a esse tipo de cláusula abusiva, com a edição da Súmula n° 60, no ano de 1992.

Jurisprudência – STJ

Súmula n° 60: É nula a obrigação cambial assumida por procurador do mutuário vinculado ao mutuante, no exclusivo interesse deste.

h) Disponham de forma potestativa em favor do fornecedor (art. 51, incisos IX, X, XI e XIII)

O Código de Defesa do Consumidor apresenta, nos incisos IX, X, XI e XIII do art. 51 um rol de possíveis abusividades de cláusulas contratuais, cujas nulidades residem na sua potestatividade. Ou seja, são hipóteses de cláusulas que se baseiam unicamente na vontade do fornecedor. Cláusulas como estas geram incerteza, insegurança e receio no consumidor.

As hipóteses tratadas pelo Código são:

> Art. 51. (...)
>
> IX – deixem ao fornecedor a opção de concluir ou não o contrato, embora obrigando o consumidor;
>
> X – permitam ao fornecedor, direta ou indiretamente, variação do preço de maneira unilateral;
>
> XI – autorizem o fornecedor a cancelar o contrato unilateralmente, sem que igual direito seja conferido ao consumidor;

(...)

XIII – autorizem o fornecedor a modificar unilateralmente o conteúdo ou a qualidade do contrato, após sua celebração; (...).

No inciso IX a abusividade da cláusula reside na possibilidade de ficar ao livre arbítrio do fornecedor cumprir ou não com o que foi contratado, sem deixar a mesma possibilidade para o consumidor.

O inciso X trata da abusividade contratual quando houver permissão para que o fornecedor altere, unilateralmente, o preço do produto ou serviço contratado, seja de forma direta ou indireta.

O cancelamento unilateral, como faculdade outorgada apenas ao fornecedor, é o objeto da abusividade tratada no inciso XI. Não haverá abusividade quando o contrato der a mesma prerrogativa de cancelamento ao consumidor.

Por fim, a abusividade de que trata o inciso XIII está na cláusula que concede autorização para que o fornecedor imponha alterações no contrato de maneira unilateral, quer no conteúdo, quer na qualidade do que fora contratado.

i) **Obrigue o consumidor a ressarcir os custos de cobrança de sua obrigação, sem reservar-lhe igual direito quando o inadimplente for o fornecedor (art. 51, inciso XII)**

Um dos princípios que regem a Política Nacional das Relações de Consumo é o do equilíbrio. Uma parte não pode se valer de posição dominante para subjugar a outra. O disposto no inciso XII, do art. 51 do CDC, vem reforçar esse princípio (presente no inciso III do art. 4º do Código), pois veda um "benefício" unilateral para o fornecedor, que seria exigir do consumidor que este arque com os custos da cobrança de sua obrigação sem que o consumidor tenha a mesma possibilidade de cobrar do fornecedor quando for necessário exigir deste o cumprimento de sua parte no contrato.

j) **Infrinjam ou possibilitem a violação de normas ambientais (art. 51, inciso XIV)**

Uma vez mais estamos diante da previsão expressa de uma cláusula abusiva, com fundamento em um dos princípios da Política Nacional das Relações de Consumo, pois o art. 4º do CDC estabelece como um desses princípios, expressamente:

> Art. 4º (...)
>
> III – harmonização dos interesses dos participantes das relações de consumo e compatibilização da proteção do consumidor com a necessidade de desenvolvimento econômico e tecnológico, de modo a viabilizar os princípios nos quais se funda a ordem econômica (art. 170, da Constituição Federal), sempre com base na boa-fé e equilíbrio nas relações entre consumidores e fornecedores; (...).

Um dos princípios que fundamentam a ordem econômica, conforme o disposto no art. 170, inciso VI, é a defesa do meio ambiente.

Desse modo, ao considerar abusivas as cláusulas contratuais que efetivamente infrinjam, ou que tenham potencial para violar normas de proteção ao meio ambiente (em sentido amplo), o legislador consumerista atuou em consonância com o legislador constituinte, protegendo um dos pilares sobre os quais se ergue a ordem econômica.

k) **Estejam em desacordo com o sistema de proteção ao consumidor (art. 51, inciso XV)**

Neste ponto, poderemos considerar como abusiva toda cláusula contratual que, de uma forma ou de outra, viole texto expresso do Código de Defesa do Consumidor;

algum dos objetivos ou algum dos princípios da Política Nacional das Relações de Consumo; qualquer dos princípios que regem as relações de consumo ou ainda normas complementares que, expressa ou implicitamente, protegem o consumidor.

l) **Possibilitem a renúncia de direito de indenização por benfeitorias necessárias (art. 51, inciso XVI)**

Aqui, precisamos nos socorrer do Código Civil para a conceituação de "benfeitorias necessárias".

Diz o art. 96, § 3º, do CC de 2002:

> Art. 96. (...)
>
> § 3º São necessárias as que têm por fim conservar o bem ou evitar que se deteriore.

O Código de Defesa do Consumidor (art. 51, inciso XVI), neste aspecto, ficou um pouco aquém do Código Civil, uma vez que a lei civil geral, ao tratar dos efeitos da posse, assim dispôs quanto à indenização pelas benfeitorias:

> Art. 1.219. O possuidor de boa-fé tem direito à indenização das benfeitorias necessárias e úteis, bem como, quanto às voluptuárias, se não lhe forem pagas, a levantá-las, quando o puder sem detrimento da coisa, e poderá exercer o direito de retenção pelo valor das benfeitorias necessárias e úteis.

Como vemos, pela redação do CC de 2002, tanto as benfeitorias necessárias quanto as úteis, desde que o possuidor do bem esteja de boa-fé, deverão ser ressarcidas, enquanto pelo CDC, apenas as cláusulas que vedem o ressarcimento pelas benfeitorias necessárias são consideradas abusivas.

Para ficar totalmente de acordo com a lei civil, também as cláusulas que eximam o fornecedor de indenizar o consumidor de boa-fé do ressarcimento pelas benfeitorias úteis deveriam ser consideradas abusivas.

No entanto, mesmo que não expressamente prevista essa possibilidade no rol das cláusulas abusivas, podemos considerar como tal esse tipo de cláusula, com base no inciso IV do art. 51 do Código (já analisado anteriormente), conjugando o entendimento com o que dispõe o Código Civil, que deverá ser aplicado em razão do diálogo das fontes, por ser este diploma legal mais favorável ao consumidor do que o próprio CDC se considerarmos isoladamente o disposto em seu art. 51, inciso XVI.

m) **Condicionem ou limitem de qualquer forma o acesso aos órgãos do Poder Judiciário (art. 51, inciso XVII)**

O tratamento como sendo abusivas as cláusulas que "condicionem ou limitem de qualquer forma o acesso aos órgãos do Poder Judiciário" foi introduzido no inciso XVII do art. 51 do CDC pela Lei do Superendividamento e busca coibir a atuação dos fornecedores que pretendem evitar que os consumidores (superendividados ou não) busquem a proteção do Judiciário diante de ilegalidades de toda e qualquer ordem praticadas por aqueles fornecedores inescrupulosos.

n) **Estabeleçam prazos de carência em caso de impontualidade das prestações mensais ou impeçam o restabelecimento integral dos direitos do consumidor e de seus meios de pagamento a partir da purgação da mora ou do acordo com os credores (art. 51, inciso XVIII)**

Uma forma muito comum que alguns fornecedores usam para coagir consumidores inadimplentes ou que acabaram de adimplir obrigações que estavam em atraso é a imposição de carências para restabelecimento integral de direitos dos consumidores.

Esses fornecedores fazem constar cláusulas contratuais, por exemplo, que só restabelecem determinado serviço que foi cortado por falta de pagamento quando, além de haver sido quitada a fatura, transcorrerem a mesma quantidade de dias em que o consumidor permaneceu inadimplente. Assim, se o consumidor atrasar o pagamento da fatura de internet por 20 dias, por exemplo, ele terá que pagar o que deve e só terá o serviço restabelecido 20 dias após o pagamento.

O CDC agora trata, de forma expressa, tais cláusulas como abusivas. Não que elas fossem legítimas antes do advento da Lei do Superendividamento, mas apenas hoje a ilegalidade é expressa no inciso XVIII do art. 51 do CDC.

9.6.1 Princípio da preservação do contrato

Embora as cláusulas abusivas sejam nulas de pleno direito, a presença de uma ou de várias delas em um contrato não é suficiente para invalidá-lo por completo, bastando que as mesmas sejam retiradas do instrumento contratual para que o mesmo siga adiante para total cumprimento, agora já de conformidade com a lei consumerista.

Pode ocorrer, em algumas situações, que pela quantidade e ou pelo conteúdo das cláusulas tidas como abusivas, ao serem estas retiradas do contrato, ele se torne um grande ônus para qualquer das partes. Assim, dispõe o § 2° do art. 51:

> Art. 51. (...)
>
> § 2° A nulidade de uma cláusula contratual abusiva não

invalida o contrato, exceto quando de sua ausência, apesar dos esforços de integração, decorrer ônus excessivo a qualquer das partes.

Com esse dispositivo o Código reforça a ideia de equilíbrio na relação de consumo, pois rejeita inclusive a possibilidade de um contrato tornar-se por demais oneroso em desfavor do fornecedor, optando por torná-lo nulo.

9.6.2 Direito de representação

Para reforçar a possibilidade de participação da sociedade na constante vigilância em favor do cumprimento do Código de Defesa do Consumidor, o legislador fez constar, logo abaixo do rol de cláusulas contratuais abusivas, o seguinte:

> Art. 51. (...)
>
> § 4º É facultado a qualquer consumidor ou entidade que o represente requerer ao Ministério Público que ajuíze a competente ação para ser declarada a nulidade de cláusula contratual que contrarie o disposto neste código ou de qualquer forma não assegure o justo equilíbrio entre direitos e obrigações das partes.

Embora não fosse algo estritamente necessário, o legislador fez constar a possibilidade de representação, por parte de um consumidor individual ou de uma entidade de defesa de consumidores, a possibilidade de ofertar representação perante o Ministério Público, com a finalidade de que seja proposta ação judicial com vistas a declarar a nulidade de cláusula contratual abusiva.

9.7 Outorga de crédito

O Brasil, por seu passado de inflação elevada e até de hiperinflação, poucos anos antes da entrada em vigor do Código de Defesa do Consumidor, já conhecia àquela época (início da década de 1990), muitos dos riscos, abusos e absurdos jurídicos oriundos de financiamentos, tanto de curto quanto de médio e longo prazos.

Com a finalidade de reduzir esses problemas e dar maior segurança para os consumidores, o Código trouxe os arts. 52 e 53 tratando especificamente de financiamento de bens, pela concessão ou outorga de crédito.

9.7.1 Requisitos prévios sobre informações

No *caput* do art. 52 e seus incisos, o legislador lista uma série de requisitos a serem cumpridos pelo fornecedor que outorga crédito ou concede financiamento para os consumidores. Diz a lei:

> Art. 52. No fornecimento de produtos ou serviços que envolva outorga de crédito ou concessão de financiamento ao consumidor, o fornecedor deverá, entre outros requisitos, informá-lo prévia e adequadamente sobre:
>
> I – preço do produto ou serviço em moeda corrente nacional;
>
> II – montante dos juros de mora e da taxa efetiva anual de juros;
>
> III – acréscimos legalmente previstos;
>
> IV – número e periodicidade das prestações;
>
> V – soma total a pagar, com e sem financiamento.

O artigo lista, portanto, uma série de informações essenciais que deverão ser fornecidas ao consumidor ainda na fase pré-contratual, ou seja, antes mesmo da celebração do contrato. Tais exigências refletem, uma vez mais, a preocupação do Código com o direito básico à informação para o consumidor (art. 6°, inciso III).

9.7.2 Limitação da multa de mora

No § 1° do art. 52 o legislador impôs uma limitação para o valor da multa em razão de atraso no adimplemento das obrigações contratuais:

> Art. 52. (...)
>
> § 1° As multas de mora decorrentes do inadimplemento de obrigações no seu termo não poderão ser superiores a dois por cento do valor da prestação.

A atual redação desse parágrafo veio à luz pela Lei n° 9.298, de 1° de agosto de 1996. Na sua redação original, o dispositivo previa multa máxima por mora de até dez por cento do valor da prestação. Observe-se que a "prestação" de que trata o Código é a prestação (ou conjunto de prestações) já vencida, e não a totalidade do valor do contrato.

A alteração justifica-se porque quando da promulgação do CDC o país ainda estava vivendo o problema da elevada taxa de inflação (e em alguns momentos hiperinflação) e a multa de dez por cento era uma grande vantagem para o consumidor. Com a estabilização econômica advinda do Plano Real, esse percentual tornou-se excessivo, gerando a necessidade de alteração legislativa.

9.7.3 Liquidação antecipada, com redução de valores

O Código estabeleceu no § 2º do art. 52 a possibilidade de o consumidor antecipar o pagamento do débito, da seguinte forma:

> Art. 52. (...)
>
> § 2º É assegurado ao consumidor a liquidação antecipada do débito, total ou parcialmente, mediante redução proporcional dos juros e demais acréscimos.

Assim, o consumidor pode pagar todo o restante que falta para quitar o contrato, ou uma parte desse valor, fazendo jus a uma diminuição dos juros e outros acréscimos, de modo proporcional. Essa proporcionalidade está diretamente ligada ao percentual do débito que será antecipado (se cem por cento ou uma fração do total), bem como à quantidade de meses que faltarem para o final do contrato.

9.7.4 Cláusulas de perdimento ou decaimento

O legislador consumerista considera nulas, por abusivas, as cláusulas de perdimento ou decaimento, que são as que estabelecem a perda total dos valores pagos pelo consumidor no caso de resolução do contrato, disciplinando a questão no *caput* do art. 53 do CDC:

> Art. 53. Nos contratos de compra e venda de móveis ou imóveis mediante pagamento em prestações, bem como nas alienações fiduciárias em garantia, consideram-se nulas de pleno direito as cláusulas que estabeleçam a perda total das prestações pagas em benefício do credor que, em razão do inadimplemento, pleitear a resolução do contrato e a retomada do produto alienado.

O Código foi expresso quanto aos contratos de financiamento de móveis ou imóveis ("de compra e venda de móveis ou imóveis mediante pagamento em prestações") e nas alienações fiduciárias em garantia.

É possível, porém, que o fornecedor retenha um percentual do que foi pago para cobrir eventuais custos que ele teve ou vier a ter com o desfazimento do negócio. Tal percentual varia conforme o tipo de bem envolvido, o prazo transcorrido do contrato até o momento do distrato e outras variáveis.

Jurisprudência – STJ

Súmula nº 543: Na hipótese de resolução de contrato de promessa de compra e venda de imóvel submetido ao Código de Defesa do Consumidor, deve ocorrer a imediata restituição das parcelas pagas pelo promitente comprador – integralmente, em caso de culpa exclusiva do promitente vendedor/construtor, ou parcialmente, caso tenha sido o comprador quem deu causa ao desfazimento.

Os contratos de que trata o *caput* do art. 53 deverão ser expressos em moeda corrente nacional, pelo que dispõe o § 3º do referido artigo.

9.7.5 Consórcios de produtos duráveis

A modalidade de consórcios de bens e serviços cresceu bastante no Brasil, em parte por força da inflação elevada, que gerava um aumento constante das prestações ligadas a índices de preços oficiais.

Ocorriam, porém, uma série de abusos por parte das administradoras de consórcios, que colocavam os consumidores em situação de profunda desvantagem, sofrendo grandes perdas financeiras.

Preocupado com essa realidade, o Código de Defesa do Consumidor estabeleceu um certo limite para o poder das administradoras que, não raro, retinham totalmente os valores pagos pelos consumidores não contemplados pelos consórcios que, por um motivo ou por outro, desistiam dos contratos. Isto foi feito pelo § 2º do art. 53 em estudo:

> Art. 53. (...)
>
> § 2º Nos contratos do sistema de consórcio de produtos duráveis, a compensação ou a restituição das parcelas quitadas, na forma deste artigo, terá descontada, além da vantagem econômica auferida com a fruição, os prejuízos que o desistente ou inadimplente causar ao grupo.

Com isto, o Código vedou a retenção total dos valores pagos sem, no entanto, deixar o consórcio desamparado, pois se preocupou com os eventuais prejuízos que o desistente ou inadimplente poderia causar ao grupo.

Jurisprudência – STJ

Súmula nº 35: Incide correção monetária sobre as prestações pagas, quando de sua restituição, em virtude da retirada ou exclusão do participante de plano de consórcio.

Súmula nº 538: As administradoras de consórcio têm liberdade para estabelecer a respectiva taxa de administração, ainda que fixada em percentual superior a dez por cento.

9.8 Contratos de adesão

Na atualidade, praticamente a totalidade dos contratos de consumo integram a categoria dos chamados **contratos de** adesão. Em razão disso, o Código de Defesa do Consumidor tratou deles em um artigo específico.

Esse tratamento **especial** busca, sobretudo, impor uma limitação aos abusos que surgem frequentemente nesses tipos de contrato.

- **Conceito de contrato de adesão:**

Seguindo a linha legislativa de conceituar palavras e expressões utilizadas ao longo da norma, o CDC diz o que ele entende por contrato de adesão no *caput* do art. 54:

> Art. 54. Contrato de adesão é aquele cujas cláusulas tenham sido aprovadas pela autoridade competente ou estabelecidas unilateralmente pelo fornecedor de produtos ou serviços, sem que o consumidor possa discutir ou modificar substancialmente seu conteúdo.

Dessa forma, duas situações podem caracterizar o contrato de adesão:

a) cláusulas aprovadas pela autoridade competente;

b) cláusulas estabelecidas unilateralmente pelo fornecedor de produtos ou serviços.

Além disso, é preciso que o contrato impossibilite o consumidor de discutir ou modificar substancialmente seu conteúdo.

No § 1º do mesmo artigo, o Código adverte que "a inserção de cláusula no formulário não desfigura a natureza de adesão do contrato".

Isto porque pode o fornecedor permitir a inserção de uma cláusula alterando a forma ou o prazo de pagamento, bem como a data de entrega do bem, por exemplo, sem que isso implique na desnaturação de adesão do contrato, pois isto não basta para lhe tirar essa condição.

- **Cláusula resolutória**

O Código de Defesa do Consumidor permite que os contratos de adesão comportem cláusulas que tratem da extinção do contrato, as cláusulas resolutórias. Porém, estabelece regras para tanto no § 2º do art. 54:

> Art. 54. (...)
>
> § 2º Nos contratos de adesão admite-se cláusula resolutória, desde que a alternativa, cabendo a escolha ao consumidor, ressalvando-se o disposto no § 2º do artigo anterior.

Segundo o dispositivo, a cláusula resolutiva só poderá incidir no contrato se a opção pela resolução (extinção) do contrato couber ao consumidor, e não ao fornecedor, diante de algum fato que possa gerar tal extinção.

Quando o consumidor optar pela resolução do contrato, poder-se-á aplicar o que dispõe o § 2º do art. 53 sobre retenção de parte dos valores já pagos:

> Art. 53. (...)
>
> § 2º Nos contratos do sistema de consórcio de produtos duráveis, a compensação ou a restituição das parcelas quitadas, na forma deste artigo, terá descontada, além da vantagem econômica auferida com a fruição, os prejuízos que o desistente ou inadimplente causar ao grupo.

9.8.1 Aspectos formais dos contratos de adesão

Além de tratar do conteúdo dos contratos de adesão, o legislador consumerista estabeleceu critérios para a forma desse tipo de contrato, nos §§ 3º e 4º do art. 54 em estudo:

Art. 54. (...)

§ 3º Os contratos de adesão escritos serão redigidos em termos claros e com caracteres ostensivos e legíveis, cujo tamanho da fonte não será inferior ao corpo doze, de modo a facilitar sua compreensão pelo consumidor.

§ 4º As cláusulas que implicarem limitação de direito do consumidor deverão ser redigidas com destaque, permitindo sua imediata e fácil compreensão.

Assim, formalmente falando, os contratos de adesão precisam ser redigidos:

- em termos claros;
- com caracteres ostensivos e legíveis;
- com tamanho de fonte dos caracteres de no mínimo corpo doze;
- dando destaque para as cláusulas que tragam limitações de direitos dos consumidores, de modo a facilitar sua compreensão pelo consumidor de modo fácil e imediato.

9.8.2 Revisão contratual por onerosidade excessiva superveniente

O Código de Defesa do Consumidor prevê a alteração das cláusulas contratuais por onerosidade excessiva.

As diretrizes fundamentais para tanto, o legislador trouxe já na segunda parte do inciso V, do art. 6º do Código, como um direito básico do consumidor:

Art. 6º São direitos básicos do consumidor: (...)

V – a modificação das cláusulas contratuais que estabeleçam prestações desproporcionais ou sua revisão em razão de fatos supervenientes que as tornem excessivamente onerosas.

Aqui temos, portanto, a onerosidade excessiva que surge após a celebração do contrato (por fato superveniente).

Essa **onerosidade excessiva**, ou exagerada, pode se dar em conformidade com o previsto no art. 51, § 1º, do CDC:

> Art. 51. (...)
>
> § 1º Presume-se exagerada, entre outros casos, a vantagem que:
>
> I - ofende os princípios fundamentais do sistema jurídico a que pertence;
>
> II - restringe direitos ou obrigações fundamentais inerentes à natureza do contrato, de tal modo a ameaçar seu objeto ou equilíbrio contratual;
>
> III - se mostra excessivamente onerosa para o consumidor, considerando-se a natureza e conteúdo do contrato, o interesse das partes e outras circunstâncias peculiares ao caso.

Também na linha do disposto no art. 51 vamos nos socorrer do seu § 2º para as situações em que a onerosidade excessiva surja do expurgo das cláusulas contratuais abusivas (e, portanto, nulas de pleno direito):

> Art. 51. (...)
>
> § 2º A nulidade de uma cláusula contratual abusiva não invalida o contrato, exceto quando de sua ausência, apesar dos esforços de integração, decorrer ônus excessivo a qualquer das partes.

A forma como o CDC tratou a questão da onerosidade excessiva superveniente é um pouco distinta do tratamento dado à questão pelo Código Civil de 2002, pelo que apresentaremos a seguir, brevemente, tais diferenças.

No seu art. 478, o Código Civil cuidou da chamada Teoria da Imprevisão, da seguinte forma:

> Art. 478. Nos contratos de execução continuada ou diferida, se a prestação de uma das partes se tornar excessivamente onerosa, com extrema vantagem para a outra, em virtude de acontecimentos extraordinários e imprevisíveis, poderá o devedor pedir a resolução do contrato. Os efeitos da sentença que a decretar retroagirão à data da citação.

Assim como feito pelo Código de Defesa do Consumidor, o CC/2002 criou a possibilidade de preservação do contrato mediante a modificação equitativa das suas cláusulas, no art. 479:

> Art. 479. A resolução poderá ser evitada, oferecendo-se o réu a modificar equitativamente as condições do contrato.

A lei civil de base trata da onerosidade excessiva em mais um dispositivo, embora não necessariamente se cuide da superveniência de tal ônus:

> Art. 480. Se no contrato as obrigações couberem a apenas uma das partes, poderá ela pleitear que a sua prestação seja reduzida, ou alterado o modo de executá-la, a fim de evitar a onerosidade excessiva.

Com isso, temos estabelecidas as diferenças do tratamento dado pelo CDC e pelo CC/2002 à onerosidade excessiva superveniente, que podem ser resumidas no quadro a seguir:

Revisão contratual por onerosidade excessiva superveniente	
CDC	CC/2002
Fato superveniente	Fato extraordinário e imprevisível
Excessiva onerosidade	Prestação excessivamente onerosa
Prestações desproporcionais	Vantagem extrema para a outra parte

10

Prevenção e tratamento do superendividamento

O Código de Defesa do Consumidor recebeu significativo aporte normativo com o advento da já citada Lei nº 14.181/2021, conhecida como Lei do Superendividamento.

Além de diversos dispositivos espalhados pelo texto do CDC, referida lei acrescentou o Capítulo VI-A ao Código, detalhando como se darão o combate e a prevenção ao superendividamento.

10.1 Conceito de superendividamento

Seguindo mesma linha dos legisladores originais do CDC, a Lei do Superendividamento usa da "interpretação autêntica" e apresenta o conceito do que ela entende por superendividamento.

Superendividamento, portanto, é "a impossibilidade manifesta de o consumidor pessoa natural, de boa-fé, pagar a totalidade de suas dívidas de consumo, exigíveis e vincendas, sem comprometer seu mínimo existencial, nos termos da regulamentação" (art. 54-A, § 1º).

Neste conceito, salta aos olhos um outro termo, que é o "mínimo existencial", o qual, segundo o texto legal, deverá ser regulamentado.

Ou seja, até o advento da regulamentação mencionada (inexistente quando escrevemos a presente obra), caberá aos doutrinadores e aplicadores do Direito, dizer em que consiste esse "mínimo existencial".

Podemos adiantar que o "mínimo existencial" é formado pelo conjunto de direitos sociais que possibilitam a qualquer cidadão uma existência digna, na qual haja amparo à alimentação, à saúde, à educação, à cultura, à moradia e ao vestuário.

Surge, com isso, a necessidade de valoração, em dinheiro, disso tudo.

Aí entra uma carga subjetiva muito grande, que talvez, apenas com a regulamentação consiga ser minorada.

O parágrafo segundo do art. 54-A afirma que as dívidas referidas no conceito apresentado "englobam quaisquer compromissos financeiros assumidos decorrentes de relação de consumo, inclusive operações de crédito, compras a prazo e serviços de prestação continuada". Nesses serviços de prestação continuada estão incluídos o fornecimento de água, coleta de esgotos, energia elétrica e telefonia.

Caso a dívida não seja decorrente de relação de consumo, como um débito fiscal ou trabalhista, por exemplo, ela estaria fora do cálculo para caracterização do superendividamento.

10.2 Superendividamento doloso

Como o CDC não tem interesse em preservar o consumidor que provoca de forma dolosa o próprio superendividamento, ele afirma que o capítulo referente ao superendividamento "não se aplica ao consumidor cujas dívidas tenham sido contraídas mediante fraude ou má-fé, sejam oriundas de contratos celebrados dolosamente com o propósito de não realizar o pagamento ou decorram da aquisição ou contratação de produtos e serviços de luxo de alto valor".

Assim, estão excluídas as dívidas:

- contraídas mediante fraude ou má-fé;
- originadas de contratos celebrados de forma dolosa, com o intuito de não serem honrados;
- fruto da compra ou contratação de produtos e serviços luxuosos, de alto valor.

O Código, portanto, reforça a necessidade de proteção do superendividado de boa-fé, em detrimento do "caloteiro" e do consumidor de produtos e serviços luxuosos.

Aqui cabe a diferenciação entre o consumidor superendividado ativo e o consumidor superendividado passivo.

Superendividado ativo é aquele que dá causa ao superendividamento. Essa causa pode ser consciente (sabe que não tem como pagar uma dívida contraída) ou inconsciente (por ser desorganizado, consumista, descuidado, que compra por impulso ou emocionalmente).

Consumidor superendividado passivo é aquele que não dá causa ao superendividamento. Ele foi atingido por um "acidente da vida". Esse "acidente" pode ser um divórcio, uma doença, um acidente, o desemprego, por exemplo. Ele não quis dever, mas precisou contrair as dívidas em razão das circunstâncias que o atingiram.

O consumidor superendividado ativo inconsciente (desde que a origem não seja causada por bens ou serviços de luxo), assim como o superendividado passivo, são protegidos pela legislação.

10.3 Informações essenciais no fornecimento de crédito e na venda a prazo

Não é novidade que o CDC preza pela informação prévia e adequada. Quando se trata de prevenir o superendividamento, não poderia ser diferente.

Em virtude disso, o Código elenca nos incisos do art. 54-B, uma série de informações a serem prestadas pelo fornecedor aos potenciais consumidores, no momento da oferta.

São elas:

> I – o custo efetivo total e a descrição dos elementos que o compõem;
>
> II – a taxa efetiva mensal de juros, bem como a taxa dos juros de mora e o total de encargos, de qualquer natureza, previstos para o atraso no pagamento;
>
> III – o montante das prestações e o prazo de validade da oferta, que deve ser, no mínimo, de 2 (dois) dias;
>
> IV – o nome e o endereço, inclusive o eletrônico, do fornecedor;
>
> V – o direito do consumidor à liquidação antecipada e não onerosa do débito, nos termos do § 2º do art. 52 deste Código e da regulamentação em vigor.

Essas informações deverão ser prestadas independentemente do cumprimento do que dispõe o art. 52 do CDC sobre concessão de crédito e financiamento. As exigências previstas neste artigo são:

I – preço do produto ou serviço em moeda corrente nacional;

II – montante dos juros de mora e da taxa efetiva anual de juros;

III – acréscimos legalmente previstos;

IV – número e periodicidade das prestações;

V – soma total a pagar, com e sem financiamento.

Além de apresentar essas informações na oferta, o fornecedor deve fazê-las "constar de forma clara e resumida do próprio contrato, da fatura ou de instrumento apartado, de fácil acesso ao consumidor" (§ 1º do art. 54-B).

De conformidade com o § 3º do art. 54-B, "sem prejuízo do disposto no art. 37 deste Código, a oferta de crédito ao consumidor e a oferta de venda a prazo, ou a fatura mensal, conforme o caso, devem indicar, no mínimo, o custo efetivo total, o agente financiador e a soma total a pagar, com e sem financiamento".

Vale lembrar que o art. 37 refere-se à publicidade enganosa ou abusiva.

Custo efetivo total da operação de crédito ao consumidor, de acordo com o § 2º do art. 54-B, é a taxa percentual anual de juros, com todos os valores cobrados do consumidor, "sem prejuízo do cálculo padronizado pela autoridade reguladora do sistema financeiro" (atualmente, o Banco Central do Brasil).

10.4 Proibições na oferta

O CDC apresenta expressamente algumas condutas vedadas ao fornecedor no momento em que oferta crédito ao consumidor.

Tais condutas, verdadeiras práticas abusivas, são proibidas em qualquer tipo de oferta, seja ela publicitária ou não.

As vedações, presentes nos incisos do art. 54-C, são:

> I – (Vetado);
>
> II – indicar que a operação de crédito poderá ser concluída sem consulta a serviços de proteção ao crédito ou sem avaliação da situação financeira do consumidor;
>
> III – ocultar ou dificultar a compreensão sobre os ônus e os riscos da contratação do crédito ou da venda a prazo;
>
> IV – assediar ou pressionar o consumidor para contratar o fornecimento de produto, serviço ou crédito, principalmente se se tratar de consumidor idoso, analfabeto, doente ou em estado de vulnerabilidade agravada ou se a contratação envolver prêmio;
>
> V – condicionar o atendimento de pretensões do consumidor ou o início de tratativas à renúncia ou à desistência de demandas judiciais, ao pagamento de honorários advocatícios ou a depósitos judiciais.

Caso o fornecedor descumpra qualquer um dos deveres previstos anteriormente, bem como os previstos nos arts. 52 e 54-D do CDC, tal ato ou omissão "poderá acarretar judicialmente a redução dos juros, dos encargos ou de qualquer acréscimo ao principal e a dilação do prazo de pagamento previsto no contrato original, conforme a gravidade da conduta do fornecedor e as possibilidades financeiras do consumidor, sem prejuízo de outras sanções e de indenização por perdas e danos, patrimoniais e morais, ao consumidor" (parágrafo único do art. 54-D).

10.5 Deveres do fornecedor na oferta de crédito

Além dos deveres impostos ao fornecedor pelos arts. 52 e 54-B, o art. 54-D elenca, exemplificativamente, uma série de condutas a serem tomadas previamente por aquele, quando da oferta de crédito.

As condutas expressas no mencionado art. 54-D são:

> I – informar e esclarecer adequadamente o consumidor, considerada sua idade, sobre a natureza e a modalidade do crédito oferecido, sobre todos os custos incidentes, observado o disposto nos arts. 52 e 54-B deste Código, e sobre as consequências genéricas e específicas do inadimplemento;
>
> II – avaliar, de forma responsável, as condições de crédito do consumidor, mediante análise das informações disponíveis em bancos de dados de proteção ao crédito, observado o disposto neste Código e na legislação sobre proteção de dados;
>
> III – informar a identidade do agente financiador e entregar ao consumidor, ao garante e a outros coobrigados cópia do contrato de crédito.

Podemos ver, uma vez mais, a preocupação do legislador, com o dever de informar do consumidor, pois dos três incisos citados, dois referem-se expressamente à informação (e ao esclarecimento) do consumidor.

Isto se dá porque, para o CDC, o consumidor bem informado tem melhores condições de analisar qual a melhor e mais barata forma de contratação de crédito e, obviamente, se ele tem condições ou não de honrar o que for pactuado.

10.6 Contratos conexos

No nosso país, de cultura inflacionária, crédito fácil e caro, o financiamento em "parcelas a perder de vista" faz parte do dia a dia de grande parte dos consumidores.

Havia, no entanto, uma tendência do mercado em manter separados o contrato de aquisição de produtos e serviços, do contrato de financiamento para essa aquisição.

Essa diferenciação era fonte de muitos problemas para o consumidor, pois quando, por uma razão ou por outra, precisava rescindir o contrato principal, tinha que passar por uma verdadeira *via crucis* para conseguir cancelar o financiamento, pois era tido como um contrato totalmente autônomo.

A Lei do Superendividamento veio colocar um fim nessa saga ao sustentar, no *caput* do art. 54-F, que "são conexos, coligados ou interdependentes, entre outros, o contrato principal de fornecimento de produto ou serviço e os contratos acessórios de crédito que lhe garantam o financiamento", desde que o fornecedor do crédito tenha cumprido alguns requisitos.

A conexão se dará quando o fornecedor do crédito:

> I – recorrer aos serviços do fornecedor de produto ou serviço para a preparação ou a conclusão do contrato de crédito;
>
> II – oferecer o crédito no local da atividade empresarial do fornecedor de produto ou serviço financiado ou onde o contrato principal for celebrado.

Salienta o § 1º do referido artigo, que "o exercício do direito de arrependimento nas hipóteses previstas neste Código, no contrato principal ou no contrato de crédito, implica a resolução de pleno direito do contrato que lhe seja conexo".

Dessa forma, caso eu compre um produto pela internet, financiado, e queira exercer o direito de arrependimento previsto no art. 49 do CDC, tanto o contrato principal (compra do produto) quanto o contrato a ele conexo (financiamento), deverão ser rescindidos sem quaisquer ônus para mim.

Nos casos em que o fornecedor do crédito recorre aos serviços do fornecedor do produto ou serviço para a preparação ou conclusão do contrato de financiamento; ou quando ele oferece crédito no mesmo local de funcionamento da atividade daquele citado fornecedor, "se houver inexecução de qualquer das obrigações e deveres do fornecedor de produto ou serviço, o consumidor poderá requerer a rescisão do contrato não cumprido contra o fornecedor do crédito". Essa solidariedade é reconhecida pelo § 2º do art. 54-F do CDC.

A mesma possibilidade de acionar o fornecedor do crédito existe para o consumidor quando um terceiro for (ou estiver como) "portador de cheque pós-datado emitido para aquisição de produto ou serviço a prazo" ou quando for se tratar de "administrador ou o emitente de cartão de crédito ou similar quando o cartão de crédito ou similar e o produto ou serviço forem fornecidos pelo mesmo fornecedor ou por entidades pertencentes a um mesmo grupo econômico" (§ 3º do art. 54-F).

A máxima de que "o acessório segue o principal" aplica-se nos casos de "invalidade ou a ineficácia do contrato principal", pois esta implicará também na invalidade ou ineficácia do contrato de crédito conexo a ele.

No entanto, o fornecedor de crédito tem assegurado "o direito de obter do fornecedor do produto ou serviço a devolução dos valores entregues, inclusive relativamente a tributos". Tudo isso, de conformidade com o § 4º do art. 54-F citado anteriormente.

10.7 Práticas abusivas vedadas na concessão de crédito

Falamos anteriormente que o rol de práticas abusivas trazido pelo art. 39 do CDC é meramente exemplificativo, podendo sofrer acréscimos de outros dispositivos normativos, de decisões judiciais ou administrativas.

Nesse diapasão, veio o art. 54-G acrescentar mais condutas vedadas. Desta feita, referindo-se expressamente ao fornecedor de produto ou serviço que envolva crédito, o mencionado artigo proíbe, ao longo dos seus incisos (ainda exemplificativamente):

> I – realizar ou proceder à cobrança ou ao débito em conta de qualquer quantia que houver sido contestada pelo consumidor em compra realizada com cartão de crédito ou similar, enquanto não for adequadamente solucionada a controvérsia, desde que o consumidor haja notificado a administradora do cartão com antecedência de pelo menos 10 (dez) dias contados da data de vencimento da fatura, vedada a manutenção do valor na fatura seguinte e assegurado ao consumidor o direito de deduzir do total da fatura o valor em disputa e efetuar o pagamento da parte não contestada, podendo o emissor lançar como crédito em confiança o valor idêntico ao da transação contestada que tenha sido cobrada, enquanto não encerrada a apuração da contestação;
>
> II – recusar ou não entregar ao consumidor, ao garante e aos outros coobrigados cópia da minuta do contrato principal de consumo ou do contrato de crédito, em papel ou outro suporte duradouro, disponível e acessível, e, após a conclusão, cópia do contrato;
>
> III – impedir ou dificultar, em caso de utilização fraudulenta do cartão de crédito ou similar, que o consumidor

peça e obtenha, quando aplicável, a anulação ou o imediato bloqueio do pagamento, ou ainda a restituição dos valores indevidamente recebidos.

Nos empréstimos consignados em folha, só após o fornecedor do crédito obter da fonte pagadora a indicação sobre a existência de margem consignável é que o fornecedor do crédito deverá formalizar o empréstimo e entregar ao consumidor cópia do contrato ou do instrumento de contratação (§ 1° do art. 54-G).

Ainda preocupado com o dever de informar como prevenção e combate ao superendividamento, o CDC dispõe que, em se tratando de "contratos de adesão, o fornecedor deve prestar ao consumidor, previamente, as informações de que tratam o art. 52 e o *caput* do art. 54-B deste Código, além de outras porventura determinadas na legislação em vigor, e fica obrigado a entregar ao consumidor cópia do contrato, após a sua conclusão" (§ 2° do art. 54-G).

11

Proteção administrativa das relações de consumo

O Código de Defesa do Consumidor, com um forte embasamento constitucional, traz uma série de dispositivos que regulamentam as relações de consumo no país.

No entanto, em várias situações, os regramentos contidos no CDC precisam de um maior detalhamento, cabendo aos vários entes federativos tratar de particularizar as questões que entender necessitarem de maiores detalhamentos.

É o que dispõe o art. 55 do Código:

> Art. 55. A União, os Estados e o Distrito Federal, em caráter concorrente e nas suas respectivas áreas de atuação administrativa, baixarão normas relativas à produção, industrialização, distribuição e consumo de produtos e serviços.
>
> § 1º A União, os Estados, o Distrito Federal e os Municípios fiscalizarão e controlarão a produção, industrialização, distribuição, a publicidade de produtos e serviços e o mercado de consumo, no interesse da preservação da vida, da saúde, da segurança, da informação e do bem-

-estar do consumidor, baixando as normas que se fizerem necessárias.

§ 2º (Vetado).

§ 3º Os órgãos federais, estaduais, do Distrito Federal e municipais com atribuições para fiscalizar e controlar o mercado de consumo manterão comissões permanentes para elaboração, revisão e atualização das normas referidas no § 1º, sendo obrigatória a participação dos consumidores e fornecedores.

§ 4º Os órgãos oficiais poderão expedir notificações aos fornecedores para que, sob pena de desobediência, prestem informações sobre questões de interesse do consumidor, resguardado o segredo industrial.

Temos, portanto, para a elaboração de normas que tratem de produção, industrialização, distribuição e consumo de produtos e serviços, com atribuições concorrentes, a União, os Estados, o Distrito Federal e os Municípios.

Embora o Código de Defesa do Consumidor fale em normas a serem baixadas pelos entes públicos, é preciso lembrar da limitação constitucional à legislação sobre consumo, especificamente, uma vez que o art. 24, inciso V, da Constituição Federal de 1988, estabelece que legislar sobre produção e consumo é competência concorrente da União, dos Estados e do Distrito Federal, excluindo os municípios.

Os detalhes sobre essa competência concorrente são trazidos pelo mesmo art. 24 da CF/1988, nos §§ 1º a 4º, assim redigidos:

> Art. 24. (...)
>
> § 1º No âmbito da legislação concorrente, a competência da União limitar-se-á a estabelecer normas gerais.

§ 2º A competência da União para legislar sobre normas gerais não exclui a competência suplementar dos Estados.

§ 3º Inexistindo lei federal sobre normas gerais, os Estados exercerão a competência legislativa plena, para atender a suas peculiaridades.

§ 4º A superveniência de lei federal sobre normas gerais suspende a eficácia da lei estadual, no que lhe for contrário.

Dessa forma, a União estabelece normas gerais, os Estados e o Distrito Federal podem suplementá-las, podendo legislar plenamente na ausência de legislação federal sobre a matéria. Caso seja promulgada lei federal posterior à lei estadual, esta terá a eficácia suspensa no que conflitar com a lei federal.

Por outro lado, não basta apenas o código consumerista apresentar uma série de direitos e obrigações para consumidores e fornecedores, bem como prever a possibilidade de regulamentação pelos entes federativos, sem trazer a possibilidade de imposição de sanções para aqueles que, eventualmente, descumpram o que foi preceituado.

Em razão disso, o § 1º do art. 55 nos apresenta a previsão de normatização, fiscalização e controle do mercado de consumo com a finalidade de preservar a vida, a saúde, a segurança, a informação e o bem-estar do consumidor.

Dada a dinâmica própria das relações de consumo, o art. 55 prevê, ainda, no seu § 3º a criação de comissões permanentes, no âmbito dos Órgãos de defesa do consumidor de cada ente federativo, com o objetivo de elaborar, revisar e atualizar as normas de produção e consumo já mencionadas.

Ainda no art. 55, § 4º, o código estabelece a possibilidade de os órgãos de defesa do consumidor expedirem notificações para que os fornecedores informem acerca de questões de interesse do consumidor. Caso não respondam às notificações feitas pelos órgãos oficiais, os fornecedores estarão sujeitos às penas previstas para casos de desobediência, sejam as de natureza administrativa ou as de natureza criminal.

O mesmo dispositivo ressalta que fica resguardado o segredo industrial, não podendo os órgãos de defesa do consumidor se valerem do código para descobrimento ou revelação de segredos das indústrias, quer de forma intencional, quer involuntariamente.

11.1 Sanções administrativas

O poder regulamentador precisa de um "braço forte" para fazer valer a regulamentação. É aqui que entra o poder sancionador.

O Código de Defesa do Consumidor não descuidou dessa questão e estabeleceu no art. 56 uma série de sanções administrativas a serem impostas aos fornecedores que violarem seus preceitos. Vejamos:

> Art. 56. As infrações das normas de defesa do consumidor ficam sujeitas, conforme o caso, às seguintes sanções administrativas, sem prejuízo das de natureza civil, penal e das definidas em normas específicas:
>
> I - multa;
>
> II - apreensão do produto;
>
> III - inutilização do produto;
>
> IV - cassação do registro do produto junto ao órgão competente;
>
> V - proibição de fabricação do produto;

VI - suspensão de fornecimento de produtos ou serviço;

VII - suspensão temporária de atividade;

VIII - revogação de concessão ou permissão de uso;

IX - cassação de licença do estabelecimento ou de atividade;

X - interdição, total ou parcial, de estabelecimento, de obra ou de atividade;

XI - intervenção administrativa;

XII - imposição de contrapropaganda.

Parágrafo único. As sanções previstas neste artigo serão aplicadas pela autoridade administrativa, no âmbito de sua atribuição, podendo ser aplicadas cumulativamente, inclusive por medida cautelar, antecedente ou incidente de procedimento administrativo.

Não entraremos nos detalhes de cada punição, mas é importante deixarmos patentes dois aspectos quanto ao tema.

O primeiro deles diz respeito à possibilidade de imposição de mais de uma das sanções previstas no art. 56, para o mesmo caso, sem que isto constitua um *bis in idem* e, portanto, uma ilegalidade.

Assim, no caso de infração por venda de produto em desconformidade com as normas, pode haver a sanção do inciso I (multa), cumulada com a do inciso II (apreensão do produto). Em se tratando de produto alimentício impróprio para o consumo (fora do prazo de validade, por exemplo), caberá também a sanção do inciso III (inutilização do produto), além das duas anteriormente citadas.

O segundo aspecto a ser realçado está previsto no *caput* do art. 56 e diz respeito à possibilidade de aplicação das sanções administrativas sem prejuízo das de natureza civil, penal ou daquelas previstas em normas específicas.

Portanto, se a conduta do fornecedor se enquadra em uma prática capaz de ensejar punições de vários tipos, elas poderão ser aplicadas sem que isto constitua também um *bis in idem*. Seria o caso, por exemplo, de uma publicidade enganosa veiculada por um fornecedor. Ele estará sujeito a ser sancionado administrativamente, a responder criminalmente pelo crime previsto no art. 67 do CDC, bem como a figurar como réu em uma ação civil pública para a suspensão imediata da publicidade e compensação do dano moral que eventualmente tenha causado. Tudo isto em razão de uma só peça publicitária. O mesmo poderá ocorrer com qualquer ilícito administrativo que possa configurar crime e lesão ou ameaça de lesão às relações de consumo.

11.2 A pena de multa

Como apontado anteriormente, uma das penalidades aplicáveis aos fornecedores pelos órgãos de defesa do consumidor é a multa. Esta resulta ser a mais comum das penalidades aplicadas no dia a dia dos órgãos de defesa do consumidor.

O Código impõe algumas regras para sua aplicação, no art. 57, que transcrevemos:

> Art. 57. A pena de multa, graduada de acordo com a gravidade da infração, a vantagem auferida e a condição econômica do fornecedor, será aplicada mediante procedimento administrativo, revertendo para o Fundo de que trata a Lei nº 7.347, de 24 de julho de 1985, os valores cabíveis à União, ou para os Fundos estaduais ou municipais de proteção ao consumidor nos demais casos.

Parágrafo único. A multa será em montante não inferior a duzentas e não superior a três milhões de vezes o valor da Unidade Fiscal de Referência (Ufir), ou índice equivalente que venha a substituí-lo.

A primeira coisa a ser dita é que toda multa só pode ser aplicada diante de um processo administrativo no qual sejam assegurados o devido processo legal, a ampla defesa e o contraditório, sob pena de nulidade.

Esta exigência, de resto, é cabível para a imposição de qualquer sanção administrativa com base no Código de Defesa do Consumidor.

A multa deve ter uma gradação, o que significa que para se chegar ao valor da sanção deverá a autoridade analisar:

- a gravidade da infração;
- a vantagem auferida pelo fornecedor ou por terceiro a ele relacionado; e
- a condição econômica do fornecedor.

Os valores resultantes da aplicação das multas deverão ser revertidos para os fundos de que trata a Lei nº 7.347, de 1985 (Lei da Ação Civil Pública), que poderão ser o Fundo Nacional de Direitos Difusos (FNDD), da União, bem como os fundos estaduais ou municipais de defesa do consumidor.

Os valores máximos e mínimos, como também o cálculo dos valores das multas são disciplinados em normas infralegais (Decretos ou Portarias) editados pelos entes fiscalizadores.

11.3 Penalidades para casos de vícios de quantidade ou de qualidade

O CDC esclarece que as "penas de apreensão, de inutilização de produtos, de proibição de fabricação de produtos, de suspensão do fornecimento de produto ou serviço, de cassação do registro do produto e revogação da concessão ou permissão de uso" são cabíveis nos casos de constatação de "vícios de quantidade ou de qualidade por inadequação ou insegurança do produto ou serviço" (art. 58).

11.4 Casos de reincidência

Tendo em vista a possibilidade de o fornecedor reincidir em práticas previamente punidas pelos órgãos de defesa do consumidor (previstas no CDC ou em legislação complementar), o Código estabeleceu penas mais severas para tais situações, prevendo a cassação de alvará ou de licença para funcionamento, a interdição, a suspensão temporária das atividades empresariais e até a intervenção administrativa (art. 59).

Em se tratando de concessionária de serviço público, esta poderá sofrer a perda da concessão quando violar obrigação legal ou contratual (art. 59, § 1º).

A intervenção administrativa, que consiste em colocar-se um administrador designado pela autoridade de defesa do consumidor ou pelo Poder Judiciário para gerir o negócio do fornecedor só será cabível quando "as circunstâncias de fato desaconselharem a cassação de licença, a interdição ou suspensão da atividade" (art. 59, § 2º).

Caso a sanção administrativa imposta ao fornecedor tenha sido questionada judicialmente por este, qualquer outro fato a ele atribuído posteriormente não será considerado reincidência enquanto não houver decisão judicial transitada em julgado (art. 59, § 3º).

11.5 Contrapropaganda

A contrapropaganda é uma punição a ser imposta ao fornecedor que promover publicidade enganosa ou abusiva (art. 60, *caput*).

Os custos desta medida deverão correr por conta do fornecedor, de acordo com um plano de mídia que corresponda à "mesma forma, frequência e dimensão e, preferencialmente no mesmo veículo, local, espaço e horário, de forma capaz de desfazer o malefício da publicidade enganosa ou abusiva" (§ 1º do art. 60).

12

Infrações penais

12.1 As relações de consumo como bem jurídico penal

12.1.1 Especificação da matéria

O Direito do Consumidor é uma nova disciplina e por isso precisa de uma nova visão por parte do Direito.

As soluções dadas pelo Direito Penal clássico para as relações humanas normalmente consideradas não são bastantes, ou suficientes para atenderem a todas as necessidades que surgem dentro das relações de consumo.

Em razão disso, o legislador de 1990 entendeu por bem trazer uma série de dispositivos penais para o Código de Defesa do Consumidor.

Desse modo, passamos a ter um tratamento especial e diferenciado para uma série de condutas que até então não haviam sido tipificadas ou, da forma como estavam tipificadas no Direito Penal tradicional, não serviam de forma suficiente aos interesses das relações de consumo.

12.1.2 Harmonização com as normas penais já existentes

Obviamente, o Direito Penal do Consumidor precisa estar harmonizado com as normas penais já existentes, de maneira que as regras gerais do Direito Penal são todas elas aplicadas, ou aplicáveis, a essa nova modalidade de Direito Penal.

12.1.3 Motivos para um tratamento penal específico

Quais os motivos para termos um tratamento penal específico para as relações de consumo?

O primeiro aspecto que merece relevância quando tratamos desse assunto diz respeito ao entendimento de que as punições administrativas e cíveis, possivelmente aplicáveis a determinadas condutas já condenadas pelo Código de Defesa do Consumidor, seriam insuficientes para dar a resposta que a sociedade necessita para condutas graves, que apenas com as mencionadas punições pareceriam de certa forma aceitáveis, quando na verdade merecem uma condenação mais severa por parte do poder público.

Com o estabelecimento das condutas penalmente condenáveis o legislador também pretendeu dar uma maior efetividade às normas de natureza civil previstas no Código de Defesa do Consumidor e na legislação correlata, posto que o preço a se pagar pela infração às normas protetivas do consumidor, quando envolve a possibilidade de responder a um processo-crime, torna-se bem mais caro.

É importante ressaltar que o fornecedor, ao estar diante da possibilidade de executar um ato que representa também um crime, tende a ser mais cuidadoso, e por isso, com frequência, é desestimulado a cometer a prática delituosa.

Com isso nós temos um outro efeito colateral gerado pela tipificação de determinadas condutas por parte do Código de Defesa do Consumidor que é, justamente, a prevenção de novos delitos.

Com tais considerações passemos a analisar melhor o que o Código de Defesa do Consumidor dispõe sobre os crimes contra as relações de consumo.

12.2 Sujeito ativo dos crimes contra as relações de consumo

Quando nos perguntamos quem são os sujeitos ativos dos crimes contra as relações de consumo vamos encontrar essa resposta no art. 75 do Código, assim redigido:

> Art. 75. Quem, de qualquer forma, concorrer para os crimes referidos neste código, incide as penas a esses cominadas na medida de sua culpabilidade, bem como o diretor, administrador ou gerente da pessoa jurídica que promover, permitir ou por qualquer modo aprovar o fornecimento, oferta, exposição à venda ou manutenção em depósito de produtos ou a oferta e prestação de serviços nas condições por ele proibidas.

A primeira parte deste art. 75 é muito semelhante ao disposto no art. 29 do Código Penal, que por razões didáticas, também transcrevemos:

> Art. 29. Quem, de qualquer modo, concorre para o crime incide nas penas a este cominadas, na medida de sua culpabilidade.

É fácil constatar que o art. 75 tem uma complementação que diz respeito, justamente, a um detalhamento da relação de pessoas que podem incidir nas práticas criminosas estabelecidas pelo Código de Defesa do Consumidor.

Tais pessoas são as que detêm poder dentro da empresa, como o diretor, o administrador ou o gerente da pessoa jurídica que promover, permitir ou por qualquer modo autorizar a prática proibida pelo Código, seja ela no fornecimento de produtos ou de serviços.

Isso não quer dizer que os empregados de menor graduação dentro da empresa estejam isentos de responder pelos crimes eventualmente praticados, isto porque eles já estão inseridos na primeira parte do que dispõe o art. 75, pois eles são aquelas pessoas que, "de qualquer forma", concorrem para o crime.

O que o Código de Defesa do Consumidor quis trazer com este adendo para o art. 75 foi a possibilidade de punição que vai além do empregado, do balconista, do simples vendedor da loja ou da empresa.

Com isso, o legislador deixou bem claro que os responsáveis pela empresa também são responsáveis pelos atos dos seus empregados ou prepostos, sendo inaceitável que se puna apenas o empregado quando este estava cumprindo normas estabelecidas pela direção ou pela gerência da empresa, ou quando os administradores não agiram de forma eficaz para evitar a prática de crimes contra as relações de consumo dentro das empresas que, de uma forma ou de outra, administram.

12.3 Sujeito passivo dos crimes contra as relações de consumo

Quando falamos dos crimes contra as relações de consumo, a depender do tipo penal, podemos ter como sujeito passivo um consumidor individual que sofreu diretamente o dano decorrente da prática promovida pelo fornecedor, ou bem podemos ter toda a coletividade indeterminada de consumidores, diante de fatos delituosos que atingem toda a sociedade.

Em razão disso, ao tratarmos individualmente de cada um dos tipos penais previstos no Código de Defesa do Consumidor, apontaremos qual ou quais os sujeitos passivos dos crimes.

12.4 Relação entre o Código Penal e a proteção ao consumidor

O fato de o Código de Defesa do Consumidor trazer tipos penais não exclui a aplicação ou a incidência do Código Penal naquelas situações em que existem crimes específicos nesta codificação, tendo tal fato resultado expresso no texto da lei protetiva de consumo. É nesse sentido o disposto no art. 61 do CDC:

> Art. 61. Constituem crimes contra as relações de consumo previstas neste código, sem prejuízo do disposto no Código Penal e leis especiais, as condutas tipificadas nos artigos seguintes.

Assim, havendo a prática de crime previsto no Código Penal ou em leis especiais além de delito tipificado no Código de Defesa do Consumidor todos os fatos serão alvo de persecução criminal.

12.5 Infrações penais de consumo: crimes de resultado ou crimes de perigo?

Quando estudamos as relações de consumo, uma discussão que sempre vem à tona é a referente à indagação se os crimes tipificados no CDC são de resultado ou são de perigo.

Há uma parte da doutrina que defende o entendimento de que os crimes contra as relações de consumo são sempre crimes de dano, de lesão ou de resultado. Isto porque, sempre que houver a prática de um tipo penal previsto na legislação consumerista, é porque houve uma lesão efetiva à relação de consumo, ou seja, o objeto material imediato protegido pelo Direito do Consumidor, que é a própria relação de consumo, foi maculado, atingido, lesado.

Seguindo esse mesmo entendimento, ocasiões ocorrem em que além do dano ao objeto material imediato teremos também um dano ao objeto material mediato, ou seja, o próprio consumidor ou o bem que foi adquirido por ele.

Ao comentarmos cada um dos tipos penais no decorrer do presente capítulo mencionaremos as especificidades de cada um dos crimes.

12.6 Responsabilidade penal da pessoa jurídica

Diferentemente do que ocorre com os crimes de natureza ambiental, nos crimes contra as relações de consumo não há a possibilidade de punição da pessoa jurídica.

Desse modo, a punição penal no caso dos crimes contra as relações de consumo será sempre imposta a uma pessoa física determinada. Jamais a uma pessoa jurídica.

12.7 Crimes contra as relações de consumo em espécie

12.7.1 Omissão de informação a consumidores

> Art. 63. Omitir dizeres ou sinais ostensivos sobre a nocividade ou periculosidade de produtos, nas embalagens, nos invólucros, recipientes ou publicidade:
>
> Pena – Detenção de seis meses a dois anos e multa.
>
> § 1º Incorrerá nas mesmas penas quem deixar de alertar, mediante recomendações escritas ostensivas, sobre a periculosidade do serviço a ser prestado.

§ 2º Se o crime é culposo:

Pena – Detenção de um a seis meses ou multa.

12.7.1.1 Bem jurídico tutelado

No caso do crime do art. 63, o bem jurídico tutelado, de forma geral, é a relação de consumo.

De modo específico, tutela-se a prevenção de dano à vida, à saúde e à integridade física do consumidor.

12.7.1.2 Sujeito ativo

Pune-se o fornecedor de **produtos** com base no *caput*, e o fornecedor de **serviços**, no § 1º.

12.7.1.3 Sujeito passivo

Em se tratando de produtos colocados no mercado de consumo sem os devidos **dizeres ou sinais ostensivos sobre a nocividade ou periculosidade**, o sujeito passivo é a coletividade (indeterminada ou indeterminável) de consumidores, difusamente considerada.

Quando tratamos dos serviços, o tipo fala em punir **quem deixar de alertar, mediante recomendações escritas ostensivas, sobre a periculosidade do serviço a ser prestado**.

Neste tópico, tanto podemos falar dos consumidores difusamente considerados, imaginando que a omissão do fornecedor de serviço é generalizada, que ele nunca informou, nem pretendia informar sobre a periculosidade do serviço que pretendia prestar, como também podemos tratar de um consumidor devidamente individualizado, que chegou a contratar com o fornecedor o serviço perigoso, mas que não recebeu as devidas informações sobre os riscos que o serviço contratado pode trazer para sua saúde ou segurança.

12.7.1.4 Elemento objetivo do tipo

A proteção à vida, à saúde e à segurança do consumidor se manifesta em diversos dispositivos do Código de Defesa do Consumidor. Tal proteção faz parte dos objetivos da Política Nacional das Relações de Consumo (art. 4°, *caput*, do CDC) e integra o rol dos direitos básicos do consumidor (art. 6°, inciso I).

Tratando especificamente da proteção à saúde e segurança na Seção I, do Capítulo IV, do CDC, o legislador previu que "os produtos e serviços colocados no mercado de consumo não acarretarão riscos à saúde ou segurança dos consumidores, exceto os considerados normais e previsíveis em decorrência de sua natureza e fruição" (art. 8°).

O fornecedor de produtos ou serviços "nocivos ou perigosos à saúde ou segurança deverá informar, de maneira ostensiva e adequada, a respeito da sua nocividade ou periculosidade, sem prejuízo da adoção de outras medidas cabíveis em cada caso concreto" (art. 9°).

Esta mesma preocupação com os riscos que os produtos ou serviços acarretam à saúde e segurança do consumidor vem expressa na parte final do art. 31 da lei protetiva de consumo.

Considerando esses dispositivos é que o art. 63, no seu *caput* (quanto aos produtos) e no seu § 1° (no que diz respeito aos serviços), criminaliza a forma de agir do fornecedor que descuida da obrigação de colocar de forma ostensiva, "nas embalagens, nos invólucros, recipientes ou publicidade", "dizeres ou sinais (...) sobre a nocividade ou periculosidade de produtos" ou "do serviço a ser prestado".

O citado art. 63 fala na necessidade de os dizeres ou sinais serem "ostensivos", enquanto o art. 8º menciona "informações necessárias e adequadas" a respeito dos produtos e serviços, e o art. 9º cuida do dever de "informar, de maneira ostensiva e adequada, a respeito da sua nocividade ou periculosidade".

Dizeres e sinais ostensivos são aqueles perceptíveis de forma fácil e rápida, sem exigirem que o consumidor busque demoradamente a informação sobre eventual periculosidade do produto ou serviço.

A informação necessária, no caso em estudo, é a que trata, justamente, dos riscos potenciais que o produto ou serviço trazem para a saúde ou segurança do consumidor.

E a adequação da informação está ligada ao entendimento que dela tem o consumidor, posto que de nada adianta uma informação que não pode ser compreendida pelo consumidor.

Para que se desincumba a contento dos deveres expressos nos citados artigos, deverá o fornecedor fazer constar essas informações necessárias, adequadas e ostensivas, nos "impressos apropriados que devam acompanhar o produto" (parágrafo único do art. 8º do CDC), além destes (ou fazendo-lhes as vezes), estão as embalagens, invólucros, recipientes e publicidade. As mesmas providências deverão ser tomadas pelos fornecedores com relação às "recomendações escritas" sobre os perigos do serviço que será prestado, que deverão obrigatoriamente ser entregues aos consumidores.

Fazendo uma interpretação sistêmica entre o tipo penal do art. 63 e a obrigação criada pelo art. 8º, ambos do CDC, temos que, em princípio, o autor do crime previsto no *caput* daquele artigo é o fabricante, levando em consideração o disposto no § 1º do citado art. 8º, com a redação dada pela Lei nº 13.486, de 2017, que transcrevemos:

> Art. 8º (...)
>
> § 1º Em se tratando de produto industrial, ao fabricante cabe prestar as informações a que se refere este artigo, através de impressos apropriados que devam acompanhar o produto.

É possível pensarmos na prática do crime pelo comerciante do produto, caso ele atue no sentido de apagar ou subtrair os dizeres ou sinais ostensivos sobre a nocividade ou periculosidade que haviam sido devidamente colocados pelo fabricante.

Uma outra alteração trazida pela citada Lei nº 13.486, de 2017 para o art. 8º do CDC, foi o acréscimo de um segundo parágrafo, que também poderá ter repercussões quanto à aplicação do art. 63. Diz ele:

> Art. 8º (...)
>
> § 2º O fornecedor deverá higienizar os equipamentos e utensílios utilizados no fornecimento de produtos ou serviços, ou colocados à disposição do consumidor, e informar, de maneira ostensiva e adequada, quando for o caso, sobre o risco de contaminação.

Com isso, conclui-se que informações "sobre o risco de contaminação" de equipamentos também deverão ser prestadas "de maneira ostensiva e adequada", sob pena de incorrer-se no crime do art. 63 do CDC.

Por se tratar de crime omissivo puro (de mera conduta) não se faz necessária a ocorrência de um dano efetivo a qualquer consumidor em particular. Ou seja, ninguém precisa sofrer algum dano à sua incolumidade física ou psíquica em razão da omissão do fornecedor.

Basta que o produto tenha sido colocado no mercado de consumo sem os dizeres ou sinais, na forma preconizada pelo Código, para que o crime se aperfeiçoe. O mesmo ocorrendo com os serviços.

12.7.1.5 Elemento subjetivo do tipo

O art. 63 do Código de Defesa do Consumidor prevê punições tanto para a conduta dolosa (*caput* e § 1°) quanto para a conduta culposa (§ 2°).

O dolo consiste na omissão deliberada e consciente, por parte do fornecedor, das informações sobre a periculosidade ou nocividade dos produtos ou serviços colocados no mercado de consumo, sobre os riscos normais e previsíveis.

A conduta culposa irá se manifestar quando o fornecedor negligenciar na prestação da informação sobre perigos e riscos dos produtos ou serviços, porque não percebeu a exigência legal que lhe é imposta pelo CDC.

Ambas as condutas merecem repulsa pelo Estado, que as pune de forma diversa, considerando-se, no entanto, que a conduta dolosa representa maior gravidade do que a conduta culposa, apenando-se esta mais brandamente do que aquela.

12.7.2 Omissão de comunicação da nocividade de produtos

> Art. 64. Deixar de comunicar à autoridade competente e aos consumidores a nocividade ou periculosidade de pro-

dutos cujo conhecimento seja posterior à sua colocação no mercado:

Pena - Detenção de seis meses a dois anos e multa.

12.7.2.1 Bem jurídico tutelado

No caso do crime do art. 64 o bem jurídico tutelado, de forma geral, é a relação de consumo.

De modo específico, tutela-se a prevenção de dano à vida, à saúde e à integridade física do consumidor, assim como ocorre com o art. 63.

12.7.2.2 Sujeito ativo

O sujeito ativo do crime previsto no art. 64 do CDC é o fornecedor de produtos, tanto o fabricante quanto o comerciante.

O *caput* do artigo está mais relacionado com o fabricante do produto, enquanto o parágrafo único relaciona-se igualmente ao fabricante e ao comerciante.

Pode-se também cogitar da imputação ao fornecedor de serviços caso ele utilize para a execução do contrato celebrado com o consumidor um produto cuja nocividade ou periculosidade é de seu conhecimento, posto que, embora sem vender diretamente o produto, ele o utiliza no fornecimento do serviço (por exemplo, o implante de uma prótese de silicone que, sabidamente, se mostrou perigosa para as consumidoras após sua colocação no mercado).

Aqui tratamos dos casos típicos de *recall* ou chamamento de produtos ou serviços, previstos no § 1º do art. 10 do Código de Defesa do Consumidor.

12.7.2.3 Sujeito passivo

Em se tratando de produtos cuja nocividade ou periculosidade são conhecidas após sua colocação no mercado de consumo, tanto podemos falar dos consumidores difusamente considerados, posto que os danos não precisam ter sido efetivados com relação a nenhum consumidor específico, quanto de um consumidor devidamente individualizado que tenha sofrido diretamente a falta de informação qualificada e relevante de que trata o artigo em comento.

12.7.2.4 Elemento objetivo do tipo

Este artigo reflete mais uma preocupação do legislador com a vida, a saúde e a segurança do consumidor.

O mais comum é os produtos serem desenvolvidos, testados e colocados no mercado sem que apresentem riscos além daqueles que lhes são inerentes e que comumente se apresentam.

No entanto, em algumas ocasiões, os produtos após serem comercializados passam a apresentar riscos ou danos efetivos aos consumidores. Riscos e danos estes que não são comuns em produtos do tipo e que, justamente por isso, não haviam sido previstos anteriormente.

Diante desse fato superveniente e ignorado inicialmente pelo fornecedor, o Código de Defesa do Consumidor exige que o fornecedor comunique "o fato imediatamente às autoridades competentes e aos consumidores" (art. 10, § 1º, do CDC).

Caso o fornecedor negligencie essa obrigação, incorrerá nas penas do art. 64.

O parágrafo único do mesmo artigo estabelece pena idêntica para o fornecedor que "deixar de retirar do mercado, imediatamente quando determinado pela autoridade competente, os produtos nocivos ou perigosos, na forma do art. 64".

No caso, a omissão não diz respeito à falta de informação, mas sim ao ato de retirar do mercado, de circulação comercial, das prateleiras ou dos *sites* de comércio eletrônico, os produtos com periculosidade ou nocividade conhecidos supervenientemente à sua colocação à venda para os consumidores.

12.7.2.5 Elemento subjetivo do tipo

O CDC só previu a punição para a conduta dolosa, ou seja, para a vontade livre e consciente, seja quanto a deixar de comunicar sobre a nocividade ou periculosidade do produto que veio a ser conhecida depois da colocação deste no mercado, no que tange ao crime previsto no *caput* do artigo, seja quanto a não cumprir a ordem para retirar do mercado o produto perigoso ou nocivo.

12.7.3 Execução de serviço de alto grau de periculosidade

> Art. 65. Executar serviço de alto grau de periculosidade, contrariando determinação de autoridade competente:
>
> Pena – Detenção de seis meses a dois anos e multa.
>
> § 1º As penas deste artigo são aplicáveis sem prejuízo das correspondentes à lesão corporal e à morte.
>
> § 2º A prática do disposto no inciso XIV do art. 39 desta Lei também caracteriza o crime previsto no *caput* deste artigo.

12.7.3.1 Bem jurídico tutelado

Mais uma vez, estamos diante de um tipo penal que busca, de forma direta, tutelar a relação de consumo sob o aspecto da sanidade do consumidor.

Indiretamente, o dispositivo protege a vida, a saúde e a segurança do consumidor.

12.7.3.2 *Sujeito ativo*

O sujeito ativo do crime previsto no art. 65 do CDC é o fornecedor de serviços "de alto grau de periculosidade", que contraria "determinação de autoridade competente".

12.7.3.3 *Sujeito passivo*

Para definirmos os sujeitos passivos da conduta prevista no *caput* do art. 65, precisamos atentar para quem sofreria as consequências nefastas do serviço altamente perigoso, executado à revelia de determinação de autoridade com competência para regular tal serviço.

Nessa linha, chegamos à coletividade de consumidores, sem a necessidade de identificação, individualização ou especificação dos mesmos.

Quando analisamos o § 1º do mesmo artigo, temos a determinação para aplicação da pena, independentemente das penas aplicáveis por lesão corporal ou morte. Nestes casos, evidentemente, teremos obrigatoriamente vítimas identificadas ou identificáveis, mas para os crimes previstos nos arts. 121 e/ou 129 do Código Penal.

O referido § 1º nada mais faz do que especificar a regra geral de aplicação do Código Penal a crimes que também configurem crimes contra as relações de consumo, prevista no art. 61 do CDC ("constituem crimes contra as relações de consumo previstas neste código, sem prejuízo do disposto no Código Penal e leis especiais, as condutas tipificadas nos artigos seguintes").

No § 2° temos, da mesma forma, a generalidade ou coletividade dos consumidores como vítimas do crime, neste aspecto, caracterizado pela permissão de "ingresso em estabelecimentos comerciais ou de serviços de um número maior de consumidores que o fixado pela autoridade administrativa como máximo" (art. 39, XIV, do CDC).

12.7.3.4 Elemento objetivo do tipo

O crime sob análise é comissivo, posto que se consumará com a execução do serviço de alto grau de periculosidade (à vida, saúde e segurança do consumidor), em descumprimento de determinação de autoridade.

Obviamente, como o dispositivo deixa claro, a autoridade da qual emanou a ordem sobre a execução ou não do serviço perigoso deve ter competência para tanto. Sem esta, o crime não se configura.

Não se faz necessário que algum consumidor sofra qualquer lesão em decorrência do serviço praticado, posto que estamos diante de um crime de perigo quanto à individualização de eventuais lesões ou mortes, embora a simples execução do serviço, nos termos previstos no art. 65, já configure um dano à higidez das relações de consumo.

Caso ocorra lesão corporal ou morte em decorrência da prática do fornecedor do serviço, ele será apenado também por estes crimes, independentemente da pena que lhe será aplicada por força do art. 65 do CDC.

Como o Código não definiu em que consiste um **serviço de alto grau de periculosidade**, estamos diante de uma norma penal em branco, que precisa ser complementada com outras leis ou regulamentos.

É o caso das leis estaduais que estabelecem as regras para a realização de espetáculos pirotécnicos (aqueles que usam fogos de artifício).

Pelo alto grau de periculosidade desses espetáculos, os fornecedores que pretendem executar tais serviços necessitam apresentar projetos para o Corpo de Bombeiros, seguindo uma série de normas técnicas, bem como executar tais projetos dentro do que for aprovado.

Assim, executando o serviço de espetáculo pirotécnico sem a submissão de um projeto para o Corpo de Bombeiros, sem a aprovação do mesmo ou sem cumprir tudo o que consta no projeto aprovado, o fornecedor incorrerá nas penas do art. 65 do CDC.

Caso algum consumidor venha a morrer ou sofrer lesão corporal em razão desse espetáculo executado ilegalmente, o fornecedor ainda responderá pelos crimes previstos no Código Penal brasileiro (arts. 121 e 129).

Existem serviços que, de tão perigosos que são, não podem em hipótese alguma ser executados. Tais serviços são totalmente proibidos pelo *caput* do art. 10 do CDC, que veda a colocação "no mercado de consumo produto ou serviço que sabe ou deveria saber apresentar alto grau de nocividade ou periculosidade à saúde ou segurança".

No caso dos serviços de que trata o art. 65, eles têm alto grau de periculosidade, mas cumpridas as normas ditadas pelo poder público com o intuito de aumentar-lhes a segurança, poderão ser executados.

12.7.3.5 *Elemento subjetivo do tipo*

O Código de Defesa do Consumidor só prevê punição para a conduta dolosa.

12.7.4 Oferta não publicitária enganosa

Art. 66. Fazer afirmação falsa ou enganosa, ou omitir informação relevante sobre a natureza, característica, qualidade, quantidade, segurança, desempenho, durabilidade, preço ou garantia de produtos ou serviços:

Pena – Detenção de três meses a um ano e multa.

§ 1º Incorrerá nas mesmas penas quem patrocinar a oferta.

§ 2º Se o crime é culposo;

Pena – Detenção de um a seis meses ou multa.

12.7.4.1 Bem jurídico tutelado

A informação correta, clara e adequada é considerada de elevada importância pelo Código de Defesa do Consumidor.

Tanto é assim que vemos a informação como um dos princípios da Política Nacional das Relações de Consumo (art. 4º, inciso IV, do CDC) e como direito básico do consumidor (art. 6º, inciso III, do CDC).

No art. 31, o Código detalha como devem ser prestadas as informações de qualidade para o consumidor ("corretas, claras, precisas, ostensivas e em língua portuguesa sobre suas características, qualidades, quantidade, composição, preço, garantia, prazos de validade e origem, entre outros dados, bem como sobre os riscos que apresentam à saúde e segurança dos consumidores", além de serem indeléveis para os produtos refrigerados – parágrafo único do art. 31).

A informação qualificada (aquela que atende os preceitos do CDC) busca preservar a integridade patrimonial, física e psíquica do consumidor.

O art. 66 do Código veio reforçar a importância de a informação ao consumidor cumprir todos os requisitos do art. 31 da mesma codificação.

O art. 31 menciona que a informação sobre a qual ele dispõe deve ser prestada na "oferta e apresentação de produtos ou serviços", enquanto o art. 66 não exige que a afirmação falsa, enganosa ou omissa decorra de uma ou de outra, sendo válida a conclusão de que o crime ocorrerá tanto no caso de oferta direta (não publicitária) quanto de apresentação (também não publicitária) de produto.

A oferta de que cuida o art. 66 é aquela feita pelo fornecedor sem o uso de mensagens publicitárias, para cativar ou convencer o consumidor a adquirir o produto ou serviço.

Já a apresentação é a "mostra", a exibição do produto (embalado ou não) ou a "amostra" do serviço.

O § 1º do art. 66 prevê a aplicação da mesma pena de quem faz a afirmação falsa, enganosa ou omissa, para quem patrocina a oferta nessas condições.

Neste caso, o **patrocinador** é quem paga para que a oferta seja feita, que a custeia ou financia.

Assim, podemos afirmar que responde pelo crime tanto o vendedor da loja, que falseia a informação ou a omite, quanto o dono da empresa, que é quem "banca" a oferta feita pelo seu empregado.

O patrocinador tanto pode incorrer na modalidade dolosa quanto culposa do crime.

12.7.4.2 *Sujeito ativo*

O sujeito ativo do crime é o fornecedor, seja ele fabricante, importador ou comerciante.

Como dito linhas atrás, tanto o dono da empresa (como patrocinador da oferta criminosa) quanto o vendedor que apresenta diretamente a oferta em desconformidade com a lei são passíveis de responder pelo crime do art. 66 do CDC.

Jurisprudência – STJ

Jurisprudência em Teses – Edição n° 42. Direito do Consumidor II.

Tese 4) A instituição de ensino superior responde objetivamente pelos danos causados ao aluno em decorrência da falta de reconhecimento do curso pelo MEC, quando violado o dever de informação ao consumidor.

A falta de reconhecimento de um curso superior por parte do Ministério da Educação impacta direta e negativamente na qualidade do diploma a ser conquistado pelo aluno consumidor, posto que será de pouquíssima utilidade no mercado de trabalho.

Assim, caso a instituição, por meio de seus representantes, deixe de informar que o curso não possui o devido reconhecimento da União, esses representantes incorrerão no crime do art. 66.

Vale ressaltar que no caso de o consumidor ser efetivamente induzido a erro em razão "de indicação ou afirmação falsa ou enganosa sobre a natureza, qualidade do bem ou serviço, utilizando-se de qualquer meio, inclusive a veiculação ou divulgação publicitária", estaremos diante do crime previsto no art. 7°, inciso VII, da Lei n° 8.137, de 27 de dezembro de 1990, que prevê pena de 2 a 5 anos, ou multa ao fornecedor, portanto, mais grave do que os três meses a um ano e multa previstos para o crime do art. 66.

12.7.4.3 *Sujeito passivo*

O sujeito passivo do crime do art. 66 do CDC é o consumidor exposto à oferta não publicitária falsa, enganosa ou omissa.

Neste caso, é exigível a existência de um consumidor identificado como vítima do crime, diferentemente do que ocorre com os crimes que veremos logo a seguir.

12.7.4.4 Elemento objetivo do tipo

Na cabeça do art. 66 temos a criminalização da conduta do fornecedor que age de forma comissiva ao afirmar falsa ou enganosamente sobre o produto ou serviço, bem como aquele que atua omissivamente, ao deixar de informar algum dado relevante sobre o produto ou serviço.

Para a configuração do crime não se faz necessário que o consumidor acredite na afirmação falsa ou enganosa, nem que ele sofra qualquer prejuízo em razão de tal informação, ou da falta dela. Caso esse dano ocorra, como afirmado anteriormente, tratar-se-á de um crime mais grave, previsto no art. 7º, inciso VII, da Lei nº 8.137/1990.

O tipo penal do art. 66 do CDC fala em afirmação **falsa**. Por afirmação falsa temos aquela que não corresponde à realidade, que é mentirosa. O seu objetivo é fazer com que o consumidor acredite que o produto ou serviço possui uma característica, qualidade, segurança, desempenho, durabilidade, preço ou garantia que na verdade não tem.

A afirmação enganosa é a que tem a capacidade ou a intenção de enganar o consumidor, de formar nele um entendimento, uma imagem ou uma percepção sobre o produto que não corresponde à realidade.

A omissão capaz de configurar o crime em estudo é a falta de informação. Porém, não é toda e qualquer informação faltante que gerará o crime, mas apenas a informação considerada relevante sobre a natureza, característica, qualidade, segurança, desempenho, durabilidade, preço ou garantia do produto ou do serviço.

12.7.4.5 Elemento subjetivo do tipo

O art. 66 prevê punição tanto para a conduta dolosa (*caput*) quanto culposa (§ 2° do mesmo artigo).

A culpa, no caso, decorre sobretudo da negligência do fornecedor (embora não possamos descartar a imprudência ou imperícia) em verificar ou se assegurar de que todas as informações relevantes sobre o produto estão presentes e são prestadas de forma verídica e correta.

12.7.5 Publicidade enganosa ou abusiva

> Art. 67. Fazer ou promover publicidade que sabe ou deveria saber ser enganosa ou abusiva:
>
> Pena – Detenção de três meses a um ano e multa.
>
> Parágrafo único. (Vetado).

12.7.5.1 Bem jurídico tutelado

Para que seja possível a punição por fazer ou promover publicidade enganosa ou abusiva, é preciso a complementação da norma penal com as definições de uma e de outra. Por isso, estamos diante de uma norma penal em branco.

No entanto, o próprio Código de Defesa do Consumidor cuidou de trazer ambas as definições nos parágrafos de seu art. 37, que pela relevância para o presente estudo merece transcrição:

Art. 37. É proibida toda publicidade enganosa ou abusiva.

§ 1º É enganosa qualquer modalidade de informação ou comunicação de caráter publicitário, inteira ou parcialmente falsa, ou, por qualquer outro modo, mesmo por omissão, capaz de induzir em erro o consumidor a respeito da natureza, características, qualidade, quantidade, propriedades, origem, preço e quaisquer outros dados sobre produtos e serviços.

§ 2º É abusiva, dentre outras a publicidade discriminatória de qualquer natureza, a que incite à violência, explore o medo ou a superstição, se aproveite da deficiência de julgamento e experiência da criança, desrespeita valores ambientais, ou que seja capaz de induzir o consumidor a se comportar de forma prejudicial ou perigosa à sua saúde ou segurança.

§ 3º Para os efeitos deste código, a publicidade é enganosa por omissão quando deixar de informar sobre dado essencial do produto ou serviço.

§ 4º (Vetado).

Desse modo, o crime será praticado quando feita ou promovida uma publicidade que tenha as características definidas nos parágrafos do art. 37 do CDC.

12.7.5.2 Sujeito ativo

Temos dois verbos elementares do tipo: fazer e promover publicidade.

Falando-se de publicidade profissional, é muito comum que se contrate uma agência de publicidade para a elaboração das peças que serão veiculadas.

Nesse caso, o sujeito ativo do crime é quem elabora a peça publicitária, quem a produz, quem faz a publicidade, ou seja, a pessoa ou as pessoas responsáveis pela agência de publicidade contratada.

Nada impede, no entanto, que o próprio fornecedor faça a peça publicitária incorrendo, também, no crime.

Promover publicidade é arcar com os custos de divulgação das peças publicitárias. Aqui, se temos uma agência ou um profissional que elaborou a peça, e um fornecedor para quem a peça foi elaborada, apenas este se enquadra no elemento promover e ambos responderão pelo crime. O publicitário ou os responsáveis pela agência por terem **feito** a publicidade e o fornecedor por tê-la **promovido**.

Considerando-se que **promover** inclui a divulgação da peça publicitária, também respondem pelo crime do art. 67 do CDC os responsáveis pelo veículo de comunicação no qual a peça contendo enganosidade ou abusividade for veiculada.

12.7.5.3 Sujeito passivo

Os sujeitos passivos do crime do art. 67 do CDC são os consumidores difusamente considerados, posto que não é preciso a identificação de qualquer consumidor que tenha sido ludibriado pela publicidade enganosa ou tenha se sentido ofendido pela publicidade abusiva.

12.7.5.4 Elemento objetivo do tipo

Pune-se a publicidade enganosa que pode assim caracterizar-se tanto na sua forma comissiva quanto omissiva.

Na modalidade comissiva, ela será enganosa quando fizer (por escrito, por voz ou por imagens) qualquer comunicação ou prestar informação que seja total ou parcialmente falsa (mentirosa, que não corresponda à realidade).

Na sua forma omissiva, a publicidade é enganosa quando omite informação sobre dado essencial do produto ou serviço. Tal dado pode estar ligado a preço, financiamento, características, limitações, entre outros.

Em se tratando de publicidade abusiva, só vemos a modalidade comissiva, ou seja, quando efetivamente se faz ou promove uma publicidade que seja "discriminatória de qualquer natureza, que incite à violência, explore o medo ou a superstição, se aproveite da deficiência de julgamento e experiência da criança, desrespeita valores ambientais, ou que seja capaz de induzir o consumidor a se comportar de forma prejudicial ou perigosa à sua saúde ou segurança".

12.7.5.5 *Elemento subjetivo do tipo*

A redação do art. 67 do CDC menciona que é crime tanto o saber que a publicidade é enganosa ou abusiva quanto o dever saber dessa característica.

No primeiro caso, ou seja, do agente que sabe que a publicidade é enganosa ou abusiva, temos o dolo direto daquele que tem conhecimento que a peça publicitária contém alguma falsidade, mentira ou abusividade.

Quanto ao "devia saber" mencionado no tipo penal, entende a imensa maioria da doutrina, assim como a jurisprudência, que se trata de dolo eventual e não de culpa. Isto porque o Código de Defesa do Consumidor, quando quis prever modalidade culposa nos tipos penais que trouxe, o fez sempre utilizando-se de parágrafos que especificam essa situação e mais, sempre atribuiu à conduta culposa uma pena em abstrato inferior à pena prevista para o crime doloso.

A caracterização da conduta criminosa neste caso advém do fato de o publicitário, do responsável pela empresa que divulga a publicidade ou do fornecedor, pelos conhecimentos que detêm, terem a obrigação de conhecer a enganosidade ou abusividade contida na peça publicitária e de, conhecendo tal condição, terem assumido o risco de divulgar a mensagem mesmo assim.

12.7.6 Indução a comportamento prejudicial ou perigoso

> Art. 68. Fazer ou promover publicidade que sabe ou deveria saber ser capaz de induzir o consumidor a se comportar de forma prejudicial ou perigosa à sua saúde ou segurança:
>
> Pena – Detenção de seis meses a dois anos e multa:
>
> Parágrafo único. (Vetado).

12.7.6.1 Bem jurídico tutelado

Continuando com a preocupação relacionada à fiel implementação das regras sobre publicidade dispostas no Código, o legislador, no art. 68, cuida de uma espécie de publicidade ilegal que pode ter consequências mais gravosas para o consumidor.

Enquanto nas hipóteses do art. 67 a lei de proteção ao consumidor busca coibir a publicidade enganosa ou abusiva, neste outro artigo a preocupação está voltada para a publicidade "capaz de induzir o consumidor a se comportar de forma prejudicial ou perigosa à sua saúde ou segurança".

A maior preocupação do Código com a prática do art. 68, em comparação com o tipo penal do art. 67, reflete-se nas penas previstas para os crimes previstos em ambos os artigos, pois para o delito do art. 68 as penas em abstrato são o dobro das penas previstas para o crime do art. 67 (detenção de seis meses a dois anos e multa, no art. 68, e detenção de três meses a um ano e multa, no art. 67).

Como já foi falado em outros momentos na presente obra, o Código de Defesa do Consumidor não nega a existência de produtos ou serviços que possuem periculosidade inerente, como é o caso dos automóveis, dos medicamentos, dos produtos de limpeza. No entanto, sob o pretexto de realizar a publicidade de produtos desse tipo, ou de outros produtos ou serviços, não pode o fornecedor divulgar uma peça publicitária que tenha o condão, a capacidade, a possibilidade, ou nos termos da lei, que seja capaz de induzir o consumidor a um comportamento prejudicial ou perigoso para sua própria saúde e segurança.

12.7.6.2 Sujeito ativo

Quanto ao sujeito ativo do crime previsto no art. 68 do Código de Defesa do Consumidor valem as mesmas considerações feitas anteriormente, quando tratamos do sujeito ativo do crime do art. 67 do CDC, ou seja, podem responder pelo crime o publicitário, o responsável pelo veículo de comunicação no qual foi apresentada a peça publicitária, bem como o fornecedor do produto ou serviço anunciado.

12.7.6.3 Sujeito passivo

Os sujeitos passivos do crime do art. 68 do CDC são os consumidores difusamente considerados, posto que não é preciso a identificação de qualquer consumidor que tenha sido induzido a se comportar de forma prejudicial ou perigosa à sua saúde ou segurança, bastando o potencial que a publicidade possui de gerar esse comportamento prejudicial ou perigoso.

12.7.6.4 Elemento objetivo do tipo

O crime em tela é de mera conduta, posto que não é preciso que nenhum consumidor chegue a agir (a se comportar) de forma prejudicial ou perigosa à sua saúde ou segurança, nem muito menos que esse consumidor sofra algum dano ou lesão em função desse comportamento.

12.7.6.5 Elemento subjetivo do tipo

Neste ponto, também nos reportamos a tudo o que foi falado quando tratamos de elemento subjetivo do tipo no art. 67, disposto anteriormente.

12.7.7 Publicidade sem base fática, técnica ou científica

> Art. 69. Deixar de organizar dados fáticos, técnicos e científicos que dão base à publicidade:
>
> Pena – Detenção de um a seis meses ou multa.

12.7.7.1 Bem jurídico tutelado

O Código de Defesa do Consumidor, no parágrafo único de seu art. 36, estabelece que "o fornecedor, na publicidade de seus produtos ou serviços, manterá, em seu poder, para informação dos legítimos interessados, os dados fáticos, técnicos e científicos que dão sustentação à mensagem".

O legislador cuidou de tal assunto com o intuito de dar à sociedade a possibilidade de checar junto ao fornecedor a veracidade das informações ou afirmações feitas no material publicitário por ele divulgado.

Observe-se que não se indaga, neste ponto, se as informações são falsas ou verdadeiras, mas se o fornecedor possui **dados fáticos, técnicos e científicos** que embasem o que ele afirma, direta ou indiretamente, em sua publicidade.

12.7.7.2 Sujeito ativo

Considerando que cabe ao fornecedor que promove a mensagem publicitária, com fundamento no parágrafo único do art. 36, manter em seu poder os dados que embasam a publicidade, ele é o sujeito ativo do crime do art. 69 do CDC.

12.7.7.3 Sujeito passivo

Neste caso, temos a coletividade de consumidores como sujeito passivo do crime, visto que todos os consumidores expostos à publicidade promovida sem que o fornecedor tenha cumprido com o dever de resguardar os dados fáticos, técnicos e científicos que a embasam.

12.7.7.4 Elemento objetivo do tipo

Estamos diante de um crime de perigo abstrato (ou de mera conduta), pois o Código não exige, para a configuração do ilícito, que os dados fáticos, técnicos ou científicos apresentados na publicidade sejam inverídicos.

Porém, para que não sejam divulgados dados sem essas bases, antecipou-se o legislador ao prever punição aos que não providenciarem, resguardarem ou preservarem tais dados.

12.7.7.5 Elemento subjetivo do tipo

Tanto o dolo direto (de forma livre e consciente deixar de organizar os dados em tela) quanto o dolo eventual (assumir o risco de não organizar os dados) geram a possibilidade de punição para o autor do delito.

12.7.8 Troca de peças usadas sem autorização

> Art. 70. Empregar na reparação de produtos, peça ou componentes de reposição usados, sem autorização do consumidor:
>
> Pena – Detenção de três meses a um ano e multa.

12.7.8.1 Bem jurídico tutelado

Estamos diante de uma espécie de fraude, representada pelo emprego (utilização) de peça ou componente de reposição usado para reparar um produto sem que o consumidor tenha autorizado.

O Código tutela, no presente caso, a lealdade na relação de consumo, posto que o normal é que sejam utilizadas sempre peças ou componentes novos na reparação de produtos avariados.

Excepcionalmente, é possível o emprego de componentes ou peças usados, mas para tanto é preciso que o consumidor autorize expressamente o fornecedor a fazer uso desses elementos de reposição.

12.7.8.2 Sujeito ativo

O sujeito ativo do crime previsto no art. 70 do CDC é o fornecedor encarregado de realizar o reparo no produto deixado pelo consumidor, podendo ser o proprietário, gerente, encarregado ou empregado de uma oficina de manutenção, de uma concessionária autorizada ou qualquer outro prestador de serviço de reparos.

12.7.8.3 Sujeito passivo

O sujeito passivo é o consumidor que encarregou o fornecedor de reparar o produto.

12.7.8.4 Elemento objetivo do tipo

O crime se consuma com o simples emprego da peça ou componente de reposição usados, no produto deixado pelo consumidor para reparo, sem que seja necessário um efetivo prejuízo para o consumidor, ou a obtenção de vantagem pecuniária para o fornecedor.

O fornecedor pode até cobrar menos pelo serviço, ao colocar uma peça usada, sem que isso represente, de imediato, um ganho para ele ou um prejuízo para o consumidor, embora seja lícito presumirmos que uma peça nova teria maior durabilidade que uma peça usada e o emprego de uma destas no conserto do produto poderá levar o consumidor de volta à oficina em um tempo mais curto.

É importante frisarmos que não é proibido o uso de peças ou componentes de reposição usados. O crime em estudo consiste em usar tais peças ou componentes sem a prévia concordância do consumidor.

Um outro aspecto que merece relevo é que, sendo o caso de o fornecedor afirmar que está empregando peça nova e cobrando por ela, quando na verdade emprega uma peça usada, embora cobre preço de peça nova, o crime praticado é o estelionato, previsto no art. 171 do Código Penal brasileiro, e punível com penas mais severas do que este crime do art. 70 do Código de Defesa do Consumidor.

12.7.8.5 Elemento subjetivo do tipo

É punível apenas a conduta dolosa (seja por dolo eventual ou dolo direto), inexistindo previsão legal de punir-se a conduta culposa.

12.7.9 Cobrança abusiva de dívidas

> Art. 71. Utilizar, na cobrança de dívidas, de ameaça, coação, constrangimento físico ou moral, afirmações falsas incorretas ou enganosas ou de qualquer outro procedimento que exponha o consumidor, injustificadamente, a ridículo ou interfira com seu trabalho, descanso ou lazer:
>
> Pena – Detenção de três meses a um ano e multa.

12.7.9.1 Bem jurídico tutelado

O crime previsto no art. 71 do Código de Defesa do Consumidor vem dar suporte ao que a mesma lei dispõe em seu art. 42:

> Art. 42. Na cobrança de débitos, o consumidor inadimplente não será exposto a ridículo, nem será submetido a qualquer tipo de constrangimento ou ameaça.

O tipo penal busca reduzir, já que entendemos ser impossível eliminar, as cobranças abusivas nas dívidas de consumo.

12.7.9.2 Sujeito ativo

O sujeito ativo do crime de cobrança abusiva é o fornecedor que faz a cobrança nos moldes vedados pelo Código de

Defesa do Consumidor, ou seu preposto, quer dizer, a pessoa por ele contratada para realizar a cobrança contra o consumidor sem atentar para as restrições estabelecidas no art. 42 do referido diploma legal.

12.7.9.3 Sujeito passivo

O sujeito passivo é o consumidor submetido à prática de cobrança feita nos moldes combatidos pelo tipo penal.

É importante ressaltar que para a configuração do crime não se faz necessário que o consumidor tenha sido quem ouviu a cobrança, posto que o delito estará configurado ainda que a cobrança abusiva tenha sido feita, por exemplo, no local de trabalho daquele, perante algum colega, superior ou subordinado dele, mesmo que ele esteja ausente no momento, uma vez que o constrangimento ocorreu, embora possa se dar de forma mais grave na presença do consumidor.

12.7.9.4 Elemento objetivo do tipo

O crime do art. 71 do Código de Defesa do Consumidor comporta diversas práticas.

Para a configuração deste crime é necessário que o intuito do autor seja cobrar uma dívida oriunda de uma relação de consumo.

O tipo engloba ameaçar, coagir, constranger física ou moralmente, fazer afirmações falsas, incorretas ou enganosas para o consumidor; expô-lo injustificadamente a ridículo ou interferir com seu trabalho, descanso ou lazer.

É preciso termos em mente que a interferência indevida no trabalho, descanso ou lazer do consumidor com o intuito de cobrar uma dívida constitui o crime por si só, não sendo necessário que essa "interferência" venha acompanhada de alguma das outras práticas mencionadas no tipo.

Observe-se que o delito em estudo guarda uma certa similitude com o crime de exercício arbitrário das próprias razões, previsto no art. 345 do Código Penal:

> Art. 345. Fazer justiça pelas próprias mãos, para satisfazer pretensão, embora legítima, salvo quando a lei o permite:
>
> Pena – detenção, de quinze dias a um mês, ou multa, além da pena correspondente à violência.
>
> Parágrafo único. Se não há emprego de violência, somente se procede mediante queixa.

No entanto, algumas diferenças merecem ser destacadas.

A primeira delas está na aplicação restrita do art. 71 do CDC às relações de consumo, enquanto o crime do art. 345 do Código Penal brasileiro será aplicável a situações que não envolvam relações de consumo.

A segunda diferença diz respeito às penas previstas para ambos os crimes. Enquanto no crime do CDC as penas vão de "detenção de três meses a um ano e multa", no crime do Código Penal as punições são "detenção, de quinze dias a um mês, ou multa, além da pena correspondente à violência".

Assim, temos penas bem mais severas quando o "constrangimento ilegal" ocorre em uma relação de consumo, visando à cobrança de dívidas.

Destaque-se que, no caso do art. 71 sob análise, havendo violência contra o consumidor, aplicar-se-á o Código Penal para se punir o crime correspondente a esta, conforme o disposto no art. 61 do CDC.

Uma terceira distinção entre os dois tipos penais é que no caso do Código de Defesa do Consumidor o crime é de ação penal pública incondicionada, enquanto no crime do Código Penal, não havendo o emprego de violência contra a pessoa, o crime é de ação penal privada.

12.7.9.5 Elemento subjetivo do tipo

O crime do art. 71 do CDC só admite a modalidade dolosa.

12.7.10 Impedimento de acesso a cadastros e banco de dados

> Art. 72. Impedir ou dificultar o acesso do consumidor às informações que sobre ele constem em cadastros, banco de dados, fichas e registros:
>
> Pena – Detenção de seis meses a um ano ou multa.

12.7.10.1 Bem jurídico tutelado

Estamos diante de mais um tipo penal que trata de dar maior efetividade a algum aspecto previamente tratado no Código de Defesa do Consumidor.

Neste caso, falamos do art. 43 do Código, que prevê:

> Art. 43. O consumidor, sem prejuízo do disposto no art. 86, terá acesso às informações existentes em cadastros, fichas, registros e dados pessoais e de consumo arquivados sobre ele, bem como sobre suas respectivas fontes.
>
> § 1º Os cadastros e dados de consumidores devem ser objetivos, claros, verdadeiros e em linguagem de fácil compreensão, não podendo conter informações negativas referentes a período superior a cinco anos.

§ 2º A abertura de cadastro, ficha, registro e dados pessoais e de consumo deverá ser comunicada por escrito ao consumidor, quando não solicitada por ele.

§ 3º O consumidor, sempre que encontrar inexatidão nos seus dados e cadastros, poderá exigir sua imediata correção, devendo o arquivista, no prazo de cinco dias úteis, comunicar a alteração aos eventuais destinatários das informações incorretas.

§ 4º Os bancos de dados e cadastros relativos a consumidores, os serviços de proteção ao crédito e congêneres são considerados entidades de caráter público.

§ 5º Consumada a prescrição relativa à cobrança de débitos do consumidor, não serão fornecidas, pelos respectivos Sistemas de Proteção ao Crédito, quaisquer informações que possam impedir ou dificultar novo acesso ao crédito junto aos fornecedores.

§ 6º Todas as informações de que trata o *caput* deste artigo devem ser disponibilizadas em formatos acessíveis, inclusive para a pessoa com deficiência, mediante solicitação do consumidor.

Desse modo, o bem jurídico tutelado é o acesso às informações do próprio consumidor, constante nos cadastros, bancos de dados, fichas e registros.

12.7.10.2 *Sujeito ativo*

O sujeito ativo do crime do art. 72 do CDC é o gestor, administrador, gerente ou empregado da empresa que detenha as informações às quais pretende ter acesso o consumidor, desde que tais informações digam respeito a cadastro, banco de dados, fichas ou registros.

Quando se pensa nesse delito, lembramos imediatamente de instituições de proteção de crédito, como o SPC ou o SERASA.

No entanto, toda e qualquer empresa que mantenha dados ou cadastros nos moldes referidos no artigo em estudo pode praticar o crime, por intermédio de seus gestores ou prepostos, sendo desnecessário que os dados aos quais o consumidor pretenda ter acesso digam respeito apenas a situação de crédito ou que sejam relacionados com ele.

12.7.10.3 Sujeito passivo

O sujeito passivo deste crime é o consumidor que teve negado ou dificultado o acesso às informações.

12.7.10.4 Elemento objetivo do tipo

O crime em estudo é de mera conduta e se configura com impedimento ou imposição de dificuldade para que o consumidor tenha acesso "às informações que sobre ele constem em cadastros, banco de dados, fichas e registros".

Aqui não se trata da dificuldade imposta para corrigir dados constantes sobre o consumidor, uma vez que tal fato constitui o crime previsto no art. 73 do CDC, a ser analisado a seguir.

Neste ponto, trata-se pura e simplesmente de não deixar (impedir) ou dificultar (criar obstáculos para) que o consumidor conheça o que há sobre ele em poder da empresa ou instituição.

12.7.10.5 Elemento subjetivo do tipo

É punível apenas o dolo direto ou eventual, ou seja, a negativa ou dificuldade impostas de forma consciente ao consumidor, ou impostas assumindo-se o risco de ofensa aos interesses do consumidor.

12.7.11 Omissão de correção de informações em bancos de dados e cadastros

> Art. 73. Deixar de corrigir imediatamente informação sobre consumidor constante de cadastro, banco de dados, fichas ou registros que sabe ou deveria saber ser inexata:
>
> Pena – Detenção de um a seis meses ou multa.

12.7.11.1 *Bem jurídico tutelado*

O bem jurídico tutelado, de forma direta, é a integridade das informações sobre o consumidor, não se admitindo que estas, sendo inexatas, deixem de ser corrigidas de forma imediata por aquele que detém o poder de alterar aquelas informações por constarem elas em cadastro, banco de dados, fichas ou registros que estão sob seu poder ou sob o poder de alguém por ela contratado.

Indiretamente, no caso de informações creditícias, podemos falar que há uma tutela ao crédito do consumidor, que merece ser protegido contra informações inverídicas que dificultem o acesso do consumidor a qualquer forma de financiamento.

12.7.11.2 *Sujeito ativo*

Assim como ocorre no crime do art. 72 do CDC, o sujeito ativo do crime do art. 73 é o gestor, administrador, gerente ou empregado da empresa que, sabendo ou devendo saber que alguma informação que ele detém sobre o consumidor é inexata, deixa de corrigi-la imediatamente.

Também cabe aqui invocarmos a similitude com o art. 72 estudado, pois, quando se trata do delito do art. 73 do CDC, faz-se referência às instituições de proteção de crédito, como o SPC ou o SERASA.

Porém, uma vez mais, é preciso dizer que o Código não restringe a prática criminosa às informações creditícias, de forma que dados sobre endereço, estado civil, renda, fonte de renda ou quaisquer outras que uma empresa ou instituição detenha sobre o consumidor e que sejam inexatas podem dar causa ao crime em estudo por parte dos representantes da referida empresa ou instituição.

12.7.11.3 Sujeito passivo

O sujeito passivo deste crime é o consumidor que teve negada a correção imediata de informação que sobre ele conste "de cadastro, banco de dados, fichas ou registros" e que o fornecedor (direto ou indireto) sabe ou deveria saber que é inexata.

12.7.11.4 Elemento objetivo do tipo

O elemento objetivo do tipo é a omissão de corrigir imediatamente a informação inexata existente sobre o consumidor em poder do fornecedor que sabe ou deveria saber sobre tal inexatidão.

12.7.11.5 Elemento subjetivo do tipo

É punível apenas o dolo direto (quando o agente sabe que a informação é inexata) ou eventual (quando ele deveria saber da inexatidão) e mesmo assim se omitiu em corrigi-la imediatamente.

Cabe salientar ainda que a omissão na correção imediata das informações sobre o consumidor também deve ser dolosa (ou preterdolosa), posto que havendo culpa (negligência, por exemplo) no atraso da correção não se pode falar em crime.

12.7.12 Omissão de entrega do termo de garantia

> Art. 74. Deixar de entregar ao consumidor o termo de garantia adequadamente preenchido e com especificação clara de seu conteúdo;
>
> Pena – Detenção de um a seis meses ou multa.

12.7.12.1 Bem jurídico tutelado

Sobre o termo de garantia, diz o Código de Defesa do Consumidor em seu art. 50:

> Art. 50. A garantia contratual é complementar à legal e será conferida mediante termo escrito.
>
> Parágrafo único. O termo de garantia ou equivalente deve ser padronizado e esclarecer, de maneira adequada em que consiste a mesma garantia, bem como a forma, o prazo e o lugar em que pode ser exercitada e os ônus a cargo do consumidor, devendo ser-lhe entregue, devidamente preenchido pelo fornecedor, no ato do fornecimento, acompanhado de manual de instrução, de instalação e uso do produto em linguagem didática, com ilustrações.

Ao apenar a entrega do termo de garantia sem estar devidamente preenchido ou sem que o mesmo cumpra os requisitos estabelecidos no citado art. 50, o Código busca proteger a integridade econômica do consumidor, pois este poderá ter dificultado o exercício da cobertura contratual da garantia, sob a alegação de que o termo por ele apresentado não está preenchido de forma adequada, ou que determinado fato, problema ou avaria, não está coberto pela garantia, sendo que da mesma não constam os dados exigidos pela lei de proteção ao consumidor.

12.7.12.2 Sujeito ativo

A quem cabe preencher o termo de garantia é ao vendedor, ou seja, o fornecedor que se relaciona diretamente com o consumidor, no ato da compra, sendo este, pois, o autor do crime na modalidade "preencher", podendo tratar-se, neste caso, do comerciante ou do fabricante.

Entendemos que o fabricante também pode estar sujeito à prática do crime quando, em um termo de garantia previamente impresso por ele, deixa de especificar claramente o conteúdo da garantia, ainda que o produto tenha sido vendido por um outro fornecedor (comerciante).

12.7.12.3 Sujeito passivo

O sujeito passivo é o consumidor que recebeu o termo de garantia sem o devido preenchimento ou sem "a especificação clara do seu conteúdo".

12.7.12.4 Elemento objetivo do tipo

A conduta tratada pelo art. 74 do Código de Defesa do Consumidor é omissiva, na medida em que pune o fornecedor que deixa de entregar o termo de garantia na forma que especifica, ou seja, preenchido com todos os dados exigidos por quem emitiu o termo (normalmente o fabricante).

Era comum até a edição do CDC que fornecedores deixassem de cumprir a garantia assegurada no momento da aquisição do produto pelo simples fato de não ter sido preenchido o termo, como se tal omissão tivesse sido causada pelo consumidor.

Com tal fato, o fornecedor se beneficiava, ficando o prejuízo para a parte mais fraca da relação de consumo.

Igualmente é prevista punição a quem entrega o termo sem que o seu conteúdo esteja especificado de forma clara.

12.7.12.5 Elemento subjetivo do tipo

Admite-se apenas a modalidade dolosa, que consiste na negativa consciente de descumprir a obrigação de entregar o termo de garantia preenchido de forma adequada ou do qual não constem todas as informações que o CDC impõe que nele devem estar contidas.

12.8 Individualização da pena

O art. 75 do Código de Defesa do Consumidor, na segunda parte do *caput*, apresenta um rol de agentes que poderão ser considerados autores dos crimes contra as relações de consumo, indo além da regra geral do Código Penal que o próprio art. 75 também repete na parte inicial de sua redação. Está assim redigida a regra:

> Art. 75. Quem, de qualquer forma, concorrer para os crimes referidos neste código, incide as penas a esses cominadas na medida de sua culpabilidade, bem como o diretor, administrador ou gerente da pessoa jurídica que promover, permitir ou por qualquer modo aprovar o for-

necimento, oferta, exposição à venda ou manutenção em depósito de produtos ou a oferta e prestação de serviços nas condições por ele proibidas.

A cautela que teve o legislador consumerista se justifica para explicitar que o responsável pelo crime é quem tem poder de decisão sobre os rumos da empresa. Por isso abre a possibilidade de se imputar a prática delituosa, além daqueles que se enquadrem na regra geral, aos seguintes:

- o diretor;
- o administrador;
- o gerente.

Tal imputação será possível desde que estes promovam, permitam ou aprovem (por qualquer modo – inclusive por omissão consciente) a prática criminosa vedada pelo Código de Defesa do Consumidor.

Esta ressalva é importante, pois deixa claro que tais pessoas não respondem objetivamente por qualquer delito praticado por alguém ligado à empresa que elas dirigem, administram ou gerenciam.

12.9 Circunstâncias agravantes

Os crimes previstos no Código de Defesa do Consumidor podem ter suas penas agravadas diante de alguma ou algumas das circunstâncias elencadas no art. 76, que são:

> Art. 76. (...)
>
> I – serem cometidos em época de grave crise econômica ou por ocasião de calamidade;
>
> II – ocasionarem grave dano individual ou coletivo;

III - dissimular-se a natureza ilícita do procedimento;

IV - quando cometidos:

a) por servidor público, ou por pessoa cuja condição econômico-social seja manifestamente superior à da vítima;

b) em detrimento de operário ou rurícola; de menor de dezoito ou maior de sessenta anos ou de pessoas portadoras de deficiência mental interditadas ou não;

V - serem praticados em operações que envolvam alimentos, medicamentos ou quaisquer outros produtos ou serviços essenciais.

São essas as hipóteses de agravamento das sanções aplicáveis aos autores dos crimes contra as relações de consumo.

Observe-se que todas são casos de crimes praticados em situações que vulnerabilizam ainda mais a sociedade ou o consumidor (incisos I, II, III e V), ou os autores são pessoas que se aproveitam de sua condição econômica manifestamente superior à da vítima ou por serem servidores públicos (inciso IV e suas alíneas *a* e *b*).

12.10 Valor da pena pecuniária

O Código de Defesa do Consumidor estabelece a fixação das penas pecuniárias aplicadas aos crimes nele previstos em dias-multa, levando-se em consideração o mínimo e o máximo de dias da pena privativa de liberdade cominada ao crime.

Acrescenta o legislador que o juiz deve levar em conta o disposto no art. 60, § 1°, do Código Penal, quando da individualização da pena aplicada. Por oportuno, transcrevemos o que dispõe o referido parágrafo:

Art. 60. (...)

§ 1º A multa pode ser aumentada até o triplo, se o juiz considerar que, em virtude da situação econômica do réu, é ineficaz, embora aplicada no máximo.

Com isto, a pena pecuniária máxima prevista no CDC poderá ser até triplicada, em razão da situação econômica do réu.

12.11 Penas cumuladas ou alternadas

O art. 78 da lei consumerista estabelece penas acessórias às penas privativas de liberdade e à multa, sendo as mesmas aplicáveis por acumulação ou alternadas, no caso de crimes contra as relações de consumo.

Essas penas, pelo rol expresso nos incisos I a III do art. 78, podem ser:

Art. 78. (...)

I - a interdição temporária de direitos;

II - a publicação em órgãos de comunicação de grande circulação ou audiência, às expensas do condenado, de notícia sobre os fatos e a condenação;

III - a prestação de serviços à comunidade.

A aplicação dessas penas deverá seguir as regras gerais estabelecidas pelo Código Penal ao tratar das penas restritivas de direitos, nos arts. 44 a 47.

12.12 Fiança

A fixação do valor da fiança aplicada em razão da prática dos crimes previstos no CDC é tratada no art. 79, assim redigido:

Art. 79. O valor da fiança, nas infrações de que trata este código, será fixado pelo juiz, ou pela autoridade que presidir o inquérito, entre cem e duzentas mil vezes o valor do Bônus do Tesouro Nacional (BTN), ou índice equivalente que venha a substituí-lo.

Parágrafo único. Se assim recomendar a situação econômica do indiciado ou réu, a fiança poderá ser:

a) reduzida até a metade do seu valor mínimo;

b) aumentada pelo juiz até vinte vezes.

Além de estabelecer a base de cálculo para a fiança, o Código também trouxe hipóteses para elevação ou redução do valor da fiança, a depender da situação econômica do indiciado ou réu.

12.13 Assistência e ação penal subsidiária

Por fim, o Código de Defesa do Consumidor, no art. 80, permite a intervenção, na qualidade de assistentes do Ministério Público, das entidades e órgãos da Administração Pública, direta ou indireta, ainda que sem personalidade jurídica, especificamente destinados à defesa dos interesses e direitos protegidos pelo referido Código, bem como as associações legalmente constituídas há pelo menos um ano e que incluam entre seus fins institucionais a defesa dos interesses e direitos protegidos por este código, dispensada a autorização assemblear (que são os legitimados indicados no art. 82, incisos III e IV).

A estes mesmos legitimados, a lei consumerista faculta "propor ação penal subsidiária, se a denúncia não for oferecida no prazo legal" (art. 80 do CDC).

13

Defesa do consumidor em juízo

O Código de Defesa do Consumidor, como falado anteriormente, é um microssistema jurídico e, a partir do seu art. 81, até o art. 104, nos apresenta aspectos de Direito Processual Civil atinentes à defesa judicial dos interesses dos consumidores.

No art. 81 o Código afirma que a defesa dos interesses e direitos dos consumidores, bem como o das vítimas do evento danoso (art. 29 do CDC) pode ser exercida em juízo a título individual ou a título coletivo.

Quanto à defesa individual, a mesma deve ser promovida de acordo com o Código de Processo Civil, utilizando-se a ação mais adequada a cada caso. O Código, no entanto, apresenta algumas questões relevantes a serem consideradas, mesmo quando estivermos diante de um processo de natureza individual que envolva relação de consumo.

No que tange à defesa coletiva, o CDC afirma que esta será assim exercida quer se trate de interesses ou direitos difusos, coletivos ou individuais homogêneos.

Cabe destacar que desde cinco anos antes da promulgação do CDC (em 1990), vigorava no país a Lei nº 7.347, de 24 de julho de 1985, que disciplina a ação civil pública de responsabilidade por danos causados ao meio ambiente, ao consumidor, a bens e direitos de valor artístico, estético, histórico, turístico e paisagístico, à ordem urbanística, por infração à ordem econômica, à honra e à dignidade de grupos raciais, étnicos ou religiosos, ao patrimônio público e dá outras providências.

A Lei nº 7.347/1985 (Lei da Ação Civil Pública – LACP) foi um marco na legislação processual por concentrar em um único diploma legal uma forma de viabilizar a defesa de vários interesses, de maneira coletiva (em sentido amplo), assim como já o faziam, cada uma com sua aplicação específica, a Lei nº 4.717 de 24 de junho de 1965 (Lei de Ação Popular); a Lei nº 6.766, de 19 de dezembro de 1979 (Lei de Parcelamento do Solo Urbano); a Lei nº 6.938 de 31 de agosto de 1981 (Lei da Política Nacional do Meio Ambiente).

13.1 Interesses ou direitos difusos, coletivos e individuais homogêneos

Interesse pode ser definido como a vontade que o ser humano tem de satisfazer uma necessidade; é o que convém a determinado indivíduo.

Nem todo interesse está amparado pelo Direito. Apenas os interesses juridicamente relevantes têm amparo do ordenamento jurídico. Por isso, são chamados interesses jurídicos.

Somente quando se configura esse tipo de interesse é que pode o indivíduo pleitear sua proteção ao Judiciário.

Considerando isso, quando se fala em interesses difusos ou coletivos, deve-se conceber a noção de que se trata de direitos difusos ou coletivos.

As definições de direito difuso e coletivo já estão positivadas no Código de Defesa do Consumidor e se aplicam, por força do art. 21 da Lei nº 7.347/1985, com redação dada pelo próprio Código, a todo tipo de ação civil pública.

Assim dispõe o art. 81 do CDC, no *caput* e no seu parágrafo único:

> Art. 81. A defesa dos interesses e direitos dos consumidores e das vítimas poderá ser exercida em juízo individualmente, ou a título coletivo.
>
> Parágrafo único. A defesa coletiva será exercida quando se tratar de:
>
> I - interesses ou direitos difusos, assim entendidos, para efeitos deste código, os transindividuais, de natureza indivisível, de que sejam titulares pessoas indeterminadas e ligadas por circunstâncias de fato;
>
> II - interesses ou direitos coletivos, assim entendidos, para efeitos deste código, os transindividuais, de natureza indivisível de que seja titular grupo, categoria ou classe de pessoas ligadas entre si ou com a parte contrária por uma relação jurídica base;
>
> III - interesses ou direitos individuais homogêneos, assim entendidos os decorrentes de origem comum.

13.1.1 Interesses ou direitos difusos

O inciso I do parágrafo único do art. 81 da Lei nº 8.078/1990 definiu interesses ou direitos difusos como sendo "os transindividuais, de natureza indivisível, de que sejam titulares pessoas indeterminadas e ligadas por circunstâncias de fato".

No caso dos interesses difusos, portanto, temos interesses que extrapolam os de um só indivíduo, atingindo vários deles. Tais indivíduos são indeterminados, por não se poder destacar (apontar, precisar, especificar) cada integrante, isoladamente, do grupo ao qual pertence. Seria o caso, por exemplo, dos consumidores que foram alvo de publicidade enganosa veiculada pela televisão, em vários canais, por diversos dias. O máximo que teríamos, em uma situação dessas, seria uma mera estimativa quanto ao número de pessoas alcançadas, que além de ser por demais imprecisa, não teria o condão de apontar quais pessoas, especificamente, estavam diante de seus televisores cada vez que a publicidade tida como enganosa foi exibida.

13.1.2 Interesses ou direitos coletivos em sentido estrito

Os interesses ou direitos coletivos estão definidos no inciso II do parágrafo único, do mesmo art. 81, como sendo os "transindividuais, de natureza indivisível de que seja titular grupo, categoria ou classe de pessoas ligadas entre si ou com a parte contrária por uma relação jurídica base".

Nos interesses coletivos, vemos que os indivíduos não precisam ser determinados (apontados detalhada e especificamente), embora sejam determináveis, ou seja, com maior ou menor esforço, poder-se-ia chegar à especificação e à qualificação completa de cada um.

É o caso, exemplificativamente, de todos os aderentes a um plano de saúde, face a abusividade de uma cláusula no contrato padrão, mesmo já tendo este contrato deixado de ser submetido a novos consumidores.

13.1.3 Interesses ou direitos individuais homogêneos

A definição de interesses ou direitos individuais homogêneos vem expressa no inciso III do parágrafo único do art.

81, do CDC, e são "assim entendidos os decorrentes de origem comum".

Os interesses individuais homogêneos não deixam de ser interesses individuais. Porém, tendo em vista que o surgimento do direito ou interesse de cada indivíduo determinado foi o mesmo, ou para usarmos a expressão da lei, teve a mesma origem, eles podem ser tratados, defendidos, ter pleiteado o seu cumprimento ou obediência de forma coletiva.

Seria a situação dos clientes de uma empresa de telefonia que aderiram a determinado plano (ou pacote) de dados, mas a empresa não lhes disponibilizou o serviço contratado, ou a dos pais de alunos que sofreram majoração ilegal nas mensalidades de uma determinada escola particular.

13.2 Legitimidade ativa para a propositura de ações coletivas

A defesa dos interesses difusos, coletivos e individuais homogêneos em juízo é feita, ordinariamente, por meio da ação civil pública, embora o art. 83 do Código afirme que são admissíveis "todas as espécies de ações capazes de propiciar sua adequada e efetiva tutela".

Mas a ação civil pública não pode ser manejada por quem bem entender, mas apenas por aqueles extraordinariamente legitimados para tanto, uma vez que a Lei trouxe um rol fechado de possíveis autores, no art. 82 do CDC, que assim dispõe:

> Art. 82. Para os fins do art. 81, parágrafo único, são legitimados concorrentemente:
>
> I - o Ministério Público,
>
> II - a União, os Estados, os Municípios e o Distrito Federal;

III - as entidades e órgãos da Administração Pública, direta ou indireta, ainda que sem personalidade jurídica, especificamente destinados à defesa dos interesses e direitos protegidos por este código;

IV - as associações legalmente constituídas há pelo menos um ano e que incluam entre seus fins institucionais a defesa dos interesses e direitos protegidos por este código, dispensada a autorização assemblear.

§ 1º O requisito da pré-constituição pode ser dispensado pelo juiz, nas ações previstas nos arts. 91 e seguintes, quando haja manifesto interesse social evidenciado pela dimensão ou característica do dano, ou pela relevância do bem jurídico a ser protegido.

Pelo texto do CDC, são legitimados para propor as ações em defesa dos interesses dos consumidores, a título coletivo, o Ministério Público; a União, os Estados, os Municípios e o Distrito Federal; as entidades e órgãos da administração pública, direta ou indireta (ainda que sem personalidade jurídica), especificamente destinados à defesa dos interesses e direitos protegidos pelo CDC; as associações legalmente constituídas há pelo menos um ano e que incluam entre seus fins institucionais a defesa dos interesses e direitos protegidos pelo CDC.

Esse rol, porém, precisa ser complementado com o que dispõe a Lei de Ação Civil Pública, que a partir da alteração feita pela Lei nº 11.448, de 17 de janeiro de 2007, acrescentou a Defensoria Pública como ente legitimado para a propositura de ações civis públicas de qualquer natureza, não podendo, por óbvio, excluir-se aquelas que buscam a defesa dos interesses dos consumidores.

Confirmando a legitimidade da Defensoria Pública como órgão legitimado para a propositura de ACP, o STF julgou constitucional o acréscimo inserido na LACP ao julgar a ADI nº 3.943/DF, que teve como relatora a Ministra Cármen Lúcia.

Merece ser mencionado que a legitimidade do Ministério Público para a propositura de ações civis públicas decorre diretamente do texto constitucional:

> Art. 129. São funções institucionais do Ministério Público: (...)
>
> III - promover o inquérito civil e a ação civil pública, para a proteção do patrimônio público e social, do meio ambiente e de outros interesses difusos e coletivos; (...).

Desta forma, não há restrição ou limitação para a atuação do Ministério Público na defesa dos interesses difusos ou coletivos em sentido estrito. No entanto, a propositura de ação civil pública na defesa de interesses individuais homogêneos pelo Ministério Público havia gerado algumas controvérsias, no início da vigência do CDC, nos órgãos do Poder Judiciário mais reacionários às conquistas do *Parquet*, mas, aos poucos, foi se firmando o entendimento, inclusive no STF e no STJ, de que a defesa desses direitos individuais homogêneos é cabível via ação civil pública, independentemente de terem relevância social, sendo o Ministério Público parte legítima para intentar esse tipo de ação.

Jurisprudência – STJ

Súmula nº 601: O Ministério Público tem legitimidade ativa para atuar na defesa de direitos difusos, coletivos e individuais homogêneos dos consumidores, ainda que decorrentes da prestação de serviço público.

Jurisprudência em Teses – Edição nº 74. Direito do Consumidor III.

Tese 10) O Ministério Público é parte legítima para atuar em defesa dos direitos difusos, coletivos e individuais homogêneos dos consumidores.

Tese 11) O Ministério Público tem legitimidade para ajuizar ação civil pública visando tutelar direitos dos consumidores relativos aos serviços públicos.

Jurisprudência em Teses – Edição n° 19. Processo Coletivo I – Legitimidade.

Tese 1) O Ministério Público tem legitimidade para atuar em defesa dos direitos difusos, coletivos e individuais homogêneos dos consumidores.

Tese 2) O Ministério Público tem legitimidade para ajuizar ação civil pública visando tutelar direitos dos consumidores relativos a serviços públicos.

Tese 6) O Ministério Público tem legitimidade para ajuizar ação civil pública em defesa de interesses e direitos individuais homogêneos pertencentes a consumidores decorrentes de contratos de cessão e concessão do uso de jazigos em cemitérios.

Tese 7) O Ministério Público tem legitimidade para ajuizar ação civil pública com o fim de impedir a cobrança abusiva de mensalidades escolares.

Igual debate surgiu com a chegada da Defensoria Pública ao rol de legitimados, com alguns doutrinadores e magistrados defendendo a necessidade de "pertinência temática", ou seja, da Defensoria comprovar que o interesse defendido em ação civil pública está entre aqueles cujos titulares façam jus à caracterização de "necessitados" (art. 134 da CF de 1988), nos termos do inciso LXXIV do art. 5° da CF de 1988 ("LXXIV – o Estado prestará assistência jurídica integral e gratuita aos que comprovarem insuficiência de recursos;"). Esta questão, no momento em que preparamos a primeira edição da presente obra, ainda não está pacificada em nossos tribunais, mas entendemos que merece o registro.

Jurisprudência – STJ

Jurisprudência em Teses – Edição n° 22. Processo Coletivo II – Legitimidade.

Tese 3) A Defensoria Pública detém legitimidade para propor ações coletivas na defesa de direitos difusos, coletivos ou individuais homogêneos.

Tese 4) A Defensoria Pública tem legitimidade ampla para propor ação coletiva quando se tratar de direitos difusos e legitimidade restrita às pessoas necessitadas nos casos de direitos coletivos em sentido estrito e individuais homogêneos.

Quanto às associações, para que tenham assegurada sua legitimidade para a defesa dos interesses dos consumidores por meio de ações coletivas, é preciso que:

- tenham sido constituídas há pelo menos um ano, quando da propositura da ação;
- incluam entre seus fins institucionais a defesa dos interesses e direitos protegidos pelo Código de Defesa do Consumidor.

Recordemos que, em conformidade com o disposto no § 1º do art. 82 do CDC, o juiz poderá dispensar o requisito da constituição prévia se considerar a existência de manifesto interesse social, levando-se em conta a dimensão ou característica do dano, ou pela relevância do bem jurídico protegido.

Jurisprudência – STJ

Jurisprudência em Teses – Edição nº 22. Processo Coletivo II – Legitimidade.

Tese 5) Os sindicatos e as associações, na qualidade de substitutos processuais, têm legitimidade para atuar judicialmente na defesa dos interesses coletivos de toda a categoria que representam, sendo dispensável a relação nominal dos afiliados e suas respectivas autorizações.

Tese 6) A apuração da legitimidade ativa das associações e dos sindicatos como substitutos processuais, em ações coletivas, passa pelo exame da pertinência temática entre os fins sociais da entidade e o mérito da ação proposta.

Tese 7) A ilegitimidade ativa ou a irregularidade da representação processual não implica a extinção do processo coletivo, competindo ao magistrado abrir oportunidade para o ingresso de outro colegitimado no polo ativo da demanda.

13.3 Legitimidade passiva

Embora tenha limitado os legitimados ativamente, o Código de Defesa do Consumidor não faz qualquer menção aos legitimados passivamente.

Dessa forma, entende-se como detentora de legitimidade passiva para responder a uma ação civil pública toda pessoa física ou jurídica, seja esta de direito público ou de direito privado.

Isso se dá porque os danos ou ameaças de danos cuja proteção são objeto da ação civil pública são de grande amplitude, podendo ser causados por qualquer um e não haveria sentido limitar-se a possibilidade de acioná-lo judicialmente.

13.4 Ações coletivas para a defesa de interesses dos consumidores

Embora por vezes se fale em ação civil pública e em outras se fale em ações coletivas para a defesa dos interesses dos consumidores, na prática, não há diferença entre uma ação e outra, embora haja alguma divergência na doutrina quanto à maior ou menor abrangência de uma sobre a outra.

Para esta obra, utilizaremos os dois termos com o mesmo significado.

É preciso termos em mente, sempre, que estes não são os únicos tipos de ação para a defesa dos interesses dos consumidores em juízo, como deixa bem claro o art. 83 do CDC: "Art. 83. Para a defesa dos direitos e interesses protegidos por este código são admissíveis todas as espécies de ações capazes de propiciar sua adequada e efetiva tutela".

Assim, dependendo da situação, outros instrumentos processuais poderão ser manejados para defender o consumidor.

13.4.1 A ação civil pública

Por ser a ação civil pública o principal instrumento de que se lança mão para a defesa dos interesses coletivamente considerados dos consumidores, merece a mesma que nos detenhamos sobre ela.

13.4.1.1 *Base constitucional*

Antes de mais nada, devemos ter em mente que a referida ação encontra guarida na própria CF de 1988, que no art. 129, III, expressamente a contempla, considerando sua promoção uma função institucional do Ministério Público, como apresentado anteriormente.

Assim sendo, pode-se afirmar que a Lei n° 7.347/1985 (Lei da Ação Civil Pública) foi recepcionada integralmente pela CF que, inclusive, ampliou seu objeto (que pode ser a responsabilidade por danos patrimoniais e morais causados ao meio ambiente, ao consumidor, a bens e direitos de valor artístico, estético, histórico, turístico e paisagístico, por infração à ordem econômica, a bens urbanísticos, ao patrimônio público e a qualquer outro interesse difuso ou coletivo).

13.4.1.2 Competência

O legislador contempla como foro competente para a ação civil pública o juízo do local onde ocorrer (ou provavelmente ocorrerá) o dano.

É a consagração do critério de competência *ratione loci*.

Quando o dano ou ameaça deste ocorrer em mais de um local, a ação poderá ser intentada em qualquer deles. Caso seja proposta ação em mais de um local, pelo mesmo fato, haverá conexão, devendo os processos serem anexados e, por prevenção, será competente para processar e julgar aquele juízo que primeiro conheceu da ação.

Se a ação civil pública tiver a União, autarquia ou empresa pública federal como autores, réus, assistentes ou oponentes, compete à Justiça Federal o seu julgamento (art. 109, I, da CF).

Porém, essa regra foi atenuada pelo § 3º, do mesmo art. 109, ao possibilitar que a lei venha "autorizar que as causas de competência da Justiça Federal em que forem parte instituição de previdência social e segurado possam ser processadas e julgadas na justiça estadual quando a comarca do domicílio do segurado não for sede de vara federal".

Nesse sentido, já decidiu o TRF da 4ª Região que a justiça estadual do município de Laguna era competente para processar e julgar ação civil pública da União contra aquele município.

Como essa competência ocorre por delegação da Justiça Federal, o juízo de segunda instância será o TRF da Região em que estiver localizada a Comarca.

No caso de ação civil pública para defesa de direitos individuais homogêneos, para os danos de âmbito nacional ou regional, será competente o foro da Capital do Estado ou o do Distrito Federal (art. 93, do CDC, aplicado por força do art. 21, da LACP).

Embora a legitimidade *ad causam* seja concorrente no caso da ação civil pública, tem-se destacado o Ministério Público como o autor por excelência, ao longo das mais de três décadas de vigência tanto da LACP quanto do CDC.

Isso ocorre tanto porque a propositura desse tipo de ação é função institucional do Ministério Público (art. 129, III, da CF) como porque cabe a ele instaurar instrumento específico para coletar provas acerca de evento que enseje ação civil pública, que é o inquérito civil. Também se dá essa frequência maior na propositura de ação civil pública por parte do Ministério Público porque qualquer pessoa pode e o servidor público deve ministrar-lhe informações sobre fatos que constituam objeto de ação civil pública (art. 6º da Lei nº 7.347/1985).

13.4.1.3 *Tutela cautelar*

É preciso que o Estado-Juiz se previna contra uma possível ineficácia da decisão que for dada ao mérito da causa, em função do tempo transcorrido entre o pedido e a decisão.

Para se evitar tal ineficácia é que a lei prevê a tutela cautelar ou preventiva.

A lei da ação civil pública prevê expressamente em seu art. 4º o cabimento de ação cautelar para que se evitem danos a interesses difusos, coletivos ou individuais homogêneos.

Para que seja outorgada essa tutela cautelar é preciso que estejam presentes dois pressupostos ou requisitos: o *fu-*

mus boni iuris, que é a plausibilidade do direito material, e o *periculum in mora*, que é o risco de que a demora para a solução da lide permita o perecimento do direito.

A avaliação desses requisitos, por ser feita sem todos os elementos que constituirão a ação, pode se dar sem a profundidade com que é avaliado o mérito da causa, justamente porque faltam elementos de convicção ao processo que, pelo perigo de perecimento do direito, deve ser iniciado de imediato. O procedimento da ação cautelar com base na lei da ação civil pública, por força de seu art. 19, será o mesmo traçado pelo CPC, incidindo as normas dos arts. 294 a 311 do Código (Livro V – Da tutela provisória, que abrange a tutela de urgência – cautelar ou antecipada e a tutela de evidência), merecendo destaque o dispositivo que permite a concessão de liminar, no caso de tutela de evidência, quando "as alegações de fato puderem ser comprovadas apenas documentalmente e houver tese firmada em julgamento de casos repetitivos ou em súmula vinculante" ou quando "se tratar de pedido reipersecutório fundado em prova documental adequada do contrato de depósito, caso em que será decretada a ordem de entrega do objeto custodiado, sob cominação de multa" (incisos II e III combinados com o parágrafo único, todos do art. 311 do CPC/2015).

13.4.1.4 Litisconsórcio e assistência

No litisconsórcio há cumulação de sujeitos, quer no polo ativo, quer no passivo.

O § 2º do art. 5º da Lei nº 7.347/1985 permite o litisconsórcio voluntário, visando a união de esforços na defesa de interesses difusos ou coletivos violados.

Esse litisconsórcio é irrecusável, desde que preenchidos os requisitos para proposição da ação isoladamente.

Há também a possibilidade de figurarem mais de um réu no polo passivo, configurando-se o litisconsórcio passivo.

Quando o autor desistir da ação infundadamente, ou abandoná-la, o Ministério Público ou outro legitimado assumirá a titularidade ativa (§ 3° do art. 5° da LACP).

13.4.1.5 Recursos

Por seguir o rito ordinário do CPC, da sentença que julga ação civil pública cabe apelação.

Contra decisões interlocutórias, o recurso será o agravo de instrumento.

Os recursos poderão excepcionalmente, a critério do juiz, ter efeito suspensivo, para se evitar dano irreparável à parte (art. 14 da LACP).

No caso de agravo interposto contra concessão de liminar, poderá o presidente do tribunal competente para conhecê-lo e julgá-lo, conceder liminar no sentido de suspender a execução da liminar anterior (art. 12, § 1°, da LACP).

13.4.1.6 Obrigatoriedade da execução

Caso a associação autora de ação civil pública não promova a execução da decisão em até 60 dias após seu trânsito em julgado, o Ministério Público deverá fazê-lo. Têm legitimação concorrente para fazê-lo, também, os demais legitimados para propor a ação.

A execução pelo Ministério Público ou outro legitimado está condicionada ao fator tempo, ou seja, só lhes cabe tal dever ou direito, se nos 60 dias após o trânsito em julgado a associação autora ficar inerte.

13.4.1.7 Sanções de natureza processual

A lei da ação civil pública prevê, em seu art. 17, duas sanções de natureza processual para o caso de litigância de má-fé.

A má-fé se caracteriza nos termos dos incisos do art. 80, do CPC, que dispõem:

> Art. 80. Considera-se litigante de má-fé aquele que:
>
> I - deduzir pretensão ou defesa contra texto expresso de lei ou fato incontroverso;
>
> II - alterar a verdade dos fatos;
>
> III - usar do processo para conseguir objetivo ilegal;
>
> IV - opuser resistência injustificada ao andamento do processo;
>
> V - proceder de modo temerário em qualquer incidente ou ato do processo;
>
> VI - provocar incidente manifestamente infundado;
>
> VII - interpuser recurso com intuito manifestamente protelatório.

A primeira sanção prevista na LACP é referente aos honorários advocatícios e a segunda diz respeito ao pagamento de 10 vezes o valor das custas processuais, como forma de indenizar a parte ré, prejudicada pela litigância de má-fé.

A condenação nos honorários, por ser sancionatória, independe do resultado da ação, pressupõe a conduta desleal e eivada de má-fé por parte da associação e seus dirigentes.

A lei deixa margem ainda a uma terceira sanção, referente à responsabilidade por perdas e danos.

Com relação à parte que agiu de má-fé, o legislador só permite a imposição de sanção às associações e aos seus diretores. Isso porque dificilmente se pode conceber que o Ministério Público, a União, Estados e Municípios atuem como litigantes de má-fé.

13.4.1.8 Fundo para a reconstituição dos bens lesados

A lei prevê que no caso de haver condenação em dinheiro, essa indenização irá para um fundo gerido por um Conselho Federal, ou Conselhos Estaduais, sempre com a participação do Ministério Público e representantes da comunidade.

O objetivo desse fundo é reconstituir os bens lesados.

A Lei nº 8.656, de 1993, prevê os fundos da União, os estaduais e os municipais. Já a Lei nº 8.078/1990 abre espaço para separação específica dos fundos para a proteção do consumidor.

Finalizando esta parte referente à ação civil pública é importante lembrarmos que diversos dispositivos do CDC são aplicados à Lei nº 7.347/1985 por força de seu art. 21, com redação dada pela lei que instituiu aquele Código.

13.5 Ações para cumprimento de obrigação de fazer ou não fazer

13.5.1 Tutela específica e conversão em perdas e danos

Em se tratando de ações para cumprimento de obrigação de fazer ou não fazer, o Código de Defesa do Consumidor prevê a concessão de tutela específica, de conformidade com o que reza o *caput* do art. 84:

> Art. 84. Na ação que tenha por objeto o cumprimento da obrigação de fazer ou não fazer, o juiz concederá a tutela

específica da obrigação ou determinará providências que assegurem o resultado prático equivalente ao do adimplemento.

O que o legislador buscou com este dispositivo foi assegurar ao consumidor que ele alcance o objetivo que almeja, de maneira específica, e não uma compensação ou indenização por não ter logrado êxito na pretensão.

No caso de impossibilidade de se fazer (ou não fazer) exatamente o que pretendia o consumidor ao propor a ação, o juiz poderá determinar que sejam tomadas providências que tenham como resultado prático algo equivalente ao que pretendia o consumidor.

Sendo impossível a tutela específica pleiteada pelo consumidor, também não sendo o caso de resultado prático equivalente, a obrigação poderá ser convertida em perdas e danos. Esta possibilidade existe ainda se houver expressa opção do consumidor, que escolhe a indenização, ao invés da tutela específica. É isto o que prevê o § 1º do art. 84 do CDC. O § 2º do mesmo artigo esclarece que "a indenização por perdas e danos se fará sem prejuízo da multa".

13.5.2 Tutela liminar

Dispõe o art. 84 em estudo, no seu § 3º:

> Art. 84. (...)
>
> § 3º Sendo relevante o fundamento da demanda e havendo justificado receio de ineficácia do provimento final, é lícito ao juiz conceder a tutela liminarmente ou após justificação prévia, citado o réu. (...).

São dois, portanto, os requisitos para a concessão de tutela liminar (ouvindo ou não previamente a parte contrária):

- fundamento relevante da demanda; e
- justificativa de receio da ineficácia da medida caso haja demora.

13.5.3 Astreinte

O Código de Defesa do Consumidor estabelece a possibilidade de imposição, por parte do juiz, de multa diária ao réu, ainda que de ofício, caso esta medida seja "suficiente ou compatível com a obrigação, fixando prazo razoável para o cumprimento do preceito" (§ 4º do art. 84). Segundo o mesmo dispositivo, esta imposição poderá ser feita tanto na decisão liminar quanto por ocasião da sentença.

13.5.4 Medidas garantidoras do resultado da decisão judicial

Como instrumentos para assegurar a tutela específica ou resultado equivalente, dispôs o legislador no § 5º do art. 84:

> Art. 84. (...)
>
> § 5º Para a tutela específica ou para a obtenção do resultado prático equivalente, poderá o juiz determinar as medidas necessárias, tais como busca e apreensão, remoção de coisas e pessoas, desfazimento de obra, impedimento de atividade nociva, além de requisição de força policial.

Com este rol, meramente exemplificativo, o Código pretende assegurar que poderão ser empregadas pelo julgador quaisquer medidas processualmente aceitas que visem a assegurar a efetividade do que vem disposto na cabeça do artigo, ou seja, a tutela específica ou medida a ela equivalente.

13.5.5 Honorários de advogados, custas e despesas processuais

Como forma de evitar a inibição na propositura de ações coletivas (e apenas nestas – não nas ações individuais), o Código trouxe algumas garantias que reduzem os custos da litigância. Diz ele no art. 87:

> Art. 87. Nas ações coletivas de que trata este código não haverá adiantamento de custas, emolumentos, honorários periciais e quaisquer outras despesas, nem condenação da associação autora, salvo comprovada má-fé, em honorários de advogados, custas e despesas processuais.
>
> Parágrafo único. Em caso de litigância de má-fé, a associação autora e os diretores responsáveis pela propositura da ação serão solidariamente condenados em honorários advocatícios e ao décuplo das custas, sem prejuízo da responsabilidade por perdas e danos.

Esta medida demonstra-se muito útil, pois é sabido que a maioria das associações de defesa do consumidor não possui muito dinheiro e algumas ações coletivas de consumo envolvem vultosas somas que repercutem tanto no valor da causa como podem impactar bastante as finanças da organização, no caso de insucesso da ação, quando teria que arcar com os custos dos honorários advocatícios da parte contrária, além de todas as despesas e custas processuais.

Jurisprudência – STJ

Jurisprudência em Teses – Edição n° 25. Processo Coletivo III.

Tese 1) Por critério de simetria, não é cabível a condenação da parte vencida ao pagamento de honorários advocatícios em favor do Ministério Público nos autos de ação civil pública, salvo comprovada má-fé.

Tese 6) Não é possível se exigir do Ministério Público o adiantamento de honorários periciais em ações civis públicas, ficando o encargo para a Fazenda Pública a qual se acha vinculado o *Parquet* (Tese julgada sob o rito do art. 543-C do CPC/1973 – Tema 510).

13.5.6 Impossibilidade de denunciação da lide

O Código de Defesa do Consumidor colocou como um dos direitos básicos do consumidor a efetiva reparação dos danos por ele sofridos. A denunciação da lide, por caracterizar uma medida que pode dificultar ou mesmo impossibilitar a efetividade desse direito básico, foi proibida expressamente pelo legislador no art. 88: "Art. 88. Na hipótese do art. 13, parágrafo único deste código, a ação de regresso poderá ser ajuizada em processo autônomo, facultada a possibilidade de prosseguir-se nos mesmos autos, vedada a denunciação da lide".

A hipótese mencionada se dá quando um fornecedor efetiva o pagamento do prejudicado e pode propor ação regressiva contra os demais responsáveis, de conformidade com a proporção da participação de cada um no dano causado (parágrafo único do art. 13 do CDC).

Ambas as previsões, tanto a do art. 88 quanto a do art. 13, parágrafo único, decorrem da incidência da responsabilidade solidária dos fornecedores prevista no Código.

No entanto, o entendimento jurisprudencial majoritário, atualmente, aponta para uma ampliação das hipóteses de vedação da denunciação da lide, não se limitando aos casos do art. 13 do CDC.

Jurisprudência – STJ

Jurisprudência em Teses – Edição nº 39. Direito do Consumidor I.

Tese 4) A vedação à denunciação da lide prevista no art. 88 do CDC não se restringe à responsabilidade do comerciante por fato do produto (art. 13 do CDC), sendo aplicável também nas demais hipóteses de responsabilidade por acidentes de consumo (arts. 12 e 14 do CDC).

13.6 Ações coletivas para a defesa de interesses individuais homogêneos

O Código de Defesa do Consumidor tratou especificamente das ações coletivas para a defesa dos interesses individuais homogêneos.

13.6.1 Legitimidade ativa

No art. 91 ele afirma:

> Art. 91. Os legitimados de que trata o art. 82 poderão propor, em nome próprio e no interesse das vítimas ou seus sucessores, ação civil coletiva de responsabilidade pelos danos individualmente sofridos, de acordo com o disposto nos artigos seguintes.

A par disso, o Código atribui ao Ministério Público, caso não tenha sido o autor da ação, o papel de fiscal da lei nessas ações coletivas (de conformidade com o art. 92 do CDC).

13.6.2 Competência

Quanto à competência para conhecer da ação coletiva para a defesa de interesses individuais homogêneos, dispõe o Código:

> Art. 93. Ressalvada a competência da Justiça Federal, é competente para a causa a justiça local:
>
> I - no foro do lugar onde ocorreu ou deva ocorrer o dano, quando de âmbito local;

II - no foro da Capital do Estado ou no do Distrito Federal, para os danos de âmbito nacional ou regional, aplicando-se as regras do Código de Processo Civil aos casos de competência concorrente.

Tal competência é de caráter absoluto, por aplicar-se a esta modalidade de ação coletiva a regra geral para as ações civis públicas expressa no art. 2º da LACP.

Jurisprudência – STJ

Jurisprudência em Teses – Edição nº 25. Processo Coletivo III.

Tese 13) Ajuizada ação coletiva atinente a macrolide geradora de processos multitudinários, suspendem-se as ações individuais, no aguardo do julgamento da ação coletiva.

13.6.3 Edital e intervenção de interessados

O Código de Defesa do Consumidor prevê a publicação de edital em órgão oficial para possibilitar a intervenção de interessados no processo, como litisconsortes facultativos (art. 94 do CDC).

Os órgãos de defesa do consumidor também poderão divulgar amplamente, pelos meios de comunicação social, a propositura da ação coletiva conforme dispõe o mesmo artigo.

13.6.4 Liquidação e execução

Na prolação da sentença em ação coletiva para a defesa de interesses individuais homogêneos assim decidirá o juiz: "em caso de procedência do pedido, a condenação será genérica, fixando a responsabilidade do réu pelos danos causados" (art. 95 do CDC).

Com isto, o Código de Defesa do Consumidor possibilita que a liquidação e a execução do julgado sejam "promovidas pela vítima e seus sucessores, assim como pelos legitimados de que trata o art. 82" (art. 97 do CDC).

A execução da sentença tanto pode se dar individualmente, como exposto no parágrafo anterior, quanto de forma coletiva. Para esse tipo de execução, o Código trouxe regras específicas no seu art. 98, que diz:

> Art. 98. A execução poderá ser coletiva, sendo promovida pelos legitimados de que trata o art. 82, abrangendo as vítimas cujas indenizações já tiveram sido fixadas em sentença de liquidação, sem prejuízo do ajuizamento de outras execuções.
>
> § 1º A execução coletiva far-se-á com base em certidão das sentenças de liquidação, da qual deverá constar a ocorrência ou não do trânsito em julgado.
>
> § 2º É competente para a execução o juízo:
>
> I - da liquidação da sentença ou da ação condenatória, no caso de execução individual;
>
> II - da ação condenatória, quando coletiva a execução.

O *caput* do art. 99 do Código assinala que os créditos referentes a indenizações por prejuízos individuais têm preferência para pagamento, quando concorrerem com créditos oriundos de ações civis públicas, tendo como fonte um mesmo evento danoso.

Suspende-se a remessa ao fundo para a reparação dos bens lesados (previsto na LACP), dos valores recolhidos nas ações civis públicas, enquanto penderem de recursos as ações de indenização por danos individuais, exceto se o patrimônio do devedor for manifestamente suficiente para arcar com todas as dívidas (parágrafo único do art. 99 do CDC).

Caso não se habilitem interessados em número compatível com a gravidade do dano, em um ano após o julgamento da ação coletiva, qualquer dos legitimados no art. 82 do Código poderá "promover a liquidação e execução da indenização devida" (art. 100 do CDC), revertendo-se o produto da execução para o fundo de recomposição dos bens lesados a que se refere a Lei de Ação Civil Pública (parágrafo único do art. 100 do CDC).

Jurisprudência – STJ

Jurisprudência em Teses – Edição n° 22. Processo Coletivo II – Legitimidade.

Tese 1) O integrante da categoria tem legitimidade para ajuizar execução individual de sentença proveniente de ação coletiva proposta por associação ou sindicato, independentemente de filiação ou autorização expressa no processo de conhecimento.

Tese 2) Os sindicatos e as associações têm legitimidade ativa para atuar como substitutos processuais na defesa de direitos e interesses dos integrantes da categoria nas fases de conhecimento, liquidação e execução.

Jurisprudência em Teses – Edição n° 25. Processo Coletivo III.

Tese 3) No âmbito do Direito Privado, é de cinco anos o prazo prescricional para ajuizamento da execução individual em pedido de cumprimento de sentença proferida em ação civil pública (Tese julgada sob o rito do art. 543-C do CPC/1973 – Tema 515).

Tese 5) O art. 18 da Lei n° 7.347/1985, que dispensa o adiantamento de custas, emolumentos, honorários periciais e quaisquer outras despesas, dirige-se apenas ao autor da ação civil pública.

Tese 7) A liquidação e a execução individual de sentença genérica proferida em ação civil coletiva pode ser ajuizada no foro do domicílio do beneficiário, porquanto os efeitos e a eficácia da sentença não estão circunscritos a lindes geográficos, mas aos limites objetivos e subjetivos do que foi decidido, levando-se em conta, para tanto, sempre a extensão do dano e a qualidade dos interesses metaindividuais postos em juízo (arts. 468, 472 e 474, CPC, e 93 e 103, CDC – Tese julgada sob o rito do art. 543-C do CPC/1973 – Tema 480).

13.7 Ações de responsabilidade do fornecedor de produtos e serviços

Nos arts. 101 e 102 o Código trata das ações de responsabilidade do fornecedor de produtos e serviços, ditando normas específicas para este tipo de ação, sem prejuízo do que já havia disciplinado sobre as ações coletivas.

Quanto às ações de responsabilidade, o CDC diz que elas podem ser propostas no domicílio do autor. Observe-se que é uma possibilidade, não uma obrigatoriedade. Caberá ao consumidor fazer um juízo de conveniência para ver onde será melhor para ele. Se no domicílio dele, no local onde ocorreu o dano, ou no domicílio do fornecedor (art. 101, inciso I).

Embora o Código vede a denunciação da lide no art. 88, ele trata, no inciso II do art. 101, do caso do réu que tenha contratado seguro de responsabilidade. Se isto tiver ocorrido, o réu poderá chamar ao processo o segurador (porém, não poderá integrar o contraditório o Instituto de Resseguros do Brasil). Nestas situações, diz o Código no mesmo dispositivo, que o juiz "condenará o réu nos termos do art. 80 do Código de Processo Civil". Aqui é importante lembrarmos que o CDC se refere ao CPC de 1975. Hoje, esse art. 80 do CPC/1975 corresponde ao art. 132 do CPC/2015, que tem a seguinte redação:

> Art. 132. A sentença de procedência valerá como título executivo em favor do réu que satisfizer a dívida, a fim de que possa exigi-la, por inteiro, do devedor principal, ou, de cada um dos codevedores, a sua quota, na proporção que lhes tocar.

A providência estabelecida pelo CDC visa à reparação integral do consumidor, cabendo ao réu e à seguradora, se for o caso, buscarem as compensações mútuas ou a propositura de ação contra terceiro que entenderem ser o verdadeiro causador do dano cuja reparação lhes coube pela decisão judicial.

Um outro preceito que veio estabelecido no mesmo inciso II do art. 101 trata do réu que foi declarado falido. Neste caso, o síndico da massa falida "será intimado a informar a existência de seguro de responsabilidade, facultando-se, em caso afirmativo, o ajuizamento de ação de indenização diretamente contra o segurador, vedada a denunciação da lide ao Instituto de Resseguros do Brasil e dispensado o litisconsórcio obrigatório com este".

No art. 102 o Código demonstra uma vez mais sua preocupação com a saúde e a segurança da população, ao dispor:

> Art. 102. Os legitimados a agir na forma deste código poderão propor ação visando compelir o Poder Público competente a proibir, em todo o território nacional, a produção, divulgação distribuição ou venda, ou a determinar a alteração na composição, estrutura, fórmula ou acondicionamento de produto, cujo uso ou consumo regular se revele nocivo ou perigoso à saúde pública e à incolumidade pessoal.

Aqui temos, portanto, a possibilidade de se propor ação coletiva contra o Poder Público para que este coíba a atuação de empresa cuja atividade, de uma forma ou de outra, venha a ser nociva ou perigosa à saúde da população ou de alguns indivíduos.

13.8 Coisa julgada

O Código apresenta um capítulo específico sobre a coisa julgada (arts. 103 e 104).

13.8.1 Coisa julgada em ação para a defesa de interesses difusos

Em se tratando de ações coletivas na tutela de interesses difusos, os efeitos das sentenças serão:

> I – *erga omnes* no caso de decisão procedente;
>
> II – *erga omnes* no caso de decisão improcedente, desde que o fundamento da improcedência não tenha sido a falta de provas. Nestes casos, os integrantes da coletividade poderão individualmente propor as ações na defesa de seus interesses, com o mesmo fundamento. Sendo, porém, vedada a ação coletiva com o mesmo fundamento.

Não haverá eficácia *erga omnes* da sentença se esta se fundamentou na insuficiência de provas. Neste caso, outra ação poderá ser proposta por qualquer dos legitimados no art. 82 (inclusive o autor da ação originariamente julgada improcedente), desde que seja apresentada nova prova.

13.8.2 Coisa julgada em ação para a defesa de interesses coletivos em sentido estrito

Caso estejamos diante de uma ação coletiva que vise a tutela de interesses coletivos (em sentido estrito), os efeitos das sentenças valerão:

I – *ultra partes*, limitada ao grupo, categoria ou classe especificamente defendidos na ação, quando procedentes;

II – *ultra partes* no caso de decisão improcedente, desde que o fundamento da improcedência não tenha sido a falta de provas. Nestes casos, os integrantes da coletividade poderão individualmente propor as ações na defesa de seus interesses, com o mesmo fundamento. Sendo vedada a ação coletiva com o mesmo fundamento, da mesma forma como ocorre com a ação para a defesa de interesses difusos em casos similares.

Não haverá eficácia *ultra partes* para a sentença quando ela se fundamentar na insuficiência de provas. Neste caso, outra ação poderá ser proposta por qualquer dos legitimados no art. 82 (inclusive o autor da ação originariamente julgada improcedente), desde que seja apresentada nova prova.

13.8.3 Coisa julgada em ação para a defesa de interesses individuais homogêneos

No caso de ações coletivas para a defesa de interesses individuais homogêneos, os efeitos das sentenças serão:

- *Erga omnes*, quando procedente, beneficiando todos os que foram vítimas do evento ou fato (bem como os sucessores destes).
- *Ultra partes*, quando improcedentes, atingindo os interesses daqueles que ingressaram como litisconsortes na ação coletiva ajuizada por algum dos legitimados pelo art. 82 do CDC.

Jurisprudência – STJ

Jurisprudência em Teses – Edição n° 25. Processo Coletivo III.

Tese 8) A eficácia subjetiva da sentença coletiva abrange os substituídos domiciliados em todo o território nacional desde que a ação tenha sido: a) proposta por entidade associativa de âmbito nacional; b) contra a União; e c) no Distrito Federal.

Tese 9) A abrangência nacional expressamente declarada na sentença coletiva não pode ser alterada na fase de execução, sob pena de ofensa à coisa julgada.

Tese 10) Os efeitos e a eficácia da sentença no processo coletivo não estão circunscritos a lindes geográficos, mas aos limites objetivos e subjetivos do que foi decidido.

Tese 11) A sentença proferida em ação coletiva somente surte efeito nos limites da competência territorial do órgão que a proferiu e exclusivamente em relação aos substituídos processuais que ali eram domiciliados à época da propositura da demanda.

Tese 12) As limitações da sentença coletiva não podem ser aplicadas às ações ajuizadas anteriormente à vigência da Lei n° 9.494/1997.

13.8.4 Coisa julgada em ações individuais quando propostas ações coletivas

O Código de Defesa do Consumidor trata em seu art. 104 das situações que envolvam ações individuais quando houver ações para a defesa de interesses difusos ou coletivos (em sentido estrito) pendentes de julgamento.

Nestes casos, tais ações não **induzem litispendência para as ações individuais**. Porém, se forem julgadas procedentes, terão efeitos *erga omnes* ou *ultra partes*, sem beneficiar automaticamente os autores das ações individuais, a não ser que estes autores tenham requerido a suspensão das respectivas ações individuais, dentro de 30 dias contados da ciência nos autos, da propositura do ajuizamento da ação coletiva.

14

Da conciliação no superendividamento

14.1 Processo de repactuação de dívidas

Uma vez configurada a condição de superendividado do consumidor, ele poderá pleitear perante o Poder Judiciário, a instauração de um processo de repactuação de dívidas.

Após requerimento do consumidor, o juiz designará audiência conciliatória, presidida por ele ou por conciliador credenciado perante o juízo, à qual deverão comparecer todos os credores de dívidas que preencham os requisitos do art. 54-A do CDC, já comentado.

Nessa audiência, caberá ao consumidor apresentar uma proposta de plano de pagamento com prazo máximo de cinco anos.

Tal proposta deverá preservar o mínimo existencial para o consumidor e dela deverá constar quais as garantias e as formas de pagamento que foram pactuadas originalmente (art. 104-A do CDC).

14.2 Dívidas excluídas do processo de repactuação

Não poderão constar do processo de repactuação, as dívidas originadas de contratos celebrados dolosamente, sem que o consumidor tivesse interesse em realizar o pagamento dos mesmos.

Ficam também fora desse processo as dívidas, ainda que dentro de uma relação de consumo, mas que forem provenientes de contratos de crédito com garantia real (que têm um bem específico como garantia), as dívidas de financiamentos imobiliários e aquelas oriundas de crédito rural (§ 1° do art. 104-A do CDC).

14.3 Não comparecimento do credor

Caso algum credor deixe de comparecer ou de mandar procurador com poderes especiais e plenos para transigir, injustificadamente, à audiência de conciliação aqui tratada, terá suspensa a exigibilidade do débito, bem como interrompida a incidência dos encargos de mora.

Além disso, ele deverá sujeitar-se compulsoriamente ao plano de pagamento da dívida, caso seja conhecido e certo o montante devido pelo consumidor a ele.

Esse pagamento deverá "ocorrer apenas após o pagamento aos credores presentes à audiência conciliatória", conforme preceitua o § 2° do art. 104-A.

14.4 Plano de pagamento

Havendo acordo com algum dos credores, ele será homologado por sentença judicial, que descreverá o plano de pagamento da dívida.

Essa sentença terá eficácia de título executivo e força de coisa julgada (§ 3º do art. 104-A do CDC).

Do referido plano de pagamento, constarão (§ 4º do art. 104-A do CDC):

> I – medidas de dilação dos prazos de pagamento e de redução dos encargos da dívida ou da remuneração do fornecedor, entre outras destinadas a facilitar o pagamento da dívida;
>
> II – referência à suspensão ou à extinção das ações judiciais em curso;
>
> III – data a partir da qual será providenciada a exclusão do consumidor de bancos de dados e de cadastros de inadimplentes;
>
> IV – condicionamento de seus efeitos à abstenção, pelo consumidor, de condutas que importem no agravamento de sua situação de superendividamento.

Uma vez homologado o plano de pagamento, caberá ao consumidor cumpri-lo e ele só poderá pleitear um novo plano após dois anos, contados do pagamento de todas as obrigações constantes do plano anterior.

É cabível, no entanto, uma nova repactuação, sem a limitação dos dois anos anteriormente mencionada (§ 5º do art. 104-A do CDC).

14.5 Processo de superendividamento

O processo de superendividamento vai decorrer de um pedido do consumidor, quando não houver êxito na conciliação, em relação a quaisquer credores e vem regulamentado pelo art. 104-B.

O objetivo desse processo é a revisão e a integração de todos os contratos e repactuação das dívidas que não foram compostas de forma conciliada, para extrair um "plano judicial compulsório".

Nesta fase, deverão ser citados todos os credores que deixaram de integrar o acordo eventualmente celebrado.

O juiz levará em conta todos os documentos e informações prestados em audiência, além de citar os credores faltosos lhes concedendo prazo de 15 dias para que juntem documentos e apresentem as razões pelas quais se negaram a concordar com o plano voluntário e a renegociar as dívidas do consumidor (§§ 1º e 2º do art. 104-B).

Fica facultada ao juiz a nomeação de um administrador (desde que disso não decorra quaisquer ônus para as partes), que terá a atribuição de apresentar um "plano de pagamento que contemple medidas de temporização ou de atenuação dos encargos". Essa nomeação deverá ocorrer após o cumprimento de eventuais diligências, e o nomeado terá 30 dias para apresentar referido plano de pagamento (§ 3º do art. 104-B).

O plano judicial compulsório deverá:

- assegurar aos credores, no mínimo, o valor do principal monetariamente corrigido por índices oficiais de preço;
- prever a liquidação total da dívida no prazo máximo de cinco anos após a quitação do plano consensual estabelecido pelo art. 104-A;
- estabelecer que a primeira parcela vencerá no máximo 180 dias após a homologação do plano judicial, sendo que o que restar "do saldo será devido em parcelas mensais iguais e sucessivas".

14.6 Processo de repactuação de dívidas perante órgãos do SNDC

Além da repactuação perante o Poder Judiciário, o CDC prevê a possibilidade de o consumidor ingressar com esse tipo de pedido perante os órgãos públicos integrantes do Sistema Nacional de Defesa do Consumidor (SNDC), de forma concorrente e facultativa (art. 104-C, *caput*).

Nestes casos há a possibilidade, inclusive, da celebração de convênios específicos entre os citados órgãos e as instituições credoras ou associações destas.

Como forma de prevenir o superendividamento do consumidor pessoa natural, os órgãos do SNDC poderão promover audiência de conciliação com todos os credores, com a finalidade de "facilitar a elaboração de plano de pagamento, preservado o mínimo existencial". Esses acordos serão supervisionados pelos órgãos mencionados, para evitar abusos ou ilegalidades.

De tais acordos deverá constar:

- a data a partir do qual será providenciada a exclusão do consumidor de bancos de dados e cadastros de inadimplentes;
- condicionamento dos efeitos do plano à abstenção, por parte do consumidor, de praticar condutas que possam levar ao agravamento da situação de superendividado, sobretudo, a abstenção de ele contrair novas dívidas.

15

Sistema Nacional de Defesa do Consumidor e convenção coletiva de consumo

15.1 Órgãos do Sistema Nacional de Defesa do Consumidor

De conformidade com o art. 105 do Código de Defesa do Consumidor, o Sistema Nacional de Defesa do Consumidor (SNDC) é formado pelos órgãos federais, estaduais, do Distrito Federal e municipais, e as entidades privadas de defesa do consumidor.

No art. 106 o Código menciona os órgãos de defesa do consumidor que existiam no âmbito federal à época da promulgação do CDC, como sendo coordenadores da política do SNDC. Atualmente, o órgão que exerce este papel em âmbito federal é a Secretaria Nacional de Defesa do Consumidor (SENACON), do Ministério da Justiça.

Cabe a este órgão, conforme dispõe expressamente o art. 106 nos seus incisos:

Art. 106. (...)

I – planejar, elaborar, propor, coordenar e executar a política nacional de proteção ao consumidor;

II – receber, analisar, avaliar e encaminhar consultas, denúncias ou sugestões apresentadas por entidades representativas ou pessoas jurídicas de direito público ou privado;

III – prestar aos consumidores orientação permanente sobre seus direitos e garantias;

IV – informar, conscientizar e motivar o consumidor através dos diferentes meios de comunicação;

V – solicitar à polícia judiciária a instauração de inquérito policial para a apreciação de delito contra os consumidores, nos termos da legislação vigente;

VI – representar ao Ministério Público competente para fins de adoção de medidas processuais no âmbito de suas atribuições;

VII – levar ao conhecimento dos órgãos competentes as infrações de ordem administrativa que violarem os interesses difusos, coletivos, ou individuais dos consumidores;

VIII – solicitar o concurso de órgãos e entidades da União, Estados, do Distrito Federal e Municípios, bem como auxiliar a fiscalização de preços, abastecimento, quantidade e segurança de bens e serviços;

IX – incentivar, inclusive com recursos financeiros e outros programas especiais, a formação de entidades de defesa do consumidor pela população e pelos órgãos públicos estaduais e municipais;

X – (Vetado);

XI – (Vetado);

XII – (Vetado);

XIII – desenvolver outras atividades compatíveis com suas finalidades.

O mesmo artigo faculta ao órgão articulador da Política Nacional de Consumo a possibilidade de solicitar o auxílio de órgãos e entidades de notória especialização técnico-científica (art. 106, parágrafo único, do CDC).

Embora este órgão seja encarregado de articular o Sistema Nacional de Defesa do Consumidor, tal articulação não implica subordinação hierárquica.

Desse modo, os PROCONs que funcionam no âmbito dos Poderes Executivos estaduais ou municipais (quer como órgãos da administração pública direta ou indireta) não se subordinam hierarquicamente à Secretaria Nacional de Defesa do Consumidor.

15.2 Convenção coletiva de consumo

O legislador consumerista criou o instrumento que denominou convenção coletiva de consumo, que deve ser escrita e ter "por objeto estabelecer condições relativas ao preço, à qualidade, à quantidade, à garantia e características de produtos e serviços, bem como à reclamação e composição do conflito de consumo" (art. 107 do CDC).

Esta convenção pode ser emanada das entidades civis de consumidores, juntamente com as associações de fornecedores ou sindicatos de categoria econômica.

Para ter obrigatoriedade, a convenção precisa de registro em cartório de títulos e documentos (§ 1º do art. 107 do CDC) e obrigará apenas os filiados às entidades que assinarem o documento (§ 2° do art. 107 do CDC) valendo apenas, portanto, *inter partes* e não *erga omnes*.

Caso um fornecedor integre uma entidade signatária de convenção coletiva de consumo e, posteriormente, deixe de formar parte no órgão associativo (em data posterior ao registro do instrumento em cartório), ainda assim estará obrigado a cumprir o que foi estabelecido na convenção (§ 3° do art. 107 do CDC).

Referências

ALMEIDA, Fabrício Bolzan de. *Direito do consumidor esquematizado*. 7. ed. São Paulo: Saraiva, 2019.

BARCELLOS, Ana Paula de. *A eficácia jurídica dos princípios constitucionais*: o princípio da dignidade da pessoa humana. Rio de Janeiro: Renovar, 2002.

BARROSO, Luís Roberto (Org.). *A nova interpretação constitucional*: ponderação, direitos fundamentais e relações privadas. Rio de Janeiro: Renovar, 2003.

BARROSO, Luís Roberto. *Interpretação e aplicação da Constituição*. 5. ed. São Paulo: Saraiva, 2003.

BESSA, Leonardo Roscoe. *Relação de consumo e aplicação do Código de Defesa do Consumidor*. 2. ed. rev. e atual. Biblioteca de direito do Consumidor; v. 39. São Paulo: Editora Revista dos Tribunais, 2009.

BOTTINI, Pierpaolo Cruz. *Crimes de perigo abstrato*. 2. ed. rev. e atual. São Paulo: Revista dos Tribunais, 2011.

CAVALIERI FILHO, Sérgio. *Programa de direito do consumidor*. 3. ed. São Paulo: Atlas, 2011.

DE LUCCA, Newton. *Direito do consumidor*. São Paulo: Quartier Latin, 2003.

FILOMENO, José Geraldo Brito. *Manual de direitos do consumidor*. 7. ed. São Paulo: Atlas, 2004.

FONSECA, Antonio Cesar Lima da. *Direito penal do consumidor*: Código de Defesa do Consumidor. Porto Alegre: Livraria do Advogado, 1996.

FRANÇA, Leandro Ayres. *A criminalidade de colarinho branco*: a proposição teórica de Edwin Hardin Sutherland. *Rev. Direito Econ. Socioambiental*, Curitiba, v. 5, n. 1, p. 53-74, jan./jun. 2014. Disponível em: http://www.academia.edu/10392943/A_criminalidade_de_colarinho-branco_a_proposição_teórica_de_Edwin_Hardin_Sutherland. Acesso em: 14 out. 2015.

GRINOVER, Ada Pellegrini [et al.]. *Código brasileiro de defesa do consumidor*: comentado pelos autores do anteprojeto. 8. ed. Rio de Janeiro: Forense Universitária, 2004.

GUIMARÃES, Sérgio Chastinet Duarte. *Tutela penal do consumidor*: abordagem dos aspectos penas do Código de Defesa do Consumidor e do art. 7° da Lei n° 8.137, de 27 dez. 1990. Rio de Janeiro: Revan, 2004.

KHOURI, Paulo R. Roque A. *Direito do consumidor*: contratos, responsabilidade civil e defesa do consumidor em juízo. 6. ed. rev., atual. e ampl. São Paulo: Atlas, 2013.

MARQUES, Claudia Lima; GSELL, Beate. *Novas tendências do direito do consumidor*: rede Alemanha-Brasil de pesquisas em direito do consumidor. São Paulo: Editora Revista dos Tribunais, 2015.

MARQUES, Claudia Lima; MIRAGEM, Bruno. *O novo direito privado e a proteção dos vulneráveis*. São Paulo: Editora Revista dos Tribunais, 2012.

MARQUES, Claudia Lima; BENJAMIN, Antonio Herman V.; MIRAGEM, Bruno. *Comentários ao Código de Defesa do Consumidor*: arts. 1° a 74 – aspectos materiais. 3. ed. São Paulo: Revista dos Tribunais, 2010.

MARQUES, Claudia Lima. *Contratos no Código de Defesa do Consumidor*: o novo regime das relações contratuais. 7. ed. São Paulo: Revista dos Tribunais, 2014.

MEDEIROS NETO, Xisto Tiago de. *Dano moral coletivo*. 2. ed. São Paulo: Ltr, 2007.

MIRAGEM, Bruno. *Curso de direito do consumidor*. 2. ed. rev., atual. e ampl. São Paulo: Editora Revista dos Tribunais, 2010.

PERES FILHO, José Augusto. Qual será o futuro dos crimes contra as relações de consumo? In: *25 anos do Código de Defesa do Consumidor*: trajetória e perspectivas. 1. ed. São Paulo: Revista dos Tribunais, 2016, v. 1, p. 381-393.

PERES FILHO, José Augusto. *Responsabilidade do estado no Código de Defesa do Consumidor*. São Paulo: I Editora, 2002.

PRADO, Luiz Regis. *Direito penal econômico*. 4. ed. rev., atual. e ampl. São Paulo: Editora Revista dos Tribunais, 2011.

RIOS, Josué. *A defesa do consumidor e o direito como instrumento de mobilização social*. Rio de Janeiro: Mauad, 1998.

SILVA, Marcus Vinicius Andrade da. *Contratos de consumo*: o estudo da norma de ordem pública do CDC e o dever ex officio dos juízes. Curitiba: Prismas, 2018.

SODRÉ, Marcelo Gomes. Formação do Sistema Nacional de Defesa do Consumidor. *Biblioteca de Direito do Consumidor*, v. 32. São Paulo: Editora Revista dos Tribunais, 2007.

SUTHERLAND, Edwin Hardin. A criminalidade de colarinho branco. *Revista Eletrônica de Direito Penal e Política Criminal* – UFRGS, vol. 2, n. 2, 2014. Disponível em: http://seer.ufrgs.br/index.php/redppc/article/view/56251. Acesso em: 14 out. 2015.

ZANELLATO, Marco Antonio. O direito penal econômico e o direito penal de defesa do consumidor como instrumentos de resguardo da ordem pública econômica. *Revista de Direito do*

Consumidor, n. 5. São Paulo: Revista dos Tribunais, jan./mar.-1993, p. 145 a 167.

ZANETI JR., Hermes. *O Ministério Público e o novo processo civil*. Salvador: JusPodivm, 2018.